Premio Nacional
Victoria Kent
Año 2024

Primer Premio

NUEVOS RETOS ANTE LAS VULNERABILIDADES DE LAS MUJERES INTERNAS VÍCTIMAS DE VIOLENCIA DE GÉNERO (VDG)

«Propuestas psicológicas, socioeducativas y penitenciarias»

María José Garrido Antón (Dir.), Marta Caballé Pérez, Laura Sánchez Morón, Paulina Badowicz, Leire Villalón Arenas, Neus Mascaró Coll, Ariadna Trespaderne Dedeu, Miguel Ángel Soria Verde, Montserrat Tous Zanguitu, Vielka Linet Peguero Jerez, Lidia Alonso Corona, Raúl Quevedo-Blasco, José María Palomares Rodríguez, Rosa Viñas Racionero, Iván Parras Vaquero, Hassiba Ziati Ziati y Nassiba Ziati Ziati

GOBIERNO
DE ESPAÑA

MINISTERIO
DEL INTERIOR

SECRETARÍA
GENERAL
DE INSTITUCIONES
PENITENCIARIAS

COLECCIÓN: *PREMIOS VICTORIA KENT*

Edita:
Ministerio del Interior - Secretaría General Técnica

Catálogo de publicaciones de la Administración General del Estado
https://cpage.mpr.gob.es

Autor y Gestión de los contenidos:
Secretaría General de Instituciones Penitenciarias

NIPO (ed. en línea): 126-24-128-7
NIPO (ed. papel): 126-24-127-1
Depósito legal: M 25537-2024
ISBN: 978-84-8150-343-2

Maquetación e impresión:
Composiciones RALI, S.A.

En esta publicación se ha utilizado papel reciclado libre de cloro de acuerdo con los criterios medioambientales de la contratación pública

Los/as autores/as

María José Garrido Antón

Directora, coordinadora y autora principal de la investigación

Comandante de la Guardia Civil, destinada en la Secretaría de Estado de Seguridad, lidera varias investigaciones nacionales, especialmente en estudios sobre la violencia hacia las personas.

Doctora Europea Cum Laude en Psicología (2012; *Mitt Sweden University* - Universidad Autónoma de Madrid), con un máster en Ciencias Forenses, en *Criminal Profiling*, Violencia de género, así como experta en Criminología.

Título *Women's Leadership Development Programme* de la Universidad de Oxford, así como de diferentes centros e instituciones españolas.

Autora de tres libros entre los que destaca su novela «Sobre personas y monstruos» donde a modo ensayístico relata casos donde ha trabajado aplicando la psicología en la investigación criminal.

A nivel internacional forma parte de un *rooster* de Violencia de género de la ONU y participa como speaker en diversas formaciones con la Organización.

Cruz de plata al mérito policial, la medalla de ciberdefensa así como el reconocimiento Doctorado Honoris Causa Summa Cum Laude.

Marta Caballé Pérez

Psicóloga por la Universidad de Barcelona. Especializada en violencias machistas. Máster en Perfilación y Análisis de la Conducta Criminal por la Universidad de Barcelona y Máster en Análisis y Prevención del Crimen por la Universidad Miguel Hernández de Elche. Miembro del grupo Perfilación y Análisis de la Conducta Criminal (PACC-UB) de la Universidad de Barcelona. Docente e investigadora en el ámbito de la violencia de género. Intervención directa con víctimas y agresores.

María José Garrido Antón (Dir)., Marta Caballé Pérez, Laura Sánchez Morón, Paulina Badowicz,
Leire Villalón Arenas, Neus Mascaró Coll, Ariadna Trespaderne Dedeu, Miguel Ángel Soria Verde,
Montserrat Tous Zanguitu, Vielka Linet Peguero Jerez, Lidia Alonso Corona, Raúl Quevedo-Blasco,
José María Palomares Rodríguez, Rosa Viñas Racionero, Iván Parras Vaquero, Hassiba Ziati Ziati y Nassiba Ziati Ziati

Laura Sánchez Morón

Psicóloga e investigadora en el Área de Coordinación y Estudios de la Secretaría de Estado de Seguridad del Ministerio del Interior.

Participante en el Proyecto de Ciberviolencia de género, realización del «Informe de homicidios en Violencia de Género en 2023». Participación en proyecto «Factores que dificultan la detección de la Violencia de Género en España y alimentan la cifra oculta en mujeres internas».

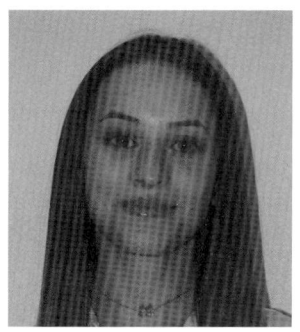

Paulina Badowicz

Psicóloga por la Universidad Autónoma de Madrid (UAM). Estudiante del Máster en Psicología General Sanitaria, también por la UAM. Colaboradora en el Centro de Investigación para la Efectividad Organizacional de la UAM. Actividad investigadora de prácticas desarrollada en el Área de Violencia de Género, Estudios y Formación de la Secretaría de Estado de Seguridad. Numerosas formaciones externas en materia violencia de género, análisis funcional de la conducta, (ciber)seguridad pública y adicciones.

Leire Villalón Arenas

Psicóloga por la Universidad Autónoma de Madrid (UAM). Colaboradora en el Centro de Investigación para la Efectividad Organizacional de la UAM. Realización de prácticas en el Área de Violencia de Género, Estudios y Formación de la Secretaría de Estado de Seguridad, centradas principalmente en el ámbito penitenciario.

Neus Mascaró Coll

Graduada en Criminología por la Universidad de Salamanca y Máster en Ciencias Forenses en Análisis e Investigación Criminal por la Universidad Autónoma de Madrid. Colaboradora como investigadora en la Secretaría de Estado de Seguridad y especializada en violencia y ciberviolencia de género. Ha participado en diversos proyectos, incluyendo el «Estudio de las razones y motivos que alimentan la cifra oculta en violencia de género en España» y «Ciberviolencia de género en España. Una radiografía empírica sobre la magnitud del fenómeno».

Ariadna Trespaderne Dedeu

Criminóloga y Doctora en Derecho, especializada en Criminología. Máster en Perfilación y Análisis de la Conducta Criminal por la Universidad de Barcelona y Máster en Análisis y Prevención del Crimen por la Universidad Miguel Hernández de Elche. Coordinadora y docente del grado en Criminología y Ciencias de la Seguridad en la Universidad Internacional de Valencia. Miembro del grupo de investigación Violencia y Género (VioyGen) de la Universidad Internacional de Valencia, así como del grupo Perfilación y Análisis de la Conducta Criminal (PACC-UB) de la Universidad de Barcelona.

Miguel Ángel Soria Verde

Doctor en Psicología (1992). Profesor de Psicología Jurídica, Criminal, Judicial y Criminología Avanzada en las facultades de Psicología y Derecho de la Universidad de Barcelona. Director del Máster de Perfilación y Análisis Conducta Criminal (Universidad de Barcelona). Fundador y exdirector del Máster de Psicología Jurídica y Forense (Universidad Autónoma de Barcelona). Experto penal forense desde 1990. Autor de más de 100 artículos y más de 15 libros sobre la psicología jurídica. Asesor forense y analista criminal en delitos violentos de alta complejidad.

María José Garrido Antón (Dir)., Marta Caballé Pérez, Laura Sánchez Morón, Paulina Badowicz, Leire Villalón Arenas, Neus Mascaró Coll, Ariadna Trespaderne Dedeu, Miguel Ángel Soria Verde, Montserrat Tous Zanguitu, Vielka Linet Peguero Jerez, Lidia Alonso Corona, Raúl Quevedo-Blasco, José María Palomares Rodríguez, Rosa Viñas Racionero, Iván Parras Vaquero, Hassiba Ziati Ziati y Nassiba Ziati Ziati

Montserrat Tous Zanguitu

Psicóloga especializada en el análisis e investigación de la conducta criminal. Miembro de las Fuerzas y Cuerpos de Seguridad del Estado y especialista en Policía Judicial. Actualmente desempeñando funciones en el Área de Violencia de Género, Estudios y Formación de la Secretaría de Estado de Seguridad. Desarrollando actividad investigadora en el campo de delitos contra las personas en materia de violencia de género, formando parte de diversos proyectos impulsados por la Dirección General de Coordinación y Estudios (SES) del Ministerio del Interior.

Vielka Linet Peguero Jerez

Licenciada en derecho, docente en la Universidad a Distancia de Madrid en el área de metodología de la investigación para estudiantes de máster de investigación criminal y ciberseguridad, investigadora voluntaria en el Ministerio de Interior de España en el área de violencia y ciberviolencia de género, asesora laboral en el máster de acceso a la abogacía del grupo CEF/UDIMA. Actual doctoranda en derecho y sociedad. Especializada en la investigación y el análisis criminal, también en el área de perfilación de personalidad, en aspectos asociados con el comportamiento verbal, no verbal, escrito y lingüístico del individuo y en el área de la negociación, conciliación y mediación.

Lidia Alonso Corona

Psicóloga. Colaboradora en el Área de Violencia de Género, Estudios y Formación de la Secretaría de Estado de Seguridad, participando en diversas investigaciones en el campo de Ciberviolencia de género, a través de diferentes proyectos. Ponente en la 19 edición del Congreso de Investigación en Psicología «*Conference of the International Academy of Investigative Psychology*» Santiago de Compostela, 2024.

Raúl Quevedo-Blasco

Doctor en Psicología, profesor Titular de Evaluación Psicológica en la Facultad de Psicología e investigador del *Mind, Brain and Behavior Research Center* (CIM-CYC), de la Universidad de Granada (UGR). Presidente de la Comisión Académica del Máster Oficial en Psicología Jurídica y Forense, especializado en suicidio, autopsias psicológicas y VdG.

José María Palomares Rodríguez

Psicólogo Forense Titular y General Sanitario, coordinador de la Unidad de Psicología Jurídica y Forense, *Spin Off* de la Universidad de Granada. Especializado en Psicología Forense, Criminología y Violencia de Género.

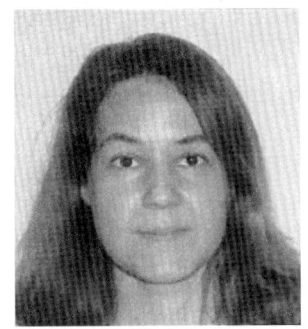

Rosa Viñas Racionero

Licenciada en Psicología y Criminología por la Universitat de Barcelona en 2006 y 2007. Máster en Psicología Jurídica en la Universitat Autònoma de Barcelona en 2010. Concesión de una Beca *Fulbright* en 2009 para ampliar mi formación en los Estados Unidos. Máster *in Forensic Psychology en la John Jay College of Criminal Justice* en 2012. Doctorado en Psicología Clínica (forense) en la *University of Nebraska-Lincoln*. He participado en 20 proyectos de investigación competitivos y no competitivos. Dirección de tres proyectos de investigación competitivos en Estados Unidos (dotación 135.000-235.000$), he conseguido la financiación de tres ayudas a la investigación competitiva (*grant writting*), he participado como ponente en 80 congresos (fundamentalmente internacionales), he publicado 21 manuscritos en revistas (de impacto) o libros y he llegado a ser una *Associate Editor de la Journal of Threat Assessment and Management*. En el ámbito clínico, tengo 10 años de experiencia clínico forense en entornos penitenciarios y hospitalarios además de contar con 17 años de experiencia como perito.

María José Garrido Antón (Dir)., Marta Caballé Pérez, Laura Sánchez Morón, Paulina Badowicz, Leire Villalón Arenas, Neus Mascaró Coll, Ariadna Trespaderne Dedeu, Miguel Ángel Soria Verde, Montserrat Tous Zanguitu, Vielka Linet Peguero Jerez, Lidia Alonso Corona, Raúl Quevedo-Blasco, José María Palomares Rodríguez, Rosa Viñas Racionero, Iván Parras Vaquero, Hassiba Ziati Ziati y Nassiba Ziati Ziati

Iván Parras Vaquero

Miembro de las Fuerzas y Cuerpos de Seguridad especializado en la protección de personas. Diplomado en Gestión y Administración Pública por la Universidad Internacional de Catalunya, Graduado en Derecho por la Universidad Antonio Nebrija, Postgrado en Técnicas de Investigación Fiscales y Financieras de Investigación Avanzada (*forensic accountability*) y de Economía Global por la Universidad de Barcelona, Máster en el Ejercicio de la Abogacía por la Universidad Internacional de La Rioja, Director de Seguridad acreditado por Ministerio del Interior.

Hassiba Ziati Ziati

Criminóloga con formación interdisciplinar en el estudio del delito, la víctima y el delincuente e intereses y experiencia previa en el sector de la criminología forense, investigación de campo, derecho y ejecución penal (MPA), así como asistencia e intervención en el tercer sector con mujeres sometidas en contextos de VdG (Justicia y Comunidad).

Nassiba Ziati Ziati

Graduada en Ciencias sociales y jurídicas (Criminología) en la Universidad de Barcelona. Máster en Psicología y análisis de la conducta de la Universidad de Barcelona. Especializada en el análisis del comportamiento. Experiencia en el marco de la acción social como investigadora y técnica social en la intervención en violencia de género, política pública y criminal como en la atención integral con personas en situación de vulnerabilidad.

Cosette

Decidimos denominarla Cosette en honor a Víctor Hugo en su magnífica obra «Los Miserables». Es quizá el personaje de la novela que atraviesa las situaciones más dramáticas, convirtiéndose en un símbolo de pura esperanza que, aun representando a los más necesitados, encarna el alzamiento de los oprimidos en busca de un futuro un poco mejor.

No tenía 20 años, y cumplía condena por robar algo similar a un parquímetro cumpliendo las órdenes del que ella consideraba su pareja afectiva y sí verdaderamente era el padre de uno de sus 3 hijos, la misma persona que le había propinado una cruel paliza cuando ella decidió devolver el iPhone que previamente habían robado a unas niñas y ella lo entregó porque le generaba pena.

Reía y lloraba mientras nos relataba el día de su boda con tan solo 13 años, víctima de violencia de género y violencia sexual por más de un varón de su propio entorno. Jamás pensaría en denunciar, ni su etnia lo permitiría, ni sabría qué pasaría con sus menores si lo hubiese hecho tras recibir constantes amenazas de muerte por parte de familiares y «amigos».

Derechos Fundamentales y Derechos Humanos pisoteados por aquellas personas que deben conceder paz y seguridad, especialmente a una menor, especialmente en tu propio hogar… siempre.

Accedió gustosamente a responder todos nuestros interrogantes, reconociendo humildemente el no entender el significado de algunas de las palabras. Desprendía un halo de dulzura, mansedumbre y docilidad que era imposible que no se contagiase. Sentimos una necesidad imperiosa de abrazarla y darle cobijo al ser partícipes de su cruda realidad. Podríamos fácilmente imaginar que pasaría después de esos seis meses y un día que debía ejecutar en el centro penitenciario.

Se trataba de la misera negociando con la misera para poder acceder a un mendrugo que llevarse a la boca. Complejas realidades que pasarán desapercibidas e invisibles para un gran sector de la población que se seguirán cruzando de acera al percatarse de la suciedad de unas uñas que buscan comida en la basura o del olor que produce el no tener un hogar.

Agradecimientos

Esta investigación es el fruto del trabajo de un equipo multidisciplinar y altamente comprometido tanto con la tarea como con las personas.

En primer lugar, nos gustaría agradecer a la Secretaría General de Instituciones Penitenciarias y a la Consejería de Justicia de la Generalitat de Cataluña por permitirnos realizar esta investigación en el seno de sus instituciones, sintiéndonos como en casa.

En segundo lugar, nos gustaría resaltar el trato y la facilidad que nos han brindado los profesionales de los siguientes Centro Penitenciarios: Albolote (Granada), Brians (Barcelona), Brieva (Ávila), Córdoba, Fontcalent (Alicante), Madrid I y Madrid VII, Villena (Alicante) y Wad-Ras (Barcelona). Tanto los directores y directoras de los establecimientos, los y las subdirectores/as de tratamiento, funcionarios/as y resto de personal involucrado en el proyecto, gracias, sin vuestra ayuda este trabajo nunca se podría haber realizado.

En tercer lugar, queremos agradecer a todos y a todas las Guardia Civiles que nos ayudaron en cada Centro a hacer la labor más sencilla, así como a todas la Universidades Españolas participantes.

En cuarto lugar, a los becarios y becarias, que de manera incondicional, voluntaria y gustosa han invertido su tiempo, sus esfuerzos, sus ahorros y sus ilusiones recorriendo España para poder recoger datos que representen a toda la nación. Paulina, Leire, Violeta y Miguel en el primer año y Laura, Lidia, Neus, en el segundo, sin vuestra implicación profesional, no podríamos haberlo hecho nunca, ni tan fácil.

Y, final y especialmente, nuestro más profundo y sincero agradecimiento a las mujeres internas, quienes de manera voluntaria accedieron a colaborar con nosotros, enseñándonos el verdadero significado de la fuerza y del valor, por desnudar su corazón y sus experiencias más íntimas, por las lágrimas que hemos tenido que secar, por sus sonrisas, sus esperanzas, sus bonitos gestos, a todas ellas, GRACIAS.

Índice

ÍNDICE

1.
Introducción

1. INTRODUCCIÓN Y JUSTIFICACIÓN DEL ESTUDIO

María José Garrido Antón[1]
[1]Secretaría de Estado de Seguridad

Este estudio nace con la finalidad de explorar y conocer más sobre el colectivo femenino en los centros penitenciarios de España desde un punto cuantitativo, pero también cualitativo.

Con frecuencia se tiende a prejuzgar y tener una visión un tanto generalista y muchas veces sesgada sobre el perfil de las mujeres que cumplen condena. Prestando atención a las estadísticas, que normalmente pasan desapercibidas para la sociedad, excepto para aquellas personas interesadas por alguna cuestión profesional o personal, aproximadamente sólo el 7 % de la población reclusa son mujeres, condenadas principalmente por delitos contra el patrimonio y el orden socioeconómico y, contra la salud pública (Ministerio del Interior, 2022; Yagüe, 2007). Estas cifras se mantienen relativamente en la población penitenciaria mundial femenina (6,9 %; Fair y Walmsley, 2022).

Esta infrarrepresentación ha podido provocar la invisibilidad de las vulnerabilidades que presentan un porcentaje muy elevado de las mujeres internas antes de delinquir. Esta vulnerabilidad tiende a determinar su perfil, su patrón de comportamiento y muchas veces hasta sus conductas criminales. Hablamos de mujeres extranjeras o en situación irregular, pertenecientes a etnias como la gitana, triple vulnerabilidad, mujer, gitana y muchas veces provenientes de ambientes precarios (Ayuste y Paya, 2004) o (cuádruple al considerar la marginalidad de la edad de las mujeres mayores de 50 años) procedentes de entornos disfuncionales, familias desestructuradas, analfabetas, desempleadas, etc. Todo esto les convierte en mujeres al riesgo de la exclusión social con todas las consecuencias que esto conlleva. Hay estudios que informan de la alta tasa de polivictimización, de las comorbilidades y de las dobles o múltiples victimizaciones, especialmente siendo víctimas de violencia de género (en adelante VdG) y también de violencias sexuales. En este sentido conviene recordar cómo las mujeres internas presentan tasas de victimización significativamente superiores a lo largo de su vida con respecto a las no encarceladas (Belknap y Holsinger, 2006; Browne et al.,

María José Garrido Antón (Dir)., Marta Caballé Pérez, Laura Sánchez Morón, Paulina Badowicz,
Leire Villalón Arenas, Neus Mascaró Coll, Ariadna Trespaderne Dedeu, Miguel Ángel Soria Verde,
Montserrat Tous Zanguitu, Vielka Linet Peguero Jerez, Lidia Alonso Corona, Raúl Quevedo-Blasco,
José María Palomares Rodríguez, Rosa Viñas Racionero, Iván Parras Vaquero, Hassiba Ziati Ziati y Nassiba Ziati Ziati

1999; Radaz y Wrigh, 2017). En relación con la VdG existen estudios que apuntan a que el 88,4 % de las mujeres internas sufren violencia por sus parejas (Cruells e Igareda, 2005).

Muchos de estos delitos, no se denuncian y al no registrarse alimentan la conocida cifra oculta o maltrato invisible (González et al., 2019, López-Cepero et al., 2015), puesto que como alguna mujer en el marco de la investigación que se presenta en este trabajo refiere:

«Cómo voy a denunciar que me han violado si yo misma había robado 4 jamones para que comieran mis hijos»

La omisión de la comunicación de unos hechos delictivos y los altos índices de infradenuncia, evita que comience la investigación policial y/o judicial por los órganos de investigación, dejando en la indemnidad a criminales que pueden seguir operando desde la clandestinidad que supone el aprovecharse de estas vulnerabilidades. La macroencuesta de violencia contra la mujer realizada por la Delegación del Gobierno contra la Violencia de Género [DGVG] es la operación estadística más relevante realizada en España sobre este tipo de violencia y se encuentra incluida en el Plan Estadístico Nacional. La última edición (2019) ofrece datos tan significativos como que tan solo el 21,7 % de los casos de violencia de género son denunciados a las autoridades (DGVG, 2020). A lo que se añade que el 27 % de los asuntos instruidos en los Juzgados de Violencia sobre la Mujer se iniciaron sin la denuncia de la propia mujer (CGPJ, 2022). En lo que refiere a la violencia letal, más del 70 % de las mujeres no habían denunciado previamente a su homicida (CGPJ, 2022). Los datos muestran la necesidad de seguir invirtiendo esfuerzos institucionales en la detección de los casos y la mejora de los circuitos formales de denuncia para las víctimas.

Dar visibilidad a estas mujeres y a estos ilícitos es fundamental para poder desarrollar políticas públicas de protección y prevención sensibles al género, no solo desde el punto de vista penitenciario, también social y psicológico, al objeto de poder establecer medidas que puedan satisfacer necesidades específicas de las mujeres vulnerables y protegerles de sufrir abusos físicos y sexuales e inherentemente mentales. En este sentido García-Collantes y Garrido (2019) informaron sobre el impacto intelectual y cognitivo de las víctimas de violencia, pudiendo provocar ansiedad, trastornos del sueño, autolesiones y dolor crónico, entre otras.

En este trabajo se va a conocer de manera exhaustiva y pormenorizada datos sobre la VdG que han sufrido las mujeres antes de entrar en prisión, las razones por las que han denunciado y aquellas por las que optaron por no participar estos hechos. Se hablará también de las dinámicas relacionales entre víctimas y autores asumiendo que, en ocasiones, la violencia suele responder a una gestión inadecuada de los conflictos (Johnson, 2011; Muñoz y Echeburúa, 2016). La elevada presencia de variables como los celos, el control, las adicciones relacionadas con los comportamientos agresivos y caracterizados por la violencia en las relaciones de pareja, genera escenarios de riesgo para las mujeres y especialmente para las más vulnerables.

Seguidamente se abordarán los datos sobre las violencias ocultas contra las mujeres (en el seno de una relación de pareja) que conforman la cifra oculta, es decir aquellos casos que se mantienen en silencio, que no se conocen y por tanto están fuera del sistema policial y consecuentemente judicial y penal. En este sentido, se hará especial énfasis en la importancia de escuchar a las víctimas y supervivientes ya que ellas y, el laberinto de variables afectivas y emocionales que las acompaña son las propias expertas de su propia experiencia y sólo estas mujeres pueden indicarnos cuál es la mejor manera de darles protección.

Se profundizará en la exclusión social como factor de riesgo de la violencia, demostrando que, en estos escenarios caracterizados por el rechazo y el repudio, el riesgo de victimización se incrementa siempre. Las situaciones de desventajas comparativas de las mujeres excluidas ponen de relieve que, aunque la VdG se de en todos los estratos sociales, la probabilidad es mucho más alta en espacios de exclusión. Esto nos ilustra que nos enfrentamos a un fenómeno de carácter estructural donde la intervención tendrá que partir de análisis más profundos multidimensionales e interseccionales.

Definiremos el control coercitivo demostrando que, aunque se trata de un elemento crucial para explicar la heterogeneidad de la VdG, sin embargo, no es considerado como un factor determinante para la denuncia. A pesar de las campañas de conciencia, de la formación obligatoria y transversal en estas materias se mantiene aún la concepción de que la violencia física es el estímulo más importante para impulsar la puesta en conocimiento de la autoridad judicial y/o policial unos hechos criminales.

Por otro lado, centraremos el foco también en aquellos colectivos más vulnerables, mujeres migrantes, gitanas y mujeres bisexuales que relatan historias de verdadera marginación y exclusión.

Con respecto a las primeras, mujeres migrantes y mujeres en situación irregular, queremos enfatizar el debate en torno a la violencia de género y violencia sexual que se comete contra las personas que emigran de sus países siendo España su destino o tránsito, provocando situaciones de extrema vulnerabilidad por la condición de mujer en interseccionalidad con la pobreza, la situación administrativa irregular o la propia exclusión social.

Por su parte, las mujeres bisexuales constituyen un colectivo sensible de sufrir algún tipo de violencia de género como consecuencia de las creencias y estereotipos que se les atribuyen. Esto impacta negativamente sobre su autoconcepto, lo que, unido al miedo a las represalias y a ser excluidas socialmente, les impide en muchas ocasiones denunciar.

Y por último, las mujeres gitanas, que son objeto de una discriminación en múltiples ámbitos, por un lado, por vivir en una sociedad marcada por el patriarcado, mientras que, por otro, forman parte de una minoría étnica. Esta cultura tiene la figura de la mujer principalmente como la encargada del cuidado y el trabajo del hogar. Adicionalmente, las situaciones de violencia se resuelven dentro del entorno familiar, por lo que, ante episodios de VdG, no tienden a acudir a las autoridades dada la gran desconfianza hacia estas y la traición que ello supondría en su comunidad.

A pesar de los esfuerzos legislativos, educativos, los planes de igualdad y la gestión de la diversidad, lamentablemente siguen existiendo insuficiencias que padecen en mayor medida estas mujeres, recrudeciendo realidades y provocando mayores condiciones de riesgo de sufrir violencia y convirtiéndose algunas de ellas en víctimas po-

María José Garrido Antón (Dir)., Marta Caballé Pérez, Laura Sánchez Morón, Paulina Badowicz,
Leire Villalón Arenas, Neus Mascaró Coll, Ariadna Trespaderne Dedeu, Miguel Ángel Soria Verde,
Montserrat Tous Zanguitu, Vielka Linet Peguero Jerez, Lidia Alonso Corona, Raúl Quevedo-Blasco,
José María Palomares Rodríguez, Rosa Viñas Racionero, Iván Parras Vaquero, Hassiba Ziati Ziati y Nassiba Ziati Ziati

livictimizadas, es decir, mujeres que sufren diversas experiencias de revictimización a manos de diferentes agresores. La polivictimización trata de casos en los que, por distintos motivos, que a su vez, están muy relacionados con las características particulares, circunstancias o las situaciones en la que se encuentra la víctima (situación irregular, violencia sucesiva de distintos agresores, adicciones o conductas de abuso de sustancias con dependencia, alteraciones de conducta o enfermedades mentales, carencia de cualquier recurso, dificultad de cualquier tipo para romper con la situación de maltrato, etc.) resulta especialmente dificultoso para ellas presentar la denuncia, y, por esa falta cooperación y resistencia a ella, resulta complejo para las Fuerzas y Cuerpos de Seguridad (en adelante FCS) desarrollar las tareas de auxilio y protección necesarias para limitar la posibilidad de una nueva agresión y favorecer su integración social (Instrucción 11/2022 SES).

En relación con la extensión al mundo digital de la violencia de género, es decir la ciberviolencia de género (García-Collantes y Garrido, 2021) o la violencia facilitada por la tecnología (UNESCO, 2023), se pretende mostrar una radiografía aproximativa a la cultura de ciberseguridad básica personal, así como de las brechas de seguridad que presentan las mujeres internas, que en el marco del fenómeno delictivo objeto de estudio, les convierte en víctimas potenciales de ciberdelitos como el *sexting*, la sextorsión, la suplantación de identidad y/o el ciberacoso.

Finalmente, y quizá en relación con todo lo expuesto previamente, se abordará el estudio de la conducta autolítica o el suicidio de las mujeres internas. Se enfatizará el carácter multifactorial y poliédrico de este fenómeno conductual complejo en el que se combinan una serie de factores preexistentes a los que se suman la vida genuina en los CP. Según los informes del Ministerio del Interior, las tasas de suicidio en población reclusa son iguales para hombres que para mujeres, sin embargo, si se atiende al colectivo masculino en la sociedad, las cifras son más elevadas que en mujeres y se podría concluir que las mujeres internas se suicidan proporcionalmente más en los centros que sus homólogos masculinos. A pesar de la inclusión de la perspectiva de género en la prevención del suicidio en ámbito penitenciario (Instrucción 9-2022) complementaria a la Instrucción 5/2014 que regula el PPS (programa de protección del suicidio), siguen existiendo casos con resultado letal y, como se demuestra en este estudio, varios y recurrentes episodios autolesivos que no deben infravalorarse ni asociarse a otro tipo de conductas manipulativas o con ganancias secundarias que pueden atribuirse a las mujeres internas.

Los motivos que justifican este estudio se pueden observar desde dos perspectivas, la cuantitativa y la cualitativa. Atendiendo al primer punto, desde un punto de vista numérico es fundamental atender y dar visibilidad a estos fenómenos. En relación con la violencia de género, cada año mueren muchas mujeres a manos de sus parejas o exparejas. El último año (2023) fueron 58 las mujeres asesinadas. El homicidio de pareja es quizá el tipo delictivo que más alarma social genera, muchas veces por la crueldad de los hechos y, la mayoría porque es la máxima expresión de violencia a un ser humano, vulnerando el derecho fundamental más importante recogido en la Constitución Española (artículo 15, derecho a la vida). Pero, además, diariamente hay cientos y cientos de mujeres que denuncian violencia física, psicológica, económica, vicaria y cada vez más cibernética. Cada año se presentan doscientas mil denuncias y actualmente hay casi cien mil víctimas activas en el sistema VioGén[1]. A estas cifras habría que sumar la cifra oculta, las que no se registran y la cifra inconsciente (aquellas víctimas que no identifican incluso que los hechos que padecen se pueden denunciar). Esta victimización en el ámbito de la pareja también está sobrerrepresentada en la población penitenciaria femenina (Eliason et al., 2005; Jones, et al, 2019), siendo alarmante cuando hace alusión a aquella violencia más severa (Browne et al., 1999). La vulnerabilidad que presentan las mujeres reclusas se ve acrecentada por las dificultades añadidas en el acceso a los recursos formales (Cruells et al., 2005), con la consecuente reticencia a la búsqueda de ayuda (Cyr et al., 2021).

Desde el otro punto de vista, el cualitativo, la VdG pone de manifiesto la vulneración y violación de derechos fundamentales y libertades públicas recogidas en nuestra Norma Magna y en la mayoría de las constituciones de países del mundo. En las últimas décadas se ha ido reconociendo cada vez más en el ámbito internacional que la VdG es un grave problema, no solo para las mujeres sino también para el logro de la igualdad, el desarrollo y la paz (Naciones Unidas, 1986). Además, con el frenético desarrollo de la tecnología y la «digitalización de la vida» el derecho al honor, a la intimidad, al secreto de las comunicaciones y, el derecho a la propia imagen, quedan absolutamente quebrantados y transgredidos, especialmente en cuanto a quebrantamientos de condena se refiere, de hecho, actualmente, los quebrantamientos de condena están relacionados con los sistemas de mensajería o con redes sociales en más de un 80 % de los casos (Gutiérrez, 2018) y es uno de los delitos más frecuentes (CGPJ, 2022).

El eje que vertebra todo el estudio es visibilizar los diferentes tipos de vulnerabilidades en las mujeres objeto de este estudio y que se irán desarrollando a lo largo de los capítulos que integran este documento. Los antecedentes penales propios o de familiares, la escasez económica, el bajo nivel educativo y la posición precaria en el mercado laboral son factores detectados por varios estudios (Cyr et al, 2021; Martín y Hesselbrock, 2001) como factores principales de vulnerabilidad en población penitenciaria. Con todo ello, se pretende ofrecer un paraguas académico y operativo para las diferentes propuestas de intervención psicosocial, planteando recomendaciones que faciliten la identificación, registro y disminución de la VdG así como su extensión en el mundo digital. El objetivo último es la reinserción final de las mujeres en la sociedad actual con todas las garantías posibles.

Necesitamos oír las voces de las mujeres que queremos proteger y dar seguridad y para ello hay que ganarse su confianza y conocerlas. No podemos considerar las víctimas como un bloque homogéneo tanto de perfiles como de patrones de comportamientos. A la hora de la prevención, del tratamiento y de la seguridad cada tramo de edad, cada etnia, y cada cultura tiene sus propias particularidades. En este punto se sitúa el interés del presente estudio, que se dirige a generar conocimiento sobre los factores psicosociales y contextuales relacionados con la victimización y revictimización de aquellas mujeres víctimas de violencia, analizar las barreras que tienen y perciben a la hora de denunciar o no, con el fin de aportar resultados relevantes para ajustar las políticas de prevención y protección y desarrollar propuestas penitenciarias, policiales

---

[1] Sistema de Seguimiento Integral de los casos de Violencia de Género.

María José Garrido Antón (Dir)., Marta Caballé Pérez, Laura Sánchez Morón, Paulina Badowicz,
Leire Villalón Arenas, Neus Mascaró Coll, Ariadna Trespaderne Dedeu, Miguel Ángel Soria Verde,
Montserrat Tous Zanguitu, Vielka Linet Peguero Jerez, Lidia Alonso Corona, Raúl Quevedo-Blasco,
José María Palomares Rodríguez, Rosa Viñas Racionero, Iván Parras Vaquero, Hassiba Ziati Ziati y Nassiba Ziati Ziati

y sociales que puedan potenciar el empoderamiento, la autoestima y la confianza en las instituciones que se preocupan por ellas.

Por todo ello, se considera fundamental que el presente proyecto incorpore la experiencia contada por las mujeres internas en Centros Penitenciarios que han sido víctimas de la VdG.

REFERENCIAS

Ayuste, A. y Paya, M. (2004). Mujer gitana y educación: un camino hacia los derechos humanos. *Encuentros sobre educación*, 5 (111), 101-124.

Belknap, J., & Holsinger, K. (2006). The gendered nature of risk factors for delinquency. Feminist Criminology, 1(1), 48-71.

Browne, A., Miller, B. A., & Maguin, E. (1999). Prevalence and Severity of Lifetime Physical and Sexual Victimization Among Incarcerated Women. International Journal Of Law And Psychiatry, 22(3-4), 301-322. https://doi.org/10.1016/s0160-2527(99)00011-4

Consejo General del Poder Judicial (2022). Estadística Judicial. Estadística por temas. Datos penales, civiles y laborales. Violencia doméstica y Violencia de género. Datos sobre Violencia sobre la mujer en la estadística del CGPJ. https://www.poderjudicial.es/cgpj/es/Temas/Violencia-domestica-y-de-genero/Actividad-del-Observatorio/Datos-estadisticos/?filtroAnio=2022

Cruells M., Igareda, M (2005). *Mujeres, integración y prisión.* SURT.González-Álvarez, J.L., López-Ossorio, J.J., Pozuelo-Rubio, F., Sánchez-Isidoro, J., Santos-Hermoso, J. y Soler-Prieto, C. (2019). Avance de resultados del estudio nacional de revisión de feminicidios en España: perfil del feminicida en prisión. Capítulo del libro de ponencias de las X Jornadas de ATIP en Almagro, 2018. Editor: Asociación de Técnicos de Instituciones Penitenciarias. Recuperado de: https://atip.es/wp-content/uploads/2019/06/LIBRO-X-JORNADAS.pdf

Cruells, M., Torrens, M., & Igareda, N. (2005). V*iolencia contra las mujeres: Análisis de la población penitenciaria femenina*. Surt. https://www.inmujeres.gob.es/publicacioneselectronicas/documentacion/Documentos/DE0804.pdf

Cyr, S., Jaramillo, E. T., Garrison, L., Malcoe, L. H., Shamblen, S. R. & Willging, C.E. (2021) Intimate Partner Violence and Structural Violence in the Lives of Incarcerated Women: A Mixed-Method Study in Rural New Mexico. *International Journal of Environmental Research and Public Health, 18,* 61-85. https://doi.org/10.3390/ijerph18126185

Delegación del Gobierno contra la Violencia de Género (2015). Sobre la inhibición a denunciar de las víctimas de violencia de género. Ministerio de Sanidad, Asuntos Sociales e Igualdad. Gobierno de España. https://violenciagenero.igualdad.gob.es/violenciaEnCifras/estudios/investigaciones/2015/estudio/inhibicion.htm

Eliason, M. J., Taylor, J. Y., & Arndt, S. (2005). *Assessing Intimate Partner Violence in Incarcerated Women*. Journal Of Forensic Nursing, 1(3), 106-110. https://doi.org/10.1097/01263942-200509000-00005

Fair, H., & Walmsley, R. (2022). World female imprisonment list. Institute for Crime & Justice Policy Reserarch. https://www.prisonstudies.org/sites/default/files/resources/downloads/world_female_imprisonment_list_5th_edition.pdf

García-Collantes, A., y Garrido, MJ. (2021). Violencia y Ciberviolencia de Género. https://editorial.tirant.com/es/libro/violencia-y-ciberviolencia-de-genero-angel-garcia- collants-9788413785745

González-Álvarez, J.L., López-Ossorio, J.J., Pozuelo-Rubio, F., Sánchez-Isidoro, J., Santos-Hermoso, J. y Soler-Prieto, C. (2019). Avance de resultados del estudio nacional de revisión de feminicidios en España: perfil del feminicida en prisión. Capítulo del libro de ponencias de las X Jornadas de ATIP en Almagro, 2018. Editor: Asociación de Técnicos de Instituciones Penitenciarias. Recuperado de: https://atip.es/wp-content/uploads/2019/06/LIBRO-X-JORNADAS.pdf

Gutiérrez, E. (2018). Quebrantamiento de la prohibición de comunicación a través de las redes sociales de 4 de mayo de 2018, www.elderecho.com.

Instrucción 5/2014 de la Secretaría General de Instituciones Penitenciarias. *Programa marco de prevención de suicidios.* https://www.csif.es/uploads/articulo/archivosAdjuntos/65c748bf634a9.pdf

Instrucción 9-2022 de la Secretaría General de Instituciones Penitenciarias. *Perspectiva de género en la prevención de suicidios en el ámbito penitenciario.* https://www.iustel.com/v2/revistas/detalle_revista.asp?id_noticia=425955

Johnson, M. P. (2011). Gender and types of intimate partner violence: A response to an anti-feminist literature review. Aggression and Violent Behavior,16, 289296. doi:10.1016/j.avb.2011.04.006.,16,289,296.doi:10.1016/j.avb.2011.04.006.

Jones, M. S., Peck, B. M., Sharp, S. F., & McLeod, D. A. (2019). Childhood Adversity and Intimate Partner Violence in Adulthood: The Mediating Influence of PTSD in a Sample of Women Prisoners. Journal Of Interpersonal Violence, 36(15-16), NP8590-NP8614. https://doi.org/10.1177/0886260519844277

López-Cepero, J., Lana, A., Rodríguez-Franco, L., Paíno, S. G. y Rodríguez-Díaz, J. (2015). Percepción y etiquetado de la experiencia violenta en las relaciones de noviazgo juvenil. Gaceta Sanitaria, 29(1), 21-26. https://doi.org/10.1016/j.gaceta.2014.07.006

Martin, M. E., & Hesselbrock, M. N. (2001). Women Prisoners' Mental Health: Vulnerabilities, Risks and Resilience. *Journal of Offender Rehabilitation, 34*(1), 25–43. https://doi.org/10.1300/J076v34n01_03

Ministerio del Interior. (2022). *Anuario Estadístico del Ministerio del Interior.*

Muñoz, J.M. y Echeburúa, E. (2016). Diferentes modalidades de violencia en la relación de pareja: implicaciones para la evaluación psicológica forense en el contexto legal español. *Anuario de Psicología Jurídica,26,*2-12.

Naciones Unidas (1986) *Estrategias de Nairobi orientadas hacia el futuro para el adelanto de la mujer*, Nueva York, Departamento de Información Pública.

Radatz, D. L., & Wright, E. M. (2017). Does Polyvictimization Affect Incarcerated and Non-Incarcerated Adult Women Differently? An Exploration Into Internalizing Problems. *Journal of Interpersonal Violence, 32*(9), 1379-1400. https://doi.org/10.1177/0886260515588921

UNESCO (2023). *Technology Facilitated Gender-Based Violence in an era of Generative AI.* UNESCO Publishing. https://unesdoc.unesco.org/ark:/48223/pf0000387483

Yagüe, C. (2007). Mujeres en prisión. Intervención basada en sus características, necesidades y demandas. Revista Española de Investigación Criminológica: REIC, (5), 1-24. https://doi.org/10.46381/reic.v5i0.29.

2.
Metodología y bases del proyecto

2. METODOLOGÍA Y BASES DEL PROYECTO

María José Garrido Antón[1]
Laura Sánchez Morón, Neus Mascaró Coll y Lidia Alonso Corona[2]
[1]Secretaría de Estado de Seguridad
[2]Universidad Autónoma de Madrid

2.1. INTRODUCCIÓN

Este trabajo forma parte del proyecto «Factores que dificultan la denuncia de la violencia de género en España y alimentan la cifra oculta» de la Secretaría de Estado de Seguridad del Ministerio del Interior en colaboración con varias Universidades de España (Universidad Autónoma de Madrid, Universidad Rey Juan Carlos, Universidad de Barcelona, Universidad de Granada, Universidad Complutense de Madrid y UDIMA). Esta investigación ha sido avalada y aprobada por la Secretaría General de Instituciones Penitenciarias y la Consejería de Justicia de la Generalitat de Cataluña.

El proyecto fue aprobado en primera estancia por la Dirección General de Coordinación y Estudios del Ministerio del Interior (DGCE). Seguidamente se trasladó tanto al Área de Programas Específicos de Tratamiento de la Secretaría General de Instituciones Penitenciarias como al Área de Planificación y Proyectos Estratégicos de la Generalitat de Catalunya, obteniéndose en cada caso el permiso para llevar a cabo el estudio.

Desde la DGCE se crearon equipos de expertos de universidades españolas encargados de desplazarse a los centros penitenciarios para la recogida de información y realización de entrevistas con las mujeres internas. Todos los equipos emplearon la misma metodología y procedimiento. El procedimiento en cada Centro Penitenciario (CP) se regía por el siguiente orden de hechos:

1. Comunicación escrita por *email* a cada director/a del CP adjuntando el proyecto y su autorización.

2. Cita por teléfono con los/as subdirectores/as de cada CP para cuestiones de organización y agenda, teniendo en cuenta las circunstancias de cada centro y los horarios de las internas.

3. Comunicación por escrito de los datos de filiación e identificación de las personas entrevistadoras de cada equipo territorial.

4. Sesión FIS (Formación, Información y Sensibilización) sobre VdG dirigida a las internas de cada CP (ver más adelante).

5. Realización de las entrevistas con las mujeres internas.

6. Creación de una base de datos a través del programa estadístico SPSS v.25.

7. Volcado de datos y codificación de variables.

8. Análisis estadístico de los datos.

9. Elaboración de informes y recomendaciones.

En cada centro se comenzaba con una sesión informativa inicial por parte de la responsable de la investigación (DGCE) donde se invitaba a participar en las entrevistas personales, de la siguiente manera:

- **SESIÓN FIS (Formación, Información y Sensibilización) SOBRE VdG** (Apéndice D). Bajo el marco general de la *psicoeducación en VdG,* en cada centro se invitaba a todas las mujeres internas a que acudieran a una charla FIS sobre este fenómeno. Durante la presentación del proyecto, en alguna ocasión resultó complicado lograr la atención y confianza sin que hubiese cierto rechazo por parte de algunas internas. Estas barreras iban siendo evaporadas por las habilidades de comunicación por parte del equipo. La empatía, la comprensión, la adecuación a la audiencia, el lenguaje empleado, así como el uso del principio de similitud (Cialdini, 1984), hicieron que en cada establecimiento penitenciario no solo se consiguiera la atención y la participación en las charlas, sino que el porcentaje de adherencia al proyecto por parte de las mujeres internas fue en la mayoría de los casos absoluto (cumpliendo con los criterios de inclusión).

En esta charla se exponían los objetivos, el procedimiento, las técnicas y metodología del proyecto de investigación, así como las garantías de confidencialidad y de protección de datos. Las internas podían efectuar preguntas, solicitar más información sobre el estudio y apuntarse en una lista de participación.

- **ENTREVISTAS.** Las mujeres entrevistadas fueron las que accedieron a formar parte del proyecto una vez habían participado en la charla FIS. Hubo casos de mujeres que, a pesar de no haber acudido a la charla, quisieron formar parte del proyecto, al llegarles la información a través de otras mujeres internas. Las entrevistas se llevaban a cabo por parte de dos profesionales y se mantuvieron en espacios aislados y sin ruido, siempre preservando la intimidad de las participantes. La duración aproximada fue de una hora (facilitando la flexibilidad con el fin de respetar los tiempos de cada mujer) y en algunas ocasiones, previo consentimiento por escrito de cada entrevistada, se grabaron en voz. El instrumento de recogida de datos fue un diccionario de variables creado *ad hoc* por la DGCE, y al final de cada entrevista se realizaba una prueba de personalidad. En algunos casos las preguntas del cuestionario eran leídas por los propios entrevistadores/as por cuestiones de problemas de visión, por no saber leer o por no entender algunos conceptos.

Para asegurar la calidad de los datos y su homogeneidad interterritorial, en la sede de la DGCE se constituyó un grupo de monitores de campo que mantenía contacto permanente con los grupos territoriales, asesorando ante cualquier duda que pudiera surgir y facilitando directivas unificadas a todos/as. Los monitores de campo trabajaban de manera conjunta, recibiendo los informes y las plantillas en versión digital, ocupándose de contrastar que los datos coincidieran en todos los documentos. Ante discrepancias, mantenían correspondencia con los grupos territoriales para subsanarlas, siendo los revisores de cada caso quienes tenían la última palabra y asumían la responsabilidad de los datos que emitían. Toda la información recopilada por los grupos territoriales fue enviada al grupo de monitores de campo de Madrid que es donde se mantiene custodiada y registrada.

Los equipos territoriales se distribuyeron de la siguiente manera:

TABLA 1. *Integrantes del proyecto*

EQUIPO DE REVISIÓN Psicólogos/as, criminólogos/as y expertos en conducta		Número de entrevistadores/as
SES	DGCE	1
Universidades de Madrid (Monitores de Campo)	UCM	1
	UAM	3
	UDIMA	2
	URJC	4
Universidad de Barcelona	UB	6
Universidad de Granada	UGR	8
Total		25

Fuente: elaboración propia.

Nota. DGCE: Dirección General de Coordinación y Estudios; UCM: Universidad Complutense de Madrid; UAM: Universidad Autónoma de Madrid; UDIMA: Universidad a Distancia de Madrid; URJC: Universidad Rey Juan Carlos.

El periodo de recogida de datos fue desde diciembre del año 2022 a mayo del año 2023. En cada centro se acordaron las fechas y horarios de acceso coordinadas con el subdirector/a de tratamiento. El objetivo era interferir lo mínimo posible en la vida penitenciaria de las mujeres y respetar el horario de sus actividades.

Sobre cuestiones éticas y de protección de datos

1) La propuesta del estudio fue revisada por los mandos del Área de estudios de la Secretaría de Estado en Seguridad del Ministerio del Interior y se comprobó que seguía los principios éticos de los estudios que se realizan con seres humanos y de la protección de datos. Además, todas las universidades que han parti-

María José Garrido Antón (Dir)., Marta Caballé Pérez, Laura Sánchez Morón, Paulina Badowicz,
Leire Villalón Arenas, Neus Mascaró Coll, Ariadna Trespaderne Dedeu, Miguel Ángel Soria Verde,
Montserrat Tous Zanguitu, Vielka Linet Peguero Jerez, Lidia Alonso Corona, Raúl Quevedo-Blasco,
José María Palomares Rodríguez, Rosa Viñas Racionero, Iván Parras Vaquero, Hassiba Ziati Ziati y Nassiba Ziati Ziati

cipado en este estudio han supervisado que la recogida de datos fuera conforme a dichos principios éticos.

2) Protección de los derechos de los participantes en investigaciones con seres humanos:

a. Estudio voluntario.

b. Beneficio para las participantes en cuanto a que permite mejorar el trabajo que se hace con ellas en prisión. No obstante, la participación no se ha incentivado con un tipo de recompensa que resulte coactiva, es decir, que sea demasiado alta como para que el participante realmente no se pueda negar a participar.

c. Libertad para preguntar y retirarse del estudio cuando se quiera.

d. Participación solo sucede después de que los participantes firmen un consentimiento informado demostrando así su voluntad de participar.

3) Protección de datos:

a. Solo se recogen datos anonimizados que no permiten identificar a la participante.

b. Solo se reportan los datos agregados que no permiten saber quién ha participado en el estudio.

c. Los datos se han guardado en un ordenador seguro y bajo contraseña. Sólo acceden a la base de datos los miembros del equipo investigador.

2.2. MUESTRA

Inicialmente se detectaron 160 mujeres que cumplían los criterios inclusión para formar parte del estudio:

- Historial de victimización en el ámbito de la VdG (L.O. 1/2004).

- Relación de pareja en la que han sufrido VdG que se haya desarrollado parcial o totalmente en territorio español.

- Nivel idiomático suficiente (catalán o castellano) para poder llevar a cabo la entrevista.

No obstante, 37 mujeres no pudieron formar parte de esta investigación por los siguientes motivos:

- No hallarse en el centro el día de la entrevista por tener otras formaciones o talleres.

- Cambio de opinión y no querer participar.

- Movilidad intercentros y traslados.

Así, la muestra final de este estudio la conforman 123 mujeres. Los centros penitenciarios donde se hallaron a estas mujeres fueron:

TABLA 2. *Establecimientos Penitenciarios visitados*

CCAA	Nombre del Centro	Número de víctimas	Número de Casos polivíctimas
Castilla y León	Brieva (Ávila)	14	2
Comunidad Autónoma de Madrid	Alcalá I	10	1
	Estremera	9	1
Comunidad Valenciana	Foncalent (Alicante)	15	0
	Villena	10	0
Cataluña	Wad-Ras (Barcelona)	10	6
	Brians Mujeres (Barcelona)	13	3
Andalucía	Albolote (Granada)	22	2
	Córdoba	20	3
Total		123	18

Fuente: elaboración propia.

2.3. INSTRUMENTOS

Los instrumentos fueron diseñados por los componentes del equipo de investigación central de Madrid junto con los integrantes del equipo de la Universidad de Barcelona, la Universidad Autónoma de Madrid y la Universidad Rey Juan Carlos. En cada reunión presencial y *online* se fueron discutiendo cada ítem de los protocolos de entrevista, con el fin de asegurar el entendimiento general de cada pregunta adaptado al nivel y al lenguaje que pueden tener las mujeres internas advirtiendo que, en un porcentaje alto, el nivel educativo no era muy elevado (Añaños et al., 2020).

Al objeto de validar el cuestionario que guiaba la entrevista semiestructurada se llevó a cabo una muestra piloto en el CP de Brieva con 9 mujeres este tipo de validación permitió mejorar la formulación de algunas preguntas, así como el diseño de un guion de entrevista. También se aprendió sobre la administración y entendimiento del cuestionario de personalidad utilizado. El protocolo de instrumentos contó también con un manual de instrucciones que fue trabajado y explicado en cada formación que se hizo con cada equipo territorial.

Por tanto, los instrumentos utilizados son:

- **Diccionario de variables** (Apéndice A). Este instrumento fue creado ad hoc por la DGCS de la Secretaría de Estado del Ministerio del Interior al objeto de recoger la información que se detalla en cada bloque.

- **Guion de entrevista** (de investigación; González y Manzanero, 2018). Basado en el diccionario de variables. Consta de preguntas abiertas, cerradas, de valoración tipo Likert, así como un campo final de observaciones por si las mujeres deseaban ampliar la información o hacer constar alguna cuestión. Los ítems se recogen en diferentes bloques atendiendo a la siguiente distribución:

María José Garrido Antón (Dir)., Marta Caballé Pérez, Laura Sánchez Morón, Paulina Badowicz,
Leire Villalón Arenas, Neus Mascaró Coll, Ariadna Trespaderne Dedeu, Miguel Ángel Soria Verde,
Montserrat Tous Zanguitu, Vielka Linet Peguero Jerez, Lidia Alonso Corona, Raúl Quevedo-Blasco,
José María Palomares Rodríguez, Rosa Viñas Racionero, Iván Parras Vaquero, Hassiba Ziati Ziati y Nassiba Ziati Ziati

TABLA 3. *Bloques de ítems*

Bloques de ítems
Bloque 1. Registro del caso. Variables sociodemográficas
Bloque 2. Variables de la víctima
Bloque 3. Variables de la dinámica relacional
Bloque 4. Variables de la denuncia
Bloque 5. Preguntas relacionadas con la violencia cibernética en el marco de la violencia de género y la violencia sexual

Fuente: elaboración propia.

- ***Entrevista semi-estructurada***. A través de un proceso interactivo entre entrevistadores/as y entrevistadas se generaba un proceso dinámico que proporcionaba una comunicación flexible y abierta con las mujeres, facilitando el grado de intimidad y confianza necesaria para poder compartir sus experiencias más íntimas, sus recuerdos y las situaciones más delicadas (Hernández-Samperi & Mendoza, 2018).

- ***Documento de protección de datos y confidencialidad*** (Apéndice B).

- ***Test de evaluación de rasgos de personalidad Mini International Personality Item Pool Scale*** (Mini-IPIP; Donnellan et. al, 2006). Consiste en un total de veinte (20) ítems, evaluados en una escala gradual de respuesta donde el máximo, cinco (5) expresa total conformidad y el mínimo, uno (1), expresa el grado máximo de disconformidad. Este instrumento mide las siguientes dimensiones o rasgos de personalidad: Extraversión (E), Agradabilidad (A), Responsabilidad (C), Neuroticismo (N) y Apertura a la experiencia (O) (Apéndice C).

2.4. VARIABLES

Focalizando los objetivos generales de esta investigación, se hizo una revisión previa de la literatura nacional e internacional para conocer qué variables han sido identificadas como descriptoras en estudios similares y se seleccionaron las siguientes:

- Sociodemográficas
- De personalidad
- Del historial de violencia
- Violencia de género
- Violencia sexual
- Victimizaciones mujeres internas
- Sobre la percepción de riesgo de violencia
- Ciberviolencia de género
- Comportamientos autolíticos
- Formación digital

2.5. ANÁLISIS DE DATOS

Las plantillas informatizadas se reunieron en una base de datos única, que se analizó con el paquete estadístico *Statistical Package for the Social Sciences* (v25). Se realizaron análisis descriptivos para conocer la distribución de las frecuencias y los porcentajes de las variables en cada categoría de análisis.

2.6. OBJETIVOS

El principal objetivo de este proyecto es profundizar en las vulnerabilidades que presentan las mujeres internas víctimas de VdG y que afectan a la hora de denunciar o no comunicar los hechos delictivos que sufren en el ámbito de la pareja o expareja.

Como objetivos específicos se propusieron los siguientes:

a) Examinar los factores sociodemográficos, de personalidad o de la dinámica relacional que pueden condicionar la decisión de denunciar o de no denunciar la VdG.

b) Conocer la percepción de las víctimas sobre el proceso de denuncia de la VdG en dependencias policiales y judiciales.

c) Detectar las dificultades de las mujeres más vulnerables.

d) Explorar la incidencia del control coercitivo en las dinámicas violentas sufridas por las mujeres encarceladas e identificar formas de intervención.

e) Explorar los conocimientos y experiencias en ciberviolencia de género de las víctimas, así como las medidas personales de ciberseguridad que toman para prevenirla.

f) Identificar las buenas y las malas prácticas en la atención policial a estas mujeres y realizar recomendaciones de mejora.

g) Analizar la asociación entre VdG y conducta autolítica de las mujeres internas.

h) Explorar las experiencias de polivictimización de las víctimas de VdG.

Con las finalidades de:

a) Aportar nuevas estrategias para prevenir la VdG que sean pertinentes a otros actores, como el resto de los operadores jurídicos (letrados, fiscales, jueces, forenses), profesionales del sector asistencial (psicólogos, juristas, trabajadores sociales), e incluso familiares, amigos y conocidos de las parejas en riesgo.

b) Proponer estrategias que faciliten a las mujeres encarceladas la interposición de una denuncia por VdG.

c) Incidir en los factores de exclusión social como ejes de actuación con las mujeres encarceladas.

d) Proponer planes de prevención contra el suicidio específicos para mujeres víctimas de la VdG.

e) Desarrollar una guía para la prevención de la ciberviolencia de género, así como un tríptico de medidas de ciberseguridad básica.

María José Garrido Antón (Dir)., Marta Caballé Pérez, Laura Sánchez Morón, Paulina Badowicz,
Leire Villalón Arenas, Neus Mascaró Coll, Ariadna Trespaderne Dedeu, Miguel Ángel Soria Verde,
Montserrat Tous Zanguitu, Vielka Linet Peguero Jerez, Lidia Alonso Corona, Raúl Quevedo-Blasco,
José María Palomares Rodríguez, Rosa Viñas Racionero, Iván Parras Vaquero, Hassiba Ziati Ziati y Nassiba Ziati Ziati

Una vez analizados todos los datos, se podrían formular recomendaciones con carácter preventivo a los diferentes niveles ya expuestos: penitenciarios, policiales, asistenciales, sanitarios, institucionales y hasta familiares. Todo ello con la finalidad de fortalecer a las mujeres, suavizando sus vulnerabilidades, pudiendo abordarlo de manera coordinada desde diferentes ámbitos, no solo desde el que compete al Ministerio del Interior y, propiciar que este conocimiento científico aplicado incremente, como otros, el bienestar de la ciudadanía y el dictado de políticas públicas basadas en la evidencia empírica, evitando sesgos motivados por mitos o estereotipos, al tiempo que se da visibilidad a un colectivo de mujeres frecuentemente estigmatizado.

REFERENCIAS

Cialdini, R. (1984). Influence. The Psychology of Persuasion. New York, NY: William Morrow e Company.

Molina, A., Galán Casado, D., García Vita, M. D. M., & Añaños Bedriñana, F. T. (2020). Percepciones sobre la educación formal en prisión. Un estudio de caso de internos y maestros/as en un centro penitenciario de la comunidad de Madrid.

3.
Resultados

3.1. DESCRIPCIÓN DE LAS CARACTERÍSTICAS GENERALES DE LAS MUJERES INTERNAS PARTICIPANTES DEL ESTUDIO

María José Garrido Antón[1]
[1]*Secretaría de Estado de Seguridad*

3.1.1. INTRODUCCIÓN

La población penitenciaria es, en general, un colectivo altamente desconocido lo que aumenta la vulnerabilidad asociada. La estigmatización, los esquemas sociales, los sesgos y, en general el desconocimiento invita a imaginar a personas procedentes en su gran mayoría de medios disfuncionales, desestructurados y asociados, en gran parte, a la delincuencia grave. En cierto grado hay algo de real en esta afirmación, detrás de un porcentaje amplio de hombres y mujeres internas, existe un pasado triste, paupérrimo y con altas dosis de disfuncionalidad tanto personal como familiar. Sin embargo, es complicado establecer un orden sobre qué precede a qué ¿la miseria a la delincuencia, o la infracción a la indigencia? La realidad es que trasciende escasamente lo que pasa en el interior de los centros penitenciarios y las repercusiones que tiene esta población a nivel social.

Las mujeres internas presentan diferencias significativas con respecto a los hombres encarcelados en varias variables tanto sociodemográficas como de personalidad. Ya Eysenck en sus escritos sobre personalidad (1954) establecía las diferencias en cuestiones de rasgos entre los dos colectivos, hombres y mujeres, alcanzando los hombres las puntuaciones más altas en psicoticismo (rasgo de personalidad relacionado con las dificultades para vincularse afectivamente con los demás o sentir empatía). En concreto este rasgo facilita que se puedan llegar a cometer conductas caracterizadas por la frialdad afectiva, permitiendo (si las circunstancias lo requieren) llegar a mentir, a robar, a delinquir con más facilidad que aquellas personas que puntúan más bajo. Un dato que confirma esta afirmación es la tasa de encarcelamiento en España y en sus CCAA con relación al género. Según datos del Ministerio del Interior, en España hay un total de 55.277 personas privadas de libertad, de las cuales 51.284 son hombres y 3.993 son mujeres (Ministerio del Interior, 2022).

Hay variadas teorías que explican la menor criminalización de las mujeres (Herrera y Expósito, 2010) con respecto a los hombres. No es tema de este trabajo profundizar en los

María José Garrido Antón (Dir)., Marta Caballé Pérez, Laura Sánchez Morón, Paulina Badowicz,
Leire Villalón Arenas, Neus Mascaró Coll, Ariadna Trespaderne Dedeu, Miguel Ángel Soria Verde,
Montserrat Tous Zanguitu, Vielka Linet Peguero Jerez, Lidia Alonso Corona, Raúl Quevedo-Blasco,
José María Palomares Rodríguez, Rosa Viñas Racionero, Iván Parras Vaquero, Hassiba Ziati Ziati y Nassiba Ziati Ziati

por qués, sin embargo sí es preciso entender y resaltar que un porcentaje de ellas son autoras secundarias (Olmos, 2007), con menos o poca conciencia criminal con respecto a los hombres y, atendiendo a la tipología delictiva, como se apuntó en la introducción de este trabajo, los delitos más frecuentes tienen que ver con el hurto, la seguridad vial y los delitos de salud pública, consistiendo estos ilícitos en el carácter menos violento de la delincuencia de las mujeres y, en general, menos grave que el de los hombres (Juanatey, 2018).

Bajo la perspectiva de género (Instrucción SGIP 9-2022) en esta investigación, en este apartado se van a visibilizar algunas de las variables sociodemográficas de las participantes de este estudio. Sólo analizando exhaustivamente cada variable se puede llegar a entender, sentir y vivenciar cómo cada mujer experimenta la VdG de forma diferente. Es muy importante adaptar las políticas de prevención, los mecanismos de detección de identificación y, por supuesto la concienciación y la sensibilización a todas y cada una de las mujeres participantes de este estudio.

3.1.2. RESULTADOS

TABLA 4. *Resumen de las características sociodemográficas de las participantes presas víctimas de VdG*

Variables	Categorías	*n* (%)
Nacionalidad	Española	91 (74)
	Extranjera	23 (18,7)
	Doble nacionalidad	9 (7,3)
Situación legal	Irregular	4 (12,9)
	Regular	27 (87,1)
Estructura familiar	Estructurada	49 (39,8)
	Desestructurada	71 (57,7)
	No sabe	3 (2,4)
Nivel académico	Analfabeto	5 (4,1)
	Lee y escribe	8 (6,5)
	Primaria	24 (19,5)
	Educación general básica	26 (21,1)
	Secundaria	23 (18,7)
	Bachillerato Unificado Polivalente (BUP)	5 (4,1) 21(17,1)
	Formación Profesional	4 (3,3)
	Bachillerato	1 (0,8)
	Diplomado	3 (2,4)
	Grado	1 (0,8)
	Máster	2 (1,6)
	No se sabe	
Situación laboral	Ocupada / trabajadora	50 (40,7)
	Parada	47 (38,2)
	Estudiante	3 (2,4)
	Pensionista	1 (0,8)
	Otra	13 (10,6)
	Variable	8 (6,5)
	No se sabe	1 (0,8)

Variables	Categorías	*n* (%)
Vive sola	Sí	3 (2,4)
	No	120 (97,6)
Número de hijos/as	0	13 (10,6)
	1	28 (22,8)
	2	29 (23,6)
	3	25 (20,3)
	4	18 (14,6)
	5	4 (3,3)
	≥ 6	6 (4,9)

Fuente: elaboración propia.

TABLA 5. *Resumen de las características carcelarias de las participantes víctimas de VdG*

Variables	Media (DT) / frecuencia (%)	Mín.	Máx.	P 25	M	P 75
Edad	40,24 (8,86)	19	60	34	40	46
Meses en prisión	92,86 (120,78)	4	432	22	36	120
Veces en prisión	2,01 (2,75)	0	21	1	1	2
Tiempo total en prisión	313,2 (852,91)	0	5110	10	30	104

Fuente: elaboración propia.
Nota. Mín. = Mínimo; Máx. = Máximo: P 25 = Percentil 25; M = Mediana; P 75 = Percentil 75.

Las mujeres entrevistadas tienen una media de edad de 40,24 años, siendo el rango de 19 a 60 años. El **rango de edad mayoritario** ($n = 53$; 43,10 %) es el de 36 a 45 años, seguido del intervalo de 26 a 35 años ($n = 27$; 22 %) y de 46 años en adelante ($n = 35$; 28,50 %). Solo 16 mujeres (10,30 %) se encuentran en el rango de edad de 18 a 25 años.

FIGURA 1. *Intervalos de edad de las víctimas*

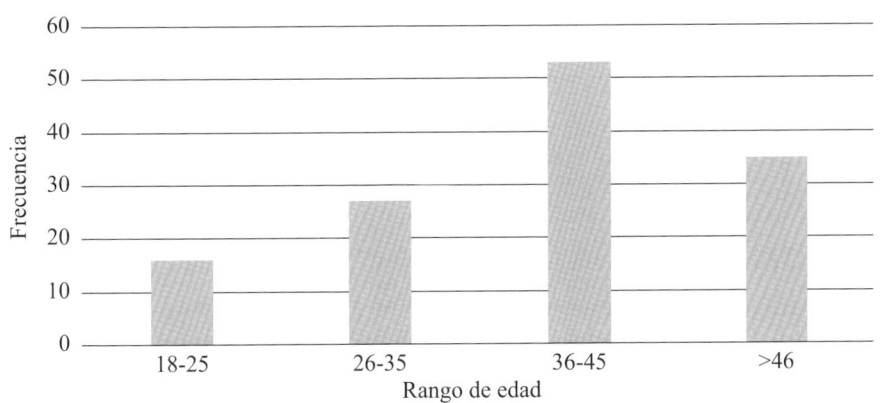

Fuente: elaboración propia.
Nota. Intervalos de edad que presentan las víctimas entrevistadas.

María José Garrido Antón (Dir)., Marta Caballé Pérez, Laura Sánchez Morón, Paulina Badowicz,
Leire Villalón Arenas, Neus Mascaró Coll, Ariadna Trespaderne Dedeu, Miguel Ángel Soria Verde,
Montserrat Tous Zanguitu, Vielka Linet Peguero Jerez, Lidia Alonso Corona, Raúl Quevedo-Blasco,
José María Palomares Rodríguez, Rosa Viñas Racionero, Iván Parras Vaquero, Hassiba Ziati Ziati y Nassiba Ziati Ziati

En relación con la **nacionalidad**, se ha visto que 91 mujeres son españolas (74 %), 23 son extranjeras (18,7 %) y 9 tienen doble nacionalidad (7,3 %).

FIGURA 2. *Nacionalidad de las víctimas*

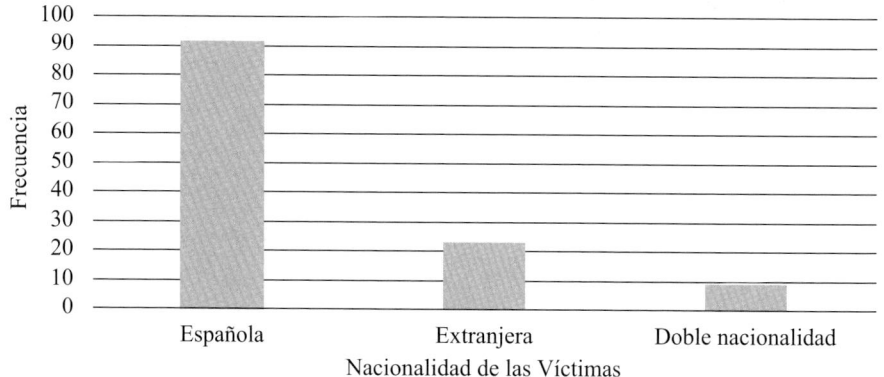

Fuente: elaboración propia.

Nota. Nacionalidad que presentan las víctimas entrevistadas.

En cuanto a la **procedencia** de las mujeres entrevistadas, el 72,4 % han nacido en España (*n* = 89), 19 (15,4 %) son de Latinoamérica (Argentina, Bolivia, Brasil Colombia, Ecuador, México, Paraguay, Perú, República Dominicana y Venezuela), 8 mujeres (6,5 %) son del resto de Europa (Alemania, Francia, Rumania y Suiza), 6 (4,9 %) casos son de África (Marruecos) y en 1 caso (0,8 %) procede de Asia (Filipinas).

FIGURA 3. *Lugar de nacimiento de las víctimas*

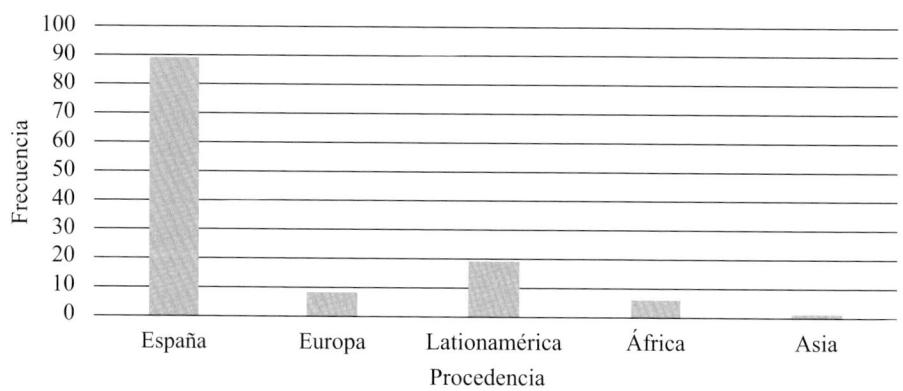

Fuente: elaboración propia.

Nota. Lugares de procedencia que presentan las víctimas entrevistadas.

Con respecto a la **situación legal** de las mujeres extranjeras, 19 mujeres (15,4 %) están en situación regular en España y 4 de ellas estaban en situación irregular en el momento de la entrevista (3,3 %).

Sobre la **etnia**, 62 mujeres (50,4 %) son caucásicas, 35 son gitanas (28,5 %), 17 son de procedencia mesoamericana (13,8 %), 8 son árabes (6,5 %), 1 es asiática (0,8 %) y de las mujeres de etnia gitana, 8 de ellas son mercheras (un progenitor gitano y el otro caucásico).

FIGURA 4. *Etnia de las víctimas*

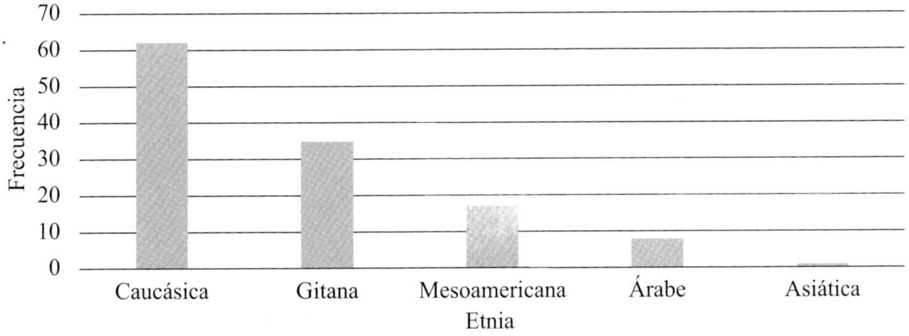

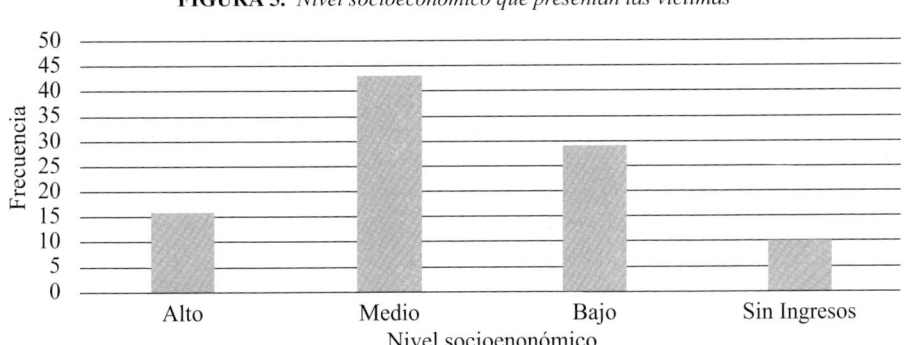

Fuente: elaboración propia.

Nota. Tipos de etnia que presentan las víctimas entrevistadas.

En cuanto al **nivel socioeconómico**, 18 víctimas (14,6 %) tenían un nivel económico muy bajo; 29 (23,6 %) era bajo; 43 víctimas (35 %) tenían un nivel medio y, finalmente, 16 víctimas (13 %) tenían un nivel socioeconómico alto. En 10 casos (8,1 %) no tenían ingresos, mientras que 6 de ellas (4,9 %) además de percibir ayuda tenían ingresos (0,8 %). En otro caso (0,8 %) tuvo distintos niveles económicos a lo largo de la relación.

FIGURA 5. *Nivel socioeconómico que presentan las víctimas*

Fuente: elaboración propia.

Nota. Nivel socioeconómico que presentan las víctimas. El resto de las categorías (muy bajo, percibe ayuda, percibe ayuda e ingresos y distintos niveles durante relación)

María José Garrido Antón (Dir)., Marta Caballé Pérez, Laura Sánchez Morón, Paulina Badowicz,
Leire Villalón Arenas, Neus Mascaró Coll, Ariadna Trespaderne Dedeu, Miguel Ángel Soria Verde,
Montserrat Tous Zanguitu, Vielka Linet Peguero Jerez, Lidia Alonso Corona, Raúl Quevedo-Blasco,
José María Palomares Rodríguez, Rosa Viñas Racionero, Iván Parras Vaquero, Hassiba Ziati Ziati y Nassiba Ziati Ziati

En cuanto a la **situación laboral** de la víctima, el 40,7 % estaban ocupadas ($n =$ 50), seguidas por el 38,2 % que estaban en paro ($n = 47$) y el 10,6 % tenían otro tipo de situación laboral ($n = 13$). En 3 casos (2,4 %) las víctimas eran estudiantes, 1 era pensionista (0,8 %) y 8 de ellas (6,5 %) tuvieron una situación laboral variable. Finalmente, en 1 caso no se tiene esta información (0,8 %).

FIGURA 6. *Situación laboral de las víctimas*

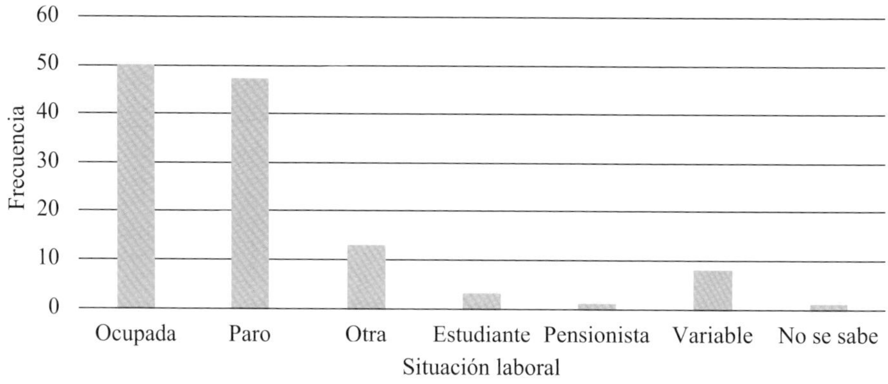

Fuente: elaboración propia.
Nota. Situación laboral en la que se encuentran las víctimas en el momento de la entrevista.

Las víctimas, a su vez, se dedicaban a empleos como los siguientes: hostelería, cuidadoras, dependientas, vendedoras, o se dedicaban a otras actividades como la venta de drogas o la prostitución.

> *«Me obligaba a prostituirme en la calle y me obligaba a participar en la organización criminal transportando la droga. Me quedé embarazada por violación de un cliente y aborté. Todavía tengo marcas de sus agresiones»*

En total 23 víctimas (18,7 %) tenían un **nivel de estudios** de secundaria, 24 de ellas (19,5 %) tenían un nivel de primaria, 26 entrevistadas (21,1 %) llegaron a la educación general básica, y 21 tuvieron formación profesional (17,1 %). Por otro lado, 4 de ellas tenían bachillerato (3,3 %) y otras 5 tenían el bachillerato unificado polivalente (4,1 %). En 1 caso (0,8 %) es diplomada, en 3 llegaron a nivel de grado universitario (2,4 %) y 1 tenía un máster (0,8 %). Cabe destacar que 5 de las víctimas (4,1 %) son analfabetas y 8 (6,5 %) únicamente leen y escriben. En dos casos no se tiene información (1,6 %).

FIGURA 7. *Nivel de estudios que presentan las víctimas*

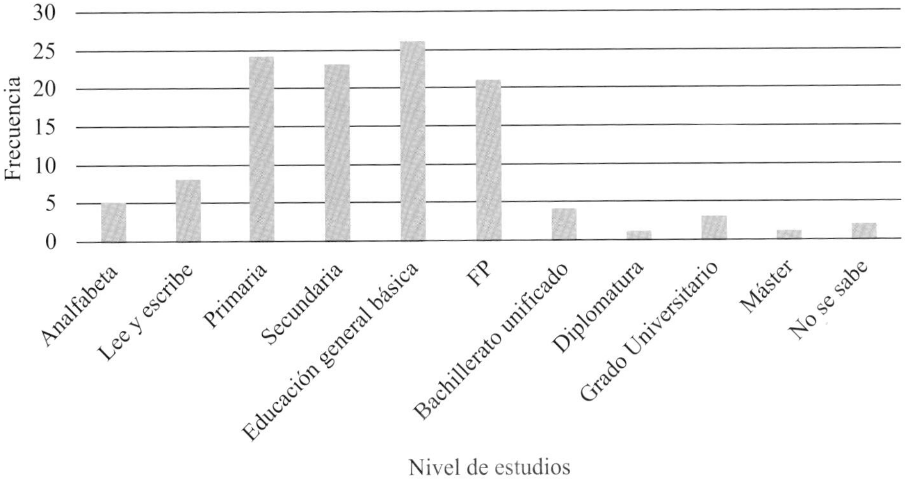

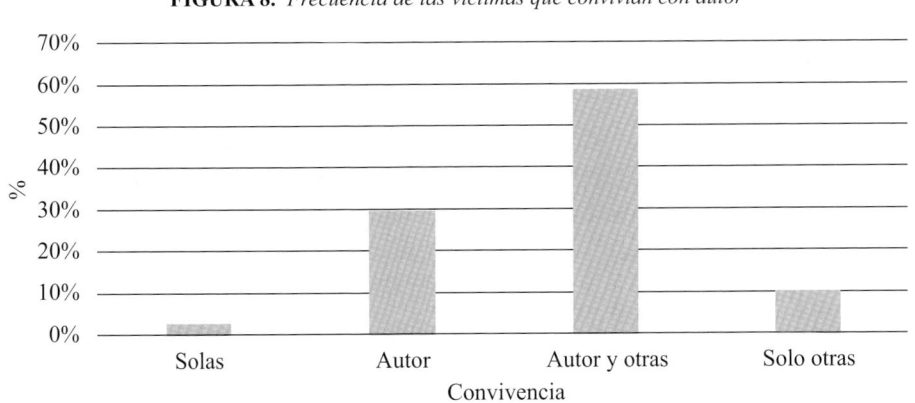

Fuente: elaboración propia.

Nota. Nivel de estudios que presentan las víctimas en el momento de la entrevista.

Por último, si se analizan los datos obtenidos sobre la **convivencia** de las víctimas, encontramos que únicamente 3 de ellas vivían solas durante la relación (2,4 %). Las víctimas que vivían con el autor y/u otros son 108, de las cuales 36 (29,3 %) solo vivían con éste mientras que 72 (58,5 %) vivían con él y otras personas (generalmente hijos/as en común, compañeros de piso u otros familiares, en un caso llamativo, la víctima convivía con su agresor y con la nueva pareja de éste), 12 víctimas (9,8 %) convivían con otras personas (como hijos/as, familiares o compañeros de piso) pero no con el autor.

FIGURA 8. *Frecuencia de las víctimas que convivían con autor*

Fuente: elaboración propia.

Nota. Tipo de convivencia que presentaban las víctimas durante la relación con el agresor.

María José Garrido Antón (Dir)., Marta Caballé Pérez, Laura Sánchez Morón, Paulina Badowicz,
Leire Villalón Arenas, Neus Mascaró Coll, Ariadna Trespaderne Dedeu, Miguel Ángel Soria Verde,
Montserrat Tous Zanguitu, Vielka Linet Peguero Jerez, Lidia Alonso Corona, Raúl Quevedo-Blasco,
José María Palomares Rodríguez, Rosa Viñas Racionero, Iván Parras Vaquero, Hassiba Ziati Ziati y Nassiba Ziati Ziati

Sobre el grado de estructuración de la familia de origen, la mayoría de las víctimas ($n = 71$; 57,7 %) provenían de una familia desestructurada, mientras que en un menor número ($n = 49$; 39,8 %) la familia era funcional. Hay 3 casos (1,90 %) en los que no se tiene información al respecto.

FIGURA 9. *Frecuencia de los tipos de estructura familiar de las víctimas*

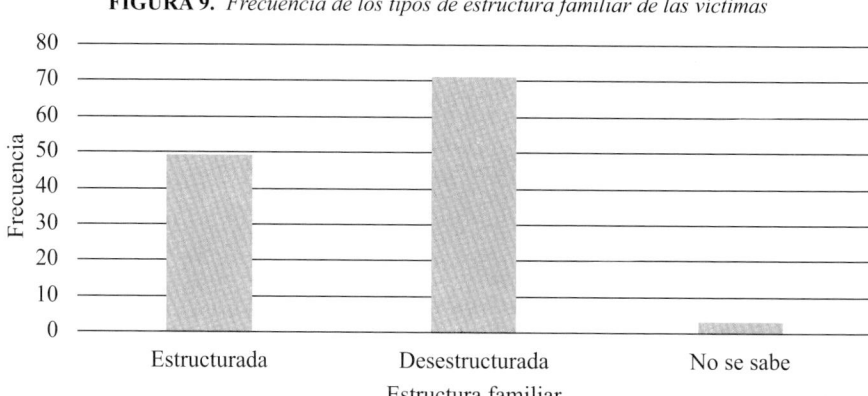

Fuente: elaboración propia.
Nota. Tipo de estructura familiar que tenían las víctimas en su infancia.

Entre los **problemas familiares** que llevaban a esta estructura, las víctimas relatan que, comúnmente, estos se basaban en el abandono materno y/o paterno, los abusos en el ámbito familiar, la prostitución materna, el consumo de sustancias y la violencia intrafamiliar.

Este hecho se ve reflejado en los siguientes puntos:

– Con respecto al historial de **consumo familiar**, en 56 casos (45,5 %) las mujeres convivieron en un hogar en el que el consumo era habitual. El resto de las mujeres ($n = 67$; 54,5 %) destacan que no hubo problemas de drogadicción en su círculo familiar más cercano.

– El historial de **maltrato familiar** denota puntuaciones muy parecidas, 54 mujeres expresan haberlo sufrido (43,9 %), mientras que 69 no (56,1 %).

FIGURA 10. *Frecuencia de las víctimas que tenían historial de maltrato familiar*

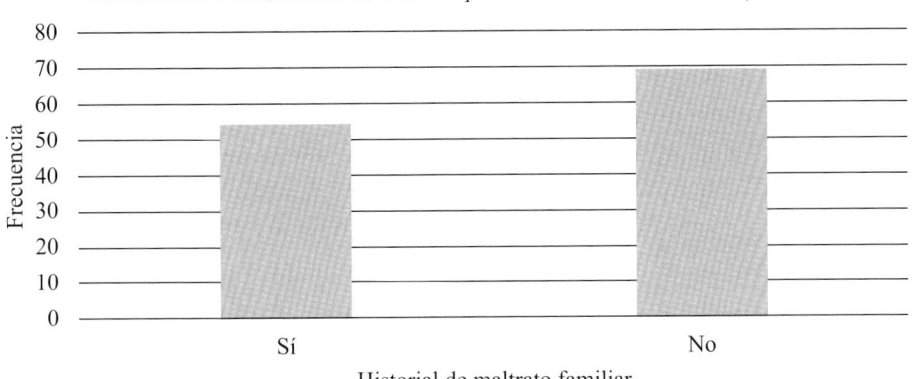

Historial de maltrato familiar

Fuente: elaboración propia.
Nota. Frecuencia de las víctimas que sufrieron maltrato familiar en la infancia.

- El historial de **abuso sexual** familiar es menor a los casos anteriores, ya que 20 entrevistadas confiesan haber sufrido abusos (16,3 %), y 103 no (83,7 %).

- Por último, la **gestión emocional** de la familia era deficiente en la mayoría de los casos, puesto que la forma de enfrentarse a los conflictos familiares era a través de las discusiones comunes, los gritos y el uso de la violencia.

En relación con la **diversidad funcional**, se ha podido observar que 20 de las mujeres entrevistadas poseen algún tipo de discapacidad (16,3 %). El resto (103) no han notificado ninguna, no obstante, 6 mujeres presentaban dificultades e impedimentos físicos y/o mentales no diagnosticados. Entre ellos encontramos casos graves de esquizofrenia con brotes psicóticos, tumores cerebrales, esclerosis o dificultades intelectuales.

Entre los resultados sobre diversidad funcional diagnosticada, se obtiene que 1 mujer tiene una discapacidad grado 5 de tipo sensorial (0,8 %), 5 mujeres tienen de grado 4 (4,1 %) de tipo mental, 8 mujeres tienen una discapacidad de grado 3 (6,5 %) de tipo sensorial, mental y físico, 3 de grado 2 (2,4 %) de tipo físico y 1 de primer grado (0,8 %) de tipo mental, 5 mujeres afirman, además, que a causa de esta discapacidad sufrieron **dependencia** del autor.

Con respecto a los **tipos de discapacidad** mencionados anteriormente, recapitulando vemos que 8 personas tienen una discapacidad física, 9 la tienen de tipo mental y 3 de tipo sensorial. Por otro lado, se ha encontrado que 56 mujeres (45,5 %) poseen algún tipo de **trastorno psicológico**.

En relación con el **consumo** de las víctimas, se encontró que 66 (53,7 %) eran consumidoras **durante** la relación. Entre este consumo se destaca que 46 víctimas consumían de forma habitual (37,4 % de la muestra), 14 lo hacían de forma ocasional (11,4 % muestral) y 6 lo hacían de forma inicial (4,9 %). Hay 2 valores perdidos.

María José Garrido Antón (Dir)., Marta Caballé Pérez, Laura Sánchez Morón, Paulina Badowicz, Leire Villalón Arenas, Neus Mascaró Coll, Ariadna Trespaderne Dedeu, Miguel Ángel Soria Verde, Montserrat Tous Zanguitu, Vielka Linet Peguero Jerez, Lidia Alonso Corona, Raúl Quevedo-Blasco, José María Palomares Rodríguez, Rosa Viñas Racionero, Iván Parras Vaquero, Hassiba Ziati Ziati y Nassiba Ziati Ziati

FIGURA 11. *Frecuencia de víctimas que consumían durante la relación con agresor*

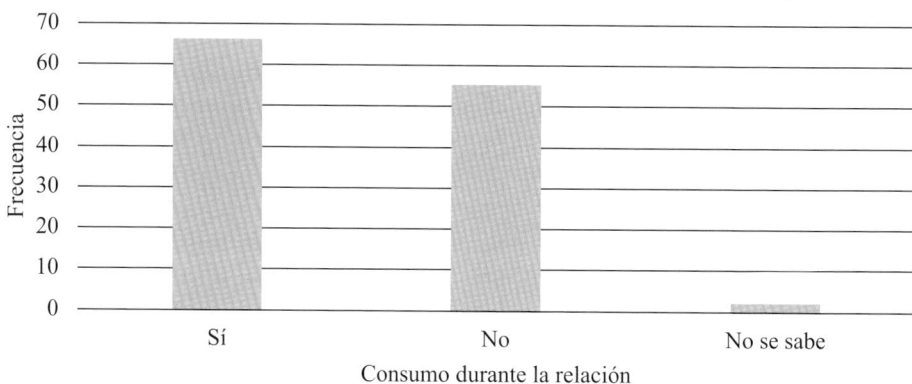

Fuente: elaboración propia.

Nota. Frecuencia de las víctimas que consumían estupefacientes y/o alcohol durante la relación con el agresor.

Se encontró que el **consumo** de sustancias **anterior** a la relación era de un 39 % (*n* = 48), observando un claro incremento de este tipo de conductas una vez había comenzado la relación de maltrato. Con respecto a este consumo, 26 consumían únicamente drogas (21,5 %), 17 consumían alcohol (13,8 %) y 5 consumían ambas (4,1 %).

«Cada vez que nos peleábamos, nos acostábamos y nos íbamos a drogarnos juntos»

En relación con el **consumo posterior** a la relación, se encuentra un pequeño incremento, pues 69 mujeres consumieron y/o consumen en ese lapso (56,1 %). Entre este consumo destaca, en primer lugar, el de drogas (*n* = 37; 30,1 %), seguido del consumo de alcohol y drogas (*n* = 25; 20,3 %) y finalmente 7 consumían y/o consumen alcohol (5,7 %).

FIGURA 12. *Frecuencia de víctimas que consumían posteriormente a la relación con agresor*

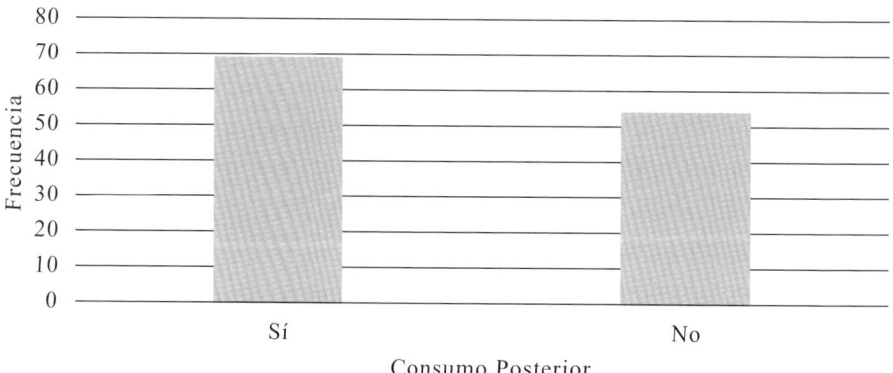

Fuente: elaboración propia.

Nota. Frecuencia de las víctimas que consumían estupefacientes y/o alcohol después de la relación con el agresor.

El **tipo de consumo** más común parece radicar en hachís, marihuana, cocaína, heroína y alcohol.

En relación con las variables de **suicidio**, 51 mujeres admiten haber consumado **conductas autolesivas** (41,5 %) entre las cuales destacan los cortes y las sobredosis de drogas y/o pastillas.

FIGURA 13. *Frecuencia de víctimas que han consumado conductas autolesivas*

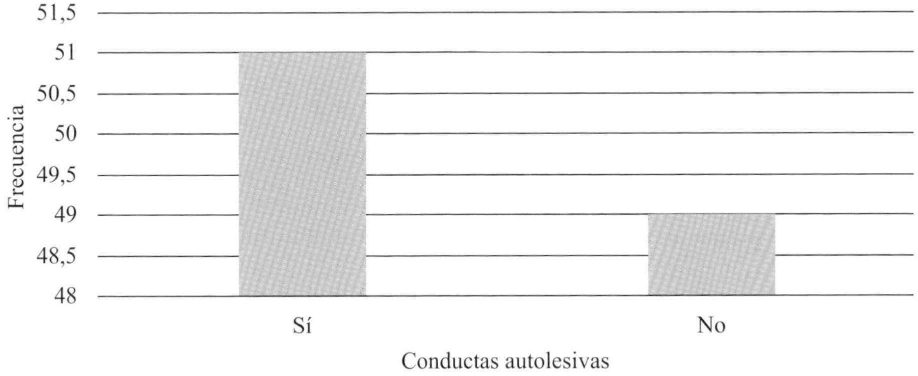

Fuente: elaboración propia.
Nota. Frecuencias de las mujeres entrevistadas que se realizaron conductas autolesivas.

67 mujeres afirmaron que tuvieron **ideaciones suicidas** en algún momento de sus vidas (54,5 %), y a su vez 56 tuvieron **intentos autolíticos** (45,5 %), habiendo cometido, en su gran mayoría, 1 intento ($n = 23$; 18,7 %), 2 intentos ($n = 11$; 8,9 %) o 3 intentos ($n = 8$; 6,5 %), siendo el mayor número de intentos 15, cometido por una mujer. En este sentido, los **métodos escogidos** vuelven a ser los cortes y las sobredosis, aunque se añaden los ahorcamientos y las precipitaciones al vacío.

En cuanto a la **orientación sexual** de las víctimas, se encontró que la mayoría de las mujeres son heterosexuales ($n = 111$; 90,2 %). En 11 casos la víctima se considera bisexual (8,9 %) y en ningún caso se considera únicamente homosexual. En 1 caso (0,8 %), la entrevistada categoriza su orientación sexual como «otra», siendo concretamente pansexual[2].

---

[2] Que siente atracción sexual hacia cualquier individuo. RAE, 2024.

María José Garrido Antón (Dir)., Marta Caballé Pérez, Laura Sánchez Morón, Paulina Badowicz, Leire Villalón Arenas, Neus Mascaró Coll, Ariadna Trespaderne Dedeu, Miguel Ángel Soria Verde, Montserrat Tous Zanguitu, Vielka Linet Peguero Jerez, Lidia Alonso Corona, Raúl Quevedo-Blasco, José María Palomares Rodríguez, Rosa Viñas Racionero, Iván Parras Vaquero, Hassiba Ziati Ziati y Nassiba Ziati Ziati

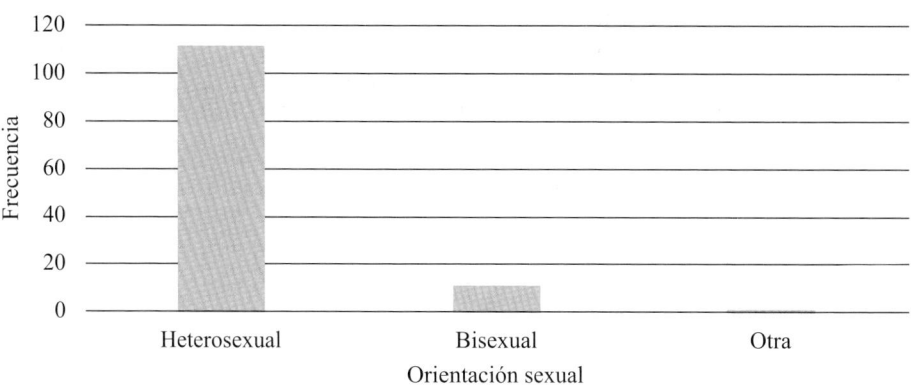

FIGURA 14. *Orientación sexual de las víctimas en el momento de los hechos*

Fuente: elaboración propia.

Nota. Frecuencia del tipo de orientación sexual que presentan las mujeres entrevistadas. Todas las víctimas son **cisgénero** (n = 123).

3.1.3. DISCUSIÓN

De acuerdo con el perfil sociodemográfico de las 123 mujeres cisgénero que han participado en esta investigación se constata que la mayoría tienen nacionalidad española, son de mediana edad, con un nivel académico bastante heterogéneo sobresaliendo las mujeres que tienen formación básica (estudios de primaria, EGB y secundaria). Estos datos son importantes para entender los trabajos precarios que en ocasiones obtienen y las situaciones laborales paupérrimas que algunas manifiestan. Gracias a los talleres y las formaciones que se hacen en los EEPP esta situación se intenta apaciguar, sin embargo, aún se constata la falta de formación académica y profesional que mantiene un porcentaje elevado de mujeres internas.

Con respecto a la disfuncionalidad familiar se afirma que el porcentaje más elevado corresponde con mujeres procedentes de familias desestructuradas, que antes de ingresar en el centro penitenciario vivían solas (la gran mayoría), presentando una tasa de natalidad elevada, encontrando varias mujeres que tenían seis o más hijos/as.

Hallamos que la maternidad se convierte en un factor de protección de cara a la reinserción y al motor diario de motivación para, como alguna mujer manifiesta «tachar días», considerándose una fuente de apoyo significativo. Sin embargo, también es preciso resaltar, que cuando la relación con los descendientes no es buena o saludable, también se convierte en estímulos discriminantes de comportamientos relacionados con pensamientos autolíticos. En este sentido se halla un porcentaje muy alto (41,5 %) de mujeres que habían cometido conductas autolesivas destacando los cortes y las sobredosis de drogas y pastillas como métodos empleados con más frecuencia para su comisión, sin poder determinar qué porción de estas conductas es explicada por este tipo de motivos.

Un porcentaje alto de mujeres proceden de entornos donde hay consumo de sustancias en el seno de la familia, así como maltrato familiar. También se hallaron decenas de casos donde ha habido abusos sexuales intrafamiliares. Este tipo de escenarios implica que la gestión de emociones que deben desarrollarse evolutivamente no se haya gestado de manera eficaz. Todos estos datos son importantes porque, aunque no justifican la violencia, pueden provocan socializaciones desvirtuadas. De hecho, se encontró un alto porcentaje de mujeres que consumían sustancias estupefacientes y/o alcohol.

REFERENCIAS

Expósito, F., Herrera, M. C., Moya, M., & Glick, P. (2010). Don't rock the boat: Women's benevolent sexism predicts fears of marital violence. *Psychology of women quarterly*, *34*(1), 36-42.

Eysenck, H. J. (1954). The science of personality: Nomothetic. https://psycnet.apa.org/record/1955-05305-001

Herrera Enríquez, M. C., & Expósito Jiménez, F. (2010). Una Vida entre Rejas: Aspectos Psicosociales de la Encarcelación y Diferencias de Género. Intervención psicosocial, 19(3), 235–241. https://doi.org/10.5093/in2010v19n3a4

Juanatey Dorado, C. (2018). Delincuencia y población penitenciaria femeninas: situación actual de las mujeres en prisión en España.

Ministerio del Interior. (2022). *Anuario Estadístico del Ministerio del Interior*.

Olmos, C. Y. (2007). Mujeres en prisión. Intervención basada en sus características, necesidades y demandas. Revista Española de Investigación Criminológica, 5, 1-23. https://doi.org/10.46381/reic.v5i0.29

Secretaría General de Instituciones penitenciarias. 2022. Instrucción sobre la perspectiva de género en la prevención de suicidios en el ámbito penitenciario. Madrid, España: Secretaría General de instituciones penitenciarias.

3.2. VIOLENCIA DE GÉNERO Y DINÁMICA RELACIONAL

María José Garrido Antón[1]
Paulina Badowicz y Leire Villalón Arenas[2]
[1]Secretaría de Estado de Seguridad
[2]Universidad Autónoma de Madrid

3.2.1. INTRODUCCIÓN

La violencia de género hace referencia al sometimiento de la mujer al hombre. Refleja una compleja realidad de mujeres que sufren la violencia ejercida por su pareja o expareja en un vínculo construido sobre la base de una supuesta relación de afectividad. A través de restricciones sistemáticas de la libertad y la autonomía, las víctimas se encuentran aisladas de su entorno y de otros sistemas de apoyo, mediante barreras financieras, logísticas, sociales o emocionales (Hardesty et al, 2015; Dichter et al, 2018; Kelly y Johnson, 2008; Stark, 2007).

Se da en todas las sociedades, edades y estratos sociales. La Ley Orgánica 1/ 2004, define en su artículo 1.1 la VdG como «aquella violencia que, como manifestación de la discriminación, la situación de desigualdad y las relaciones de poder de los hombres sobre las mujeres, se ejerce sobre estas por parte de quienes sean o hayan sido sus cónyuges o de quienes estén o hayan estado ligados a ellas por relaciones similares de afectividad, aun sin convivencia, y comprende todo acto de violencia física y psicológica, incluidas las agresiones a la libertad sexual, las amenazas, las coacciones o la privación arbitraria de libertad».

Aunque existe una Ley Orgánica que defina la VdG, en el Código Penal, esta se encuadra dentro de los delitos contra la integridad personal y se configura como aquellos hechos cometidos contra la mujer utilizando la fuerza física, compeliéndola o forzándola, física o psicológicamente, a la misma para realizar una acción no querida. Bajo este encuadre, la VdG quedaría transversalmente establecida, por ejemplo, en el delito de lesiones (153.1), amenazas (171.4), coacciones (172.2) del Código Penal Español, sumándole el agravante de parentesco si el victimario (varón) es pareja o expareja (García-Collantes y Garrido, 2021).

María José Garrido Antón (Dir)., Marta Caballé Pérez, Laura Sánchez Morón, Paulina Badowicz,
Leire Villalón Arenas, Neus Mascaró Coll, Ariadna Trespaderne Dedeu, Miguel Ángel Soria Verde,
Montserrat Tous Zanguitu, Vielka Linet Peguero Jerez, Lidia Alonso Corona, Raúl Quevedo-Blasco,
José María Palomares Rodríguez, Rosa Viñas Racionero, Iván Parras Vaquero, Hassiba Ziati Ziati y Nassiba Ziati Ziati

España destaca como un país ejemplar debido a la existencia de esta Ley Orgánica que establece, entre otros aspectos y novedades, el sistema VIOGEN. Este sistema no solo facilita seguir y proteger a las mujeres víctimas, así como a sus hijos e hijas, en todo el territorio nacional, sino que también proporciona información sobre la situación de un agresor en todo momento. Se trata de una plataforma policial informatizada a la que tienen acceso diferentes instituciones públicas (entre ellas II.PP.) puesto que uno de los objetivos es integrar toda la información de interés que se estime necesaria para poder hacer predicciones de riesgo de violencia, gestionar la protección de las víctimas y efectuar una labor preventiva. Desde esta plataforma se pueden extraer varios e interesantes datos sobre la dinámica relacional entre víctima y autor. Sin embargo, un número considerable de mujeres deciden no denunciar la situación por la que pasan o han pasado, alimentando el fenómeno citado previamente como cifra oculta. Esto sucede con las mujeres internas, quienes suelen encontrar más complicaciones a la hora de poner en conocimiento unos hechos delictivos a la autoridad judicial o policial, la mayoría de las veces por la vulnerabilidad o conjunto de vulnerabilidades que presentan provocando la reducción de capacidad para tomar decisiones efectivas (Robertson y Murachver, 2007, 2011).

Este apartado aborda las características de la dinámica relacional de la pareja, como la presencia de descendencia en común o por separado, el tipo y la modalidad de la relación, la satisfacción con la misma e incluso la satisfacción sexual. Asimismo, se analizan las variables relacionadas con la violencia física, emocional, sexual, económica, vicaria, cibernética, durante el embarazo, defensiva o contra terceros, todas ellas recogidas y definidas en el diccionario de variables (Apéndice A).

3.2.2. RESULTADOS

Descendencia de la víctima y el autor

Es significativo destacar que la mayoría de las víctimas, concretamente 110 mujeres (89,4 %) tienen **hijos/as**, de los cuales 78 (63,4 %) los tienen **en común con el agresor**. Entre ellas, 40 (36,6 %) tienen solo un hijo/a en común, mientras que 22 mujeres (17,9 %) tienen dos, 9 tienen 3 (7,3%), 5 (4,1%) tienen 4 hijos/as en común con el agresor y sólo 2 de las víctimas (1,6%) tienen 6 hijos/as en común.

Aspectos destacables de la relación víctima-agresor

En relación con tipo de relación, en la mayoría de los casos, los hechos ocurrieron cuando la víctima y el agresor todavía eran pareja. En la Tabla 6 se pueden apreciar las frecuencias de los tipos de relaciones entre víctima y autor.

TABLA 6. *Dinámica relacional víctima-agresor*

Tipo de relación	N	Porcentaje
Novios	28	22,8
Pareja	52	42,3
Cónyuges o pareja de hecho	32	26
Relación abierta	1	0,8
Exnovios	3	2,4
Divorciados/separados	2	1,6
Relación sentimental intermitente	2	1,6
Relación especial	3	2,4

Fuente: elaboración propia.

Nota. Frecuencia del tipo de relación que las víctimas mantienen con sus agresores. En 53 casos
(43,1 %) existía una relación intermitente entre víctima y autor.

En 53 casos (43,1 %) las entrevistadas destacaron que durante su relación habían tenido diferentes rupturas y reconciliaciones (véase Tabla 7).

TABLA 7. *Rupturas y reconciliaciones durante la relación víctima-agresor*

Rupturas y reconciliaciones	N	Porcentaje
Sí	53	43,1
No	70	56,9

Fuente: elaboración propia.

Continuando con el enfoque en el tipo de relación, 118 mujeres (95,9 %) mantenían una **relación presencial**. Solo en 5 casos (4,1 %) la relación se limitó exclusivamente al ámbito **cibernético**. Es relevante subrayar que se ha clasificado la modalidad según la forma en que ambas partes tenían mayor interacción, aunque es posible que en una misma relación coexistan elementos de ambas modalidades.

TABLA 8. *Modalidad de la relación víctima-agresor*

Modalidad	N	Porcentaje
Presencial	118	95,9
Cibernética	5	4,1

Fuente: elaboración propia.

Cuando se preguntó a las víctimas sobre su nivel de **satisfacción en la relación**, se observó que la satisfacción nula fue la más expresada, con un total de 42 mujeres (34,1 %).

María José Garrido Antón (Dir)., Marta Caballé Pérez, Laura Sánchez Morón, Paulina Badowicz,
Leire Villalón Arenas, Neus Mascaró Coll, Ariadna Trespaderne Dedeu, Miguel Ángel Soria Verde,
Montserrat Tous Zanguitu, Vielka Linet Peguero Jerez, Lidia Alonso Corona, Raúl Quevedo-Blasco,
José María Palomares Rodríguez, Rosa Viñas Racionero, Iván Parras Vaquero, Hassiba Ziati Ziati y Nassiba Ziati Ziati

TABLA 9. *Nivel de satisfacción con la relación*

Satisfacción	N	Porcentaje
Alta	13	10,6
Media	35	28,5
Baja	25	20,3
Nula	42	34,1

Fuente: elaboración propia.

Nota. Grado de satisfacción que las mujeres entrevistadas tienen sobre la relación con los agresores.

En lo que respecta a su nivel de satisfacción sexual en la relación, en la misma línea, el nulo fue el más expresado por las víctimas (*n=49;* 39,8 %).

TABLA 10. *Nivel de satisfacción sexual en la relación*

Satisfacción	N	Porcentaje
Alta	25	20,3
Media	19	15,4
Baja	22	17,9
Nula	49	39,8

Fuente: elaboración propia.

Nota. Grado de satisfacción sexual que tienen las mujeres entrevistadas con los autores.

En ambos casos, se encuentran 8 valores perdidos (6,5 %), de los que no se tiene información al respecto. La media de **tiempo que duró la relación** fue de 126,37 meses, es decir, aproximadamente 10 años y medio. Por último, la media de **tiempo de convivencia** en la relación fue 118,87 meses, es decir, casi 10 años.

Tipos de violencia

Se han separado los tipos de violencia ejercida por el autor en varios bloques, en función de lo argumentado por las víctimas, considerando que no son variables mutuamente excluyentes.

Violencia física. En el 92,7 % de los casos (*n* = 114) sostienen que el autor ejercía violencia física contra ellas.

«Si me pudo cortar el pelo mientras dormía también me podía haber clavado un cuchillo»

«Me pegó en la cara mientras tenía a mi hijo en brazos. Me rompió varios dientes»

«Cuando llegaba al piso, si estaba estresado lo pagaba conmigo. También cuando él me decía como tenía que satisfacer a los hombres, si veía que no lo hacía bien me pegaba»

Violencia psicológica. En el 97,6 % de los casos ($n = 120$) explican que hubo este tipo de violencia.

«A los días después de la agresión, me llevaba a comprar ropa, a la peluquería... »

Violencia sexual. En 80 casos (65 %) hubo violencia sexual ejercida por el autor.

Violencia emocional. En 107 casos (87 %) las víctimas explican que hubo este tipo de violencia durante la relación.

Violencia social. En 100 casos (81,3 %) las víctimas sostienen que el autor ejercía este tipo de violencia sobre ellas.

«Me encerraba y no me dejaba salir de casa, como mucho a la calle, pero vigilada por los familiares de él»

Violencia económica. En el 56,9 % de los casos ($n = 70$), la víctima refirió sufrir violencia económica materializada a través del control de sus ingresos, de sus gastos o de su acceso al mundo laboral.

«Me agredía por la falta de dinero. Tenía que darle 10 euros todos los días. Si no lo hacía, me pegaba»

«Al inicio de la relación no quería denunciarle porque dependía de él tanto económicamente como emocionalmente. Además, siempre me prometía cambiar y que no iba a volver a agredirme ni a insultarme. Eso también me hizo retirar la denuncia en varias ocasiones»

Violencia vicaria. En 56 casos (45,5 %) el autor ejerció violencia vicaria con el fin de hacer daño a la mujer. Entre las víctimas de este tipo de violencia se encontró, sobre todo, los hijos/as de ella ya sean estos en común con el autor o no.

«Cuando se ponía violento, mis hijos se escondían y ponían la música alta. Yo solo esperaba»

Violencia cibernética. Se ha encontrado que en el 41,5 % ($n = 51$) de los casos el autor ejercía violencia cibernética contra las víctimas.

Violencia durante el embarazo. De las 80 víctimas (65 %) que estuvieron embarazadas en algún momento de la relación, 45 (36,6 %) dicen haber sufrido violencia durante ese tiempo.

Violencia defensiva de la víctima. En el 40,7 % de los casos ($n = 50$) las víctimas reconocen haber empleado la violencia como estrategia de defensa.

Violencia contra terceros. Un 39,8 % ($n = 49$) fueron testigos de episodios de violencia contra terceros por parte del autor, aunque en un caso no se tiene esta información (0,80 %). Este tipo de violencia se puede diferenciar en función de hacia quién está dirigida (véase Tabla 11)

María José Garrido Antón (Dir)., Marta Caballé Pérez, Laura Sánchez Morón, Paulina Badowicz,
Leire Villalón Arenas, Neus Mascaró Coll, Ariadna Trespaderne Dedeu, Miguel Ángel Soria Verde,
Montserrat Tous Zanguitu, Vielka Linet Peguero Jerez, Lidia Alonso Corona, Raúl Quevedo-Blasco,
José María Palomares Rodríguez, Rosa Viñas Racionero, Iván Parras Vaquero, Hassiba Ziati Ziati y Nassiba Ziati Ziati

TABLA 11. *Tipos de violencia sufrida por las entrevistadas*

Tipos	Sí N (%)	No N (%)
Física	114 (92,7)	9 (7,3)
Psicológica	120 (97,6)	3 (24)
Sexual	80 (65)	43 (35)
Emocional	107 (87)	16 (13)
Social	100 (81,3)	23 (18,7)
Económica	70 (56,9)	53 (43,1)
Vicaria	56 (45,5)	67 (54,5)
Cibernética	51 (41,5)	72 (58,5)
Durante el embarazo	45 (36,6)	78 (63,4)
Defensiva de la víctima	50 (40,7)	73 (59,3)
Contra terceros	49 (39,8)	73 (59,3)

Fuente: elaboración propia.

Cabe destacar que, sobre la **direccionalidad de la violencia** (Tabla 12), en más la mitad de los casos esta se ejercía de forma unidireccional masculina ($n = 62$; 50,4 %).

TABLA 12. *Direccionalidad de la violencia*

Direccionalidad	n	Porcentaje
Unidireccionalidad masculina	62	50,4
Bidireccional de ataque	2	1,6
Bidireccional de defensa	47	38,2
Bidireccional ambas	12	9,8

Fuente: elaboración propia.
Nota. Frecuencia de la direccionalidad de la violencia vivida por las víctimas con sus agresores.

Con respecto al **deseo de dejar la relación o cese de esta, acoso y acecho, celos y nuevas relaciones.** En 101 de los casos (82,1 %) hubo **deseos de cortar la relación**, siendo en la mayoría por parte la víctima. En 116 casos (94,3 %) hubo un **cese de la relación**. Cabe destacar que en la mayoría de los casos ($n = 109$; 88,6 %) el fin de la relación se dio por parte de la mujer (En 3 casos (2,4 %) no se dispone de esta información). En algunos de los casos de cónyuges hubo un **divorcio** posterior, 19 mujeres se divorciaron de sus parejas (15,4 %).

TABLA 13. *Deseo de dejar la relación, cese y divorcio*

	Sí	No
	N (%)	*N* (%)
Deseo dejar relación	101 (82,1)	22 (17,9)
Cese relación	116 (94,3)	7 (5,7)
Divorcio	19 (15,4)	13 (10,6)

Fuente: elaboración propia.

Dentro de los casos en los que hubo cese de la relación, la media de **tiempo que el autor tardó en volver a agredir** fue de 5,6 meses (*n* = 26).

Con respecto al **acoso y acecho tras la ruptura,** los resultados se pueden observar en la Tabla 14. En 73 casos (59,3%) fue el hombre quien realizó estas conductas de acoso, mientras que solo en 5 (4,1 %) fue la mujer y en 2 (1,6 %) ambos.

TABLA 14. *Acoso y acecho tras la ruptura*

Acoso y acecho	*N*	Porcentaje
Sí	80	65
No	42	34.1

Fuente: elaboración propia.

Por otro lado, se conoció que 80 mujeres habían comenzado una **nueva relación** (65%) tras la ruptura con el autor (*n*= 122). 50 hombres (40,7 %) también comenzaron una **nueva relación**, (*n* =65) según lo manifestado por las propias víctimas.

Con respecto a los **celos**, 84,6 % de los casos (*n* = 104) las víctimas sostienen que su pareja exhibía un comportamiento celotípico.

TABLA 15. *Celos por parte del agresor*

Celos	*N*	Porcentaje
Sí	104	84,6
No	19	15,4

Fuente: elaboración propia.

En cuanto a la **percepción de riesgo**, se recoge que en 105 casos (85,4%) la víctima sostiene que se sentía en riesgo durante la relación de pareja (véase Tabla 16). Además, se analizaron los resultados sobre el tipo de riesgo percibidos (Tabla 17) y el grado de riesgo (Tabla 18).

María José Garrido Antón (Dir.), Marta Caballé Pérez, Laura Sánchez Morón, Paulina Badowicz,
Leire Villalón Arenas, Neus Mascaró Coll, Ariadna Trespaderne Dedeu, Miguel Ángel Soria Verde,
Montserrat Tous Zanguitu, Vielka Linet Peguero Jerez, Lidia Alonso Corona, Raúl Quevedo-Blasco,
José María Palomares Rodríguez, Rosa Viñas Racionero, Iván Parras Vaquero, Hassiba Ziati Ziati y Nassiba Ziati Ziati

TABLA 16. *Nivel de percepción del riesgo por la víctima*

Percepción	N	Porcentaje
Permanente	76	61,8
Puntual	29	23,6
No	18	14,6

Fuente: elaboración propia.

TABLA 17. *Tipología del riesgo percibido por la víctima*

Tipos	N	Porcentaje
Físico	32	26
Psicológico	9	7,3
Varios	63	51,2

Fuente: elaboración propia.

TABLA 18. *Grado de riesgo percibido por la víctima*

Grado	N	Porcentaje
Bajo	5	4,1
Medio	12	9,8
Alto	50	40,7
Extremo	38	30,9

Fuente: elaboración propia.

Se encontró que 24 víctimas (19,5 %) tenían **percepción de riesgo de ciberviolencia**, mientras que 94 de ellas (76,4 %) no lo percibían. En cuanto al **grado de riesgo de ciberviolencia**, los resultados se recogen en la Tabla 19. Cabe destacar que sólo 17,9 % percibían específicamente riesgo en el terreno de la Tecnología de la Información y Comunicación (TIC), mostrando una falta de información y concienciación sobre la ciberviolencia de género.

TABLA 19. *Grado de riesgo de ciberviolencia percibido por la víctima*

Riesgo Ciberviolencia	N	Porcentaje
Bajo	4	3,3
Medio	3	2,4
Alto	12	9,8
Extremo	3	2,4

Fuente: elaboración propia.

Por otro lado, un 65,9 % (*n* = 81) de las víctimas tenían la percepción en el momento de los hechos de que la violencia iba a aumentar. Hay 13 casos de los que no se dispone de esta información.

TABLA 20. *Percepción del aumento del maltrato por las víctimas*

Riesgo Ciberviolencia	N	Porcentaje
Sí	81	65,9
No	29	23,6

Fuente: elaboración propia.

Por último, en cuanto al **momento de identificación como víctima**, el 44,7 % (*n* = 55) se consideraron como tal durante la relación violenta, mientras que el 49,6 % (*n* = 61) comenzaron a identificarse en el momento presente, tiempo después de los hechos. Por último, lo más destacable es que 6 de las víctimas (4,9 %) no se identifican actualmente como víctimas de VdG.

TABLA 21. *Momento de identificación como víctima*

Momento	N	Porcentaje
Antes (momento de hechos)	55	44,7
Ahora	61	49,6
No se identifica	6	4,9

Fuente: elaboración propia.

3.2.3. DISCUSIÓN

Los datos presentados ofrecen una visión detallada y preocupante de la dinámica de la violencia de género en las relaciones íntimas. Estos revelan la complejidad y la persistencia de este problema social, así como la variedad de formas en que se manifiesta.

Se destaca inicialmente que, en la mayoría de los casos, los hechos de violencia ocurrieron cuando la víctima y el agresor estaban en una relación sentimental. Mayoritariamente, describen la relación como una de noviazgo, pareja e incluso marital, por ello, se intuye que el nivel de compromiso con la relación era alto. En cuanto a si tenían el deseo de terminar la relación, la mayoría de las mujeres expresaron que sí lo tenían e incluso lo llevaron a cabo. Sin embargo, en 80 casos se observaron comportamientos de acoso y acecho después de la ruptura, así como manifestaciones de celos por parte de los victimarios. Esto puede indicarnos que, en algún momento de la relación se percataron del daño sufrido, siendo estos datos especialmente relevantes si lo comparamos con los datos de identificación como víctima (descritos posteriormente).

Es fundamental reconocer que la violencia de género no se limita a una sola forma de agresión, sino que abarca una amplia gama de comportamientos que van desde la

María José Garrido Antón (Dir)., Marta Caballé Pérez, Laura Sánchez Morón, Paulina Badowicz, Leire Villalón Arenas, Neus Mascaró Coll, Ariadna Trespaderne Dedeu, Miguel Ángel Soria Verde, Montserrat Tous Zanguitu, Vielka Linet Peguero Jerez, Lidia Alonso Corona, Raúl Quevedo-Blasco, José María Palomares Rodríguez, Rosa Viñas Racionero, Iván Parras Vaquero, Hassiba Ziati Ziati y Nassiba Ziati Ziati

violencia física y psicológica hasta la violencia económica, sexual, cibernética y vicaria. Por tanto, como es de esperar, esto puede afectar a diferentes aspectos de la vida de las víctimas, incluidas sus relaciones familiares, sociales, económicas y laborales (Damonti, 2019; Damonti y Amigot, 2020) y, consecuentemente la intervención debe ser multidisciplinar y adaptada a los nuevos comportamientos agresivos como es el caso de la ciberdelincuencia en el marco de una relación de pareja.

Uno de los hallazgos más alarmantes en el presente estudio es la frecuencia con la que se reportan casos de violencia psicológica, física y sexual, siendo la primera la que mayor prevalencia presenta y la última la que aparece en menor medida (recordando que las 3 son las mayormente frecuentes). Estos datos son congruentes con los datos obtenidos en el trabajo de Carrasco (2004). La gran mayoría de las víctimas informan haber experimentado estos tipos de violencia, lo que subraya la gravedad del problema y la urgente necesidad de abordarlo de manera integral aportando medidas para poder solventar las consecuencias negativas y proporcionar una atención especializada a las víctimas.

En este sentido, concretamente desde el ámbito penitenciario, en 2011 se puso en marcha el programa «Sermujer.es» dirigido a la prevención de la violencia de género en las internas. Este programa parte de la idea de que, además de intervenir sobre los agresores mediante, por ejemplo, el PRIA es necesario tener en cuenta que en prisión hay una gran cantidad de mujeres que presentan un historial personal saturado de agresiones y que también requieren de una intervención y atención especializada.

Asimismo, es preocupante observar que muchas de las víctimas tienen hijos/as en común con el agresor, lo que complica aún más su situación y aumenta su vulnerabilidad. Esta circunstancia puede dificultar la capacidad y posibilidad de la víctima para dejar la relación abusiva y buscar ayuda, ya que puede temer represalias o preocuparse por el bienestar de sus hijos/as, así como sentir un mayor apego y adherencia emocional hacia el agresor. Esto es especialmente relevante debido a que, como se ha recogido la literatura previa, los hijos/as podrían ser víctimas más o menos directas de esta violencia ejercida por el victimario (Rey-Anacona, 2009; Sepúlveda García de la Torre, 2006).

Otro aspecto importante destacable es la persistencia de la violencia incluso después de que la relación haya terminado. El acoso y el acecho por parte del agresor son comunes tras la ruptura, lo que puede hacer que las víctimas se sientan atrapadas en un ciclo de violencia del que les resulta difícil escapar (Torres, 2018). En este caso es importante mencionar la relevancia de que la Ley Orgánica 1/2015, de 30 de marzo, introdujo el delito de acoso en el artículo 172 *ter* del Código Penal.

A pesar de todo esto, cuando se preguntó a las víctimas por la satisfacción con la relación, casi un 40 % de las mujeres consideraban que esta había sido, en términos generales, satisfactoria. Se resaltaba que, durante los periodos de calma, el trato recibido por los agresores era positivo; sin embargo, era en los momentos conflictivos de la relación cuando resurgía la violencia, lo cual concuerda con el Ciclo de la Violencia característico de este tipo de relaciones (Pérez, y Calvera, 2013). Estos mismos datos aparecían cuando se trataba la satisfacción sexual en la relación, siguiendo un patrón de respuestas muy parecido al anterior.

La percepción de riesgo por parte de las víctimas también es significativa, con la mayoría de ellas reportando sentirse en peligro durante la relación de pareja. Esta percepción de riesgo puede estar relacionada con experiencias previas de violencia o con señales de advertencia que las víctimas perciben en la relación. En relación a esto, es destacable que casi la mitad de las víctimas entrevistadas reconocen haberse identificado como víctimas de forma tardía, es decir, en el momento actual pero no durante la relación. Esto evidencia la importancia de llevar a cabo programas educativos y de prevención, de forma que las víctimas puedan identificarse más tempranamente como tal, aumentando la probabilidad de salir de dicha relación. Por otro lado, es muy relevante que una parte de las entrevistadas, a pesar de reconocer haber sufrido algún tipo de agresión no se identifican como tal, mostrando, una vez más, el gran desconocimiento en relación con esta modalidad de violencia.

En resumen, los datos presentados ponen de manifiesto la gravedad y la complejidad de la violencia de género en las relaciones íntimas. Es evidente que se necesita una respuesta coordinada y multifacética para abordar este problema, que incluya medidas de prevención, protección y apoyo tanto para las víctimas como para los agresores. Solo mediante un enfoque integral y basado en evidencia podremos avanzar hacia la erradicación de la violencia de género y la creación de sociedades más justas e igualitarias.

REFERENCIAS

Carrasco, J. C. (2004). Violencia física, psicológica y sexual en el ámbito de la pareja: papel del contexto. Clínica y salud, 15(1), 33-54.

Damonti, P. S. (2019). Exclusión social como factor de riesgo de violencia de género en la pareja. *Papers, 104*(3), 485-523. https://doi.org/10.5565/rev/papers.2570

Damonti, P., & Amigot, P. A. (2020). Las situaciones de exclusión social como factor de vulnerabilidad a la violencia de género en la pareja: Desigualdades estructurales y relaciones de poder de género. *Revista de Metodología de las Ciencias Sociales,* (48), 205-230. https://doi.org/10.5944/empiria.48.2020.28076

Dichter, M. E., Thomas, K. A., Crits-Christoph, P., Ogden, S. N., & Rhodes, K. V. (2018). *Coercive control in intimate partner violence: Relationship with women's experience of violence, use of violence, and danger.* Psychology Of Violence, 8(5), 596-604. https://doi.org/10.1037/vio0000158

García-Collantes, A., y Garrido, MJ. (2021). Violencia y Ciberviolencia de Género. https://editorial.tirant.com/es/libro/violencia-y-ciberviolencia-de-genero-angel-garcia- collants-9788413785745

Hardesty, J. L., Crossman, K. A., Haselschwerdt, M. L., Raffaelli, M., Ogolsky, B. G., & Johnson, M. P. (2015). Toward a Standard Approach to Operationalizing Coercive Control and Classifying Violence Types. Journal Of Marriage And The Family/Journal Of Marriage And Family, 77(4), 833-843. https://doi.org/10.1111/jomf.12201

Kelly, J. B., & Johnson, M. P. (2008). Differentiation among types of intimate partner violence: Research update and implications for interventions. *Family Court Review, 46*(3), 476–499. https://doi.org/10.1111/j.1744-1617.2008.00215.x

María José Garrido Antón (Dir)., Marta Caballé Pérez, Laura Sánchez Morón, Paulina Badowicz, Leire Villalón Arenas, Neus Mascaró Coll, Ariadna Trespaderne Dedeu, Miguel Ángel Soria Verde, Montserrat Tous Zanguitu, Vielka Linet Peguero Jerez, Lidia Alonso Corona, Raúl Quevedo-Blasco, José María Palomares Rodríguez, Rosa Viñas Racionero, Iván Parras Vaquero, Hassiba Ziati Ziati y Nassiba Ziati Ziati

Ley Orgánica 1/2004, de 28 de diciembre, de Medidas de Protección Integral contra la Violencia de género. Boletín Oficial del Estado, 313, 29 de diciembre de 2004. https://www.boe.es/eli/es/lo/2004/12/28/1/con

López, O. C. (2017). La violencia económica y/o patrimonial contra las mujeres en el ámbito familiar. *Persona y familia*, *1*(6), 39-58.

Pérez, M. M. C., & Calvera, J. F. M. (2013). Descripción y caracterización del Ciclo de Violencia que surge en la relación de pareja. *Tesis Psicológica*, *8*(1), 80-88

Rey-Anacona, C. A. (2009). Maltrato de tipo físico, psicológico, emocional, sexual y económico en el noviazgo: un estudio exploratorio. *Acta colombiana de psicología*, *12*(2), 27-36.

Robertson, K., & Murachver, T. (2007). Correlates of partner violence for incarcerated women and men. *Journal of Interpersonal Violence*, *22*(5), 639-655.

Robertson, K., & Murachver, T. (2011). Women and men's use of coercive control in intimate partner violence. *Violence & Victims*, *26*(2).

Sepúlveda García de la Torre, A. (2006). La violencia de género como causa de maltrato infantil. *Cuadernos de medicina forense*, (43-44), 149-164

Stark, E. (2007). *Coercive control: How men entrap women in personal life*. New York: Oxford University Press.

Torres Díaz, M. C. (2018). Violencia de género: la manifestación violenta de la desigualdad.

3.3. INFRADENUNCIA: CIFRA OCULTA Y CIFRA INCONSCIENTE

María José Garrido Antón[1]
Marta Caballé Pérez[2]

[1]Secretaría de Estado de Seguridad
[2]Grupo de Perfilación y Análisis de la Conducta Criminal de la Universidad de Barcelona

3.3.1. INTRODUCCIÓN

La *infradenuncia* supone una de las principales barreras ante las que se encuentran las diferentes instituciones con competencias en materia de violencia de género (en adelante VdG), en su cometido de ayuda y protección a las víctimas. Los datos disponibles en España muestran que únicamente el 21,7 % de los casos son denunciados a las autoridades (Delegación del Gobierno contra la Violencia de Género [DGVG], 2019), que cerca del 35 % de los asuntos instruidos en los Juzgados de Violencia sobre la Mujer se inician sin la denuncia de la propia víctima (Consejo General del Poder Judicial [CGPJ], 2022) y que más del 70 % de las víctimas letales de VdG no habían denunciado previamente a su homicida (CGPJ, 2020). Aunque el número de denuncias en VdG presenta una tendencia creciente en los últimos años (ver CGPJ, 2022), la reducción de la infradenuncia sigue representando uno de los principales objetivos de actuación. En consecuencia, se precisa de una mayor investigación sobre las dificultades que puedan encontrar las víctimas a la hora de denunciar, destacándose la necesidad de acercarse al fenómeno a través de las voces de las propias afectadas y de adquirir una mayor especialización en aquellos grupos de víctimas que puedan presentar mayores obstáculos, como son las mujeres internas.

La infradenuncia puede comprenderse en mayor medida a partir de dos conceptos. En primer lugar, la cifra oculta. Se entiende como tal el conjunto de casos que no son denunciados a las autoridades y de los que, por lo tanto, no se tiene conocimiento ni capacidad de actuación a nivel policial o judicial. La cifra oculta en VdG queda representada a través de la *metáfora del iceberg,* que simboliza la desproporción entre aquellos casos conocidos y los que no. La VdG conocida es visible como la punta del iceberg, siendo una ínfima parte del total y, «la mayor parte de los casos de violencia

María José Garrido Antón (Dir)., Marta Caballé Pérez, Laura Sánchez Morón, Paulina Badowicz, Leire Villalón Arenas, Neus Mascaró Coll, Ariadna Trespaderne Dedeu, Miguel Ángel Soria Verde, Montserrat Tous Zanguitu, Vielka Linet Peguero Jerez, Lidia Alonso Corona, Raúl Quevedo-Blasco, José María Palomares Rodríguez, Rosa Viñas Racionero, Iván Parras Vaquero, Hassiba Ziati Ziati y Nassiba Ziati Ziati

quedarían por debajo de la línea de flotación del iceberg, es decir, serían social y oficialmente invisibles» (Gracia, 2015). En segundo lugar, la cifra inconsciente, que hace referencia a aquella proporción de mujeres víctimas de VdG que no identifican la situación de victimización en la que se encuentran y, por lo tanto, la búsqueda de ayuda en las vías formales o informales queda totalmente inhabilitada.

Una consideración básica para comprender la dificultad que supone para las víctimas de VdG recurrir a las vías formales de denuncia (policial o judicial) es el contexto relacional en el que se ejerce este tipo de violencia. La pareja es un tipo de relación interpersonal basada en la unión sentimental íntima, que se supone segura y proveedora de afecto y en la que, por lo tanto, el ejercicio de violencia invierte los supuestos bajo los que se establece dicha relación. En este sentido, los lazos afectivos entre víctima y victimario pueden suponer, no solo el mantenimiento de la relación, sino también una importante barrera para la denuncia de la violencia. Aparte de las repercusiones ordinarias que conlleva interponer una denuncia, es importante atender también a las implicaciones simbólicas de trasladar la victimización sufrida del ámbito privado al ámbito público. Por todo ello, recurrir a los recursos formales de apoyo (vs. informales) es la circunstancia menos habitual en víctimas de VdG (Goodson y Hayes, 2018; Sanz-Barbero et al., 2020). En el proceso de búsqueda de ayuda, la decisión de acudir a la policía suele ser utilizada por parte de las víctimas en aquellos casos de mayor gravedad (Frias, 2013; Goodson y Hayes, 2018; Sanz-Barbero et al., 2020), si bien la infradenuncia también afecta a las mujeres que sufren la violencia más severa. Los resultados de la encuesta realizada por la Agencia de los Derechos Fundamentales de la Unión Europea (2014) muestran que únicamente el 14 % de las mujeres denunciaron a la policía las agresiones de mayor gravedad. Otros factores como las actitudes hacia la VdG (justificación, minimización, etc.) y la adherencia a los roles sociales basados en los mandatos de género también muestran incidencia en recurrir a la denuncia como una solución (Sierra et al., 2014). Un reciente estudio (Juarros-Basterretxea et al., 2024) concluye que la concepción de la VdG como un problema por parte de las víctimas y de la sociedad, es un elemento central en la infradenuncia. Identificar la VdG como denunciable es un paso previo y necesario para considerar a la policía como fuente de ayuda, resaltando la incidencia del desconocimiento sobre la legislación en VdG en la infradenuncia.

La literatura científica que estudia los obstáculos para denunciar manifestados por las mujeres, recoge los siguientes aspectos (p.ej. Akers y Kaukinen, 2009; Blay, 2014; Cala & García, 2014; DGVG, 2015; Felson et al., 2002; Tamarit et al., 2020): a) temor a las represalias al interponer la denuncia; b) indefensión aprendida; c) vergüenza; d) miedo; e) culpabilidad; f) dificultades para identificar la violencia o para identificarse a sí mismas como víctimas y, por tanto, para valorar el riesgo potencial; g) creencias erróneas sobre las posibles soluciones a la violencia; h) tolerancia y clima de aceptación social hacia la VdG; i) adherencia emocional al agresor; j) desconocimiento sobre procesos judiciales, sus mecanismos y efectos; y k) falta de confianza en el sistema policial o judicial.

En este sentido, resulta también indispensable conocer la experiencia de aquellas víctimas que sí denuncian, ya que pueden identificar y comunicar aspectos mejorables el sistema y circuito de denuncia, así como aportar propuestas de mejora ajustadas a las necesidades reales de las mujeres. El estudio elaborado por González-Álvarez y

Garrido (2015) mostró que la mayoría de las víctimas de VdG que habían denunciado mostraban una alta satisfacción con las actuaciones policiales. Se identificaron como aspectos de mejora, en función de las manifestaciones de las propias víctimas: incrementar la protección y la seguridad (tanto hacia la víctima como hacia sus familiares), evitar la victimización secundaria derivada de las actuaciones y procedimientos policiales, y lograr que los servicios policiales contribuyan en mayor medida a la mejora de la situación de las mujeres.

Por otro lado, Petersen et al. (2005) informaron de aquellos factores que impulsan a las mujeres a la búsqueda de ayuda. Hallaron como elementos determinantes: disponer de información sobre la VdG, su definición y sus dinámicas; llegar al «punto de ruptura» de la violencia, ya sea por acumulación o gravedad de las agresiones; y la preocupación por la seguridad de sus hijos/as.

Otras investigaciones más recientes (Albertín-Carbó et al., 2020; Canyelles, 2021), centradas en el ámbito judicial, destacan las narrativas sociales en los operadores jurídicos que aún hoy en día están presentes cuando una mujer denuncia (culpabilización, justificación de la violencia, sospechas sobre la instrumentalización de la denuncia, etc.). Frias (2013) advirtió de la variabilidad de la calidad del trato institucional en función de las características del caso. Los resultados mostraron que, a mayor gravedad de la violencia, menor fue la probabilidad de que la mujer reportara satisfacción con el trato recibido. También halló que las mujeres con una situación económica más acomodada presentaban una mayor tendencia a recibir un trato de calidad por parte de las autoridades intervinientes. En este sentido, se destaca la relevancia de atender a las experiencias negativas de las mujeres que pasan por los circuitos de denuncia y de las implicaciones que puedan tener a la hora de denunciar nuevas agresiones o incluso una futura victimización con otra pareja.

Las mujeres encarceladas no solo presentan tasas de victimización y polivictimización más elevadas (Cruells et al., 2005; Fontanil et al., 2013; Radatz y Wright, 2015), sino que también corren el riesgo de experimentar dinámicas de superposición y entrelazamiento, de la VdG y el encarcelamiento. Garthe et al. (2023) muestran que casi la mitad de las mujeres siguen experimentando VdG durante el encarcelamiento, sobre todo a nivel emocional, verbal y económico. La dependencia se acentúa cuando los agresores son necesarios para la comunicación con el exterior (p. ej. amenazar con negar las visitas con los hijos/as) o para el sustento económico de la mujer dentro de prisión. Así mismo, las dinámicas de abuso y dependencia pueden estar presentes después del encarcelamiento y durante la reincorporación a la comunidad. Carecer de autonomía e independencia para disponer de las condiciones requeridas para acceder a una situación penitenciaria con mayor grado de libertad, puede situar a las mujeres en situaciones de elevada vulnerabilidad.

Además, se enfrentan a dificultades añadidas con respecto al acceso a los recursos durante o después del encarcelamiento (Leone y Beeble, 2022). La doble estigmatización por su condición de mujer encarcelada (Bove y Tryon, 2018) incrementa las barreras en su proceso de reinserción social (Grace, 2022) y la reticencia a la búsqueda de ayuda (Cyr et al., 2021). Por todo ello, es especialmente relevante ahondar en el conocimiento de los motivos específicos que dificultan a las mujeres privadas de libertad el poner en conocimiento de las autoridades los episodios de VdG sufridos.

María José Garrido Antón (Dir)., Marta Caballé Pérez, Laura Sánchez Morón, Paulina Badowicz, Leire Villalón Arenas, Neus Mascaró Coll, Ariadna Trespaderne Dedeu, Miguel Ángel Soria Verde, Montserrat Tous Zanguitu, Vielka Linet Peguero Jerez, Lidia Alonso Corona, Raúl Quevedo-Blasco, José María Palomares Rodríguez, Rosa Viñas Racionero, Iván Parras Vaquero, Hassiba Ziati Ziati y Nassiba Ziati Ziati

El principal objetivo de este estudio es identificar los obstáculos a los que se enfrentan las mujeres encarceladas a la hora de poner una denuncia por VdG. Como objetivos específicos se plantearon: a) describir los principales motivos que dificultan la denuncia; b) conocer las circunstancias facilitadoras de la denuncia; y c) recoger propuestas de cambio referidos por las propias mujeres.

3.3.2. RESULTADOS

Infradenuncia y motivos para no denunciar

De las 123 mujeres que conforman la muestra, el 43,9 % ($n = 54$) refirió no haber denunciado a su agresor. Con respecto a lo motivos por los que no denunciaron, o por los que sopesaron mucho el denunciar destacan, por presentarse en más de un tercio de la muestra el temor a las represalias, la falta de confianza en el sistema policial o judicial, el miedo, la culpabilidad, las creencias erróneas sobre las soluciones del maltrato y la adherencia emocional al maltratador (Tabla 22).

TABLA 22. *Motivos referidos por las mujeres para no denunciar la VdG*

Motivos no denuncia	Sí	No
	n (%)	n (%)
Temor a las represalias	64 (56,1)	50 (43,9)
Falta de confianza en el sistema policial	43 (37,7)	71 (62,3)
Falta de confianza en el sistema judicial	38 (33,3)	76 (66,7)
Indefensión aprendida	36 (31,9)	77 (68,1)
Vergüenza	28 (24,6)	86 (75,4)
Miedo	73 (64,0)	41 (36,0)
Culpabilidad	43 (37,7)	71 (62,3)
Dificultad para percibir la violencia	35 (30,7)	79 (69,3)
Creencias erróneas sobre las soluciones del maltrato	43 (37,7)	71 (62,3)
Tolerancia y aceptación hacia la VdG	32 (28,1)	82 (71,9)
Adherencia emocional al maltratador	57 (50,0)	57 (50,0)
Desconocimiento de los procedimientos judiciales	29 (25,4)	85 (74,6)
Motivos culturales	22 (19,3)	92 (80,7)

Fuente: elaboración propia.

Algunas de las expresiones de las propias víctimas donde se reflejan los resultados de la tabla anterior aparecen entrecomilladas a lo largo del documento.

«Ni llegué a pensarlo [denunciar], era miedo a mi persona, me mataba. «Pa» mí no era...el denunciar no existía en mi cabeza».

«Hay un cierto temor a que él sabe dónde vivo… no temor a nada malo, pero sí a algún tipo de represalia… […] y bueno la percepción de que, en el fondo, la culpa era mía, y lo sigo pensando así…»

«Sería mi palabra contra la suya, y también pues sinceramente cierta falta de confianza en el sistema».

«No denuncias por vergüenza, por miedo, porque no eres tú…»

Otros motivos informados por las propias víctimas son: no perjudicar al agresor (p.ej. no querer *«meterle en la cárcel»*) o sentir pena o lástima hacia él, las consecuencias que la denuncia pudiera tener para terceras personas (hijos/as de la víctima o del agresor, padres del agresor, madre de la víctima, etc.) o para ellas mismas. También refirieron no denunciar por no considerarse víctima de VdG al haberse defendido de las agresiones, no creer que la denuncia pudiera solucionar su situación, no valorar que hubiera recibido agresiones constitutivas de delito, miedo a que no la creyeran, y dependencia económica o falta de recursos materiales.

«No quería dejar a mi hijo desamparado sin padre»

«Tenía miedo de que me quitaran a mi hijo»

«La policía me dijo que los niños podían terminar en un centro si denunciaba»

«Teníamos una orden [de alejamiento] y tuve miedo de denunciar por lo que me pudiera pasar»

La cifra inconsciente se midió preguntando a las mujeres sobre el momento en el que se habían identificado como víctimas de VdG. El 50 % ($n = 61$) no se identificaron en el momento de la relación violenta pero sí se identifican en el momento actual, el 45,1 % ($n = 55$) se identificó durante la relación violenta y el 4,9 % ($n = 6$) no se identifica como víctima de VdG en ningún momento.

Variables de la denuncia

De las 69 mujeres que habían denunciado, 42 (62,7 %) de ellas refirieron satisfacción con la denuncia, mientras que 25 (37,3 %) no sienten que la denuncia haya sido eficaz. Concretamente, 25 valoran un grado de satisfacción alto con la denuncia (37,3 %), 16 una satisfacción media (23,8 %), 8 mujeres reportan un nivel de satisfacción bajo (11,9 %) y 18 un nivel de satisfacción nulo (26,9 %).

«Puse siete denuncias contra él, pero como vi que no me hacían caso…»

También destaca el testimonio de una mujer que refleja la importancia de la transmisión social de la experiencia de denunciar, relatando la vivencia de una tercera persona:

«A ella la intentaron violar. Y ella fue a denunciar y vivió una experiencia traumática denunciando. Los policías la trataron de una manera en la que parecía que ella era la culpable, le hicieron preguntas totalmente fuera de lugar y se quedó traumatizada».

María José Garrido Antón (Dir)., Marta Caballé Pérez, Laura Sánchez Morón, Paulina Badowicz,
Leire Villalón Arenas, Neus Mascaró Coll, Ariadna Trespaderne Dedeu, Miguel Ángel Soria Verde,
Montserrat Tous Zanguitu, Vielka Linet Peguero Jerez, Lidia Alonso Corona, Raúl Quevedo-Blasco,
José María Palomares Rodríguez, Rosa Viñas Racionero, Iván Parras Vaquero, Hassiba Ziati Ziati y Nassiba Ziati Ziati

En relación con la retirada de la denuncia, 31 mujeres (44,9 %) retiraron la denuncia en algún momento del procedimiento, mientras que 38 (55,1 %) no lo hicieron. Profundizando en el momento de retirada, 16 lo hicieron durante la fase policial (51,6 %) y 15 en la fase judicial (48,4 %). Según verbalizaron las entrevistadas, los principales motivos para retirar la denuncia fueron: reiniciar la relación con el agresor; miedo, pena o ausencia de intención de perjudicar al agresor; creencia de que no iba a servir para nada; las amenazas del autor o del entorno de este; dependencia hacia el autor, esperanzas de cambio; ausencia de independencia económica; sentimiento de culpa; denuncias cruzadas y las consecuencias sobre los hijos/as.

«En la primera me pusieron una orden de alejamiento. Pero él venía cuando le salía de los huevos. La segunda, no me hicieron ni caso [...] la segunda [denuncia] la retiré»

Circunstancias facilitadoras de la denuncia

Cuando se pidió a las mujeres que argumentaran sobre lo que tendría que pasar para que denunciaran la VdG, se obtuvieron respuestas heterogéneas que se clasificaron en cuatro temas principales:

- Violencia contra otras personas: principalmente hijos/as de la víctima, pero también otros familiares.

«Por ejemplo, algo extremo…que tocara a mis hijos. En eso sí que denunciaría»

- Severidad de la violencia: relacionaron la denuncia con la violencia física muy grave (en algunos casos incluso intento de homicidio o necesidad de hospitalización).

«Si el en algún momento me agrediese físicamente, me diese una paliza, porque algunas veces sí que ha hecho cosas de violencia física, pero no lo suficiente, no me ha hecho daño suficiente».

«Tendría que ser algo grave. ¿Qué podría ser? ¿Una muerte? ¿Sabes lo que te quiero decir? Que llegara al final… y luego ya no puedes hacer nada, porque ya estás muerta».

- Consecuencias de la denuncia para la mujer: por situación administrativa irregular, retirada de la guardia y custodia de los hijos/as, etc. Algunas también refieren miedo a no ser creídas o dificultad para probar la violencia psicológica.

«Tenía miedo a la policía. Cada vez que la veía me escondía por miedo a que me deportaran»

- Estar seguras de que podrán disponer de protección, tanto para ellas como también para su familia. Una mujer relacionó la necesidad de protección con una respuesta judicial más punitivista (ingreso del agresor en prisión).

- Mejoras en el sistema policial y judicial.

Menos habitual, pero igualmente importante, fue disponer de más información y concienciación sobre la VdG y contar de apoyo social. Algunas mujeres refirieron malas experiencias con denuncias anteriores. Muy pocas relacionaron la denuncia con variables de la propia víctima (consumo sustancias o el hecho de ser muy joven).

A las mujeres que sí habían interpuesto una denuncia en contra del agresor, se les preguntó el motivo que las llevó a dar este paso. De las respuestas obtenidas, se identifican los siguientes temas:

- Severidad de la violencia. Algunos ejemplos fueron la violencia sexual, agresión mientras ella estaba embarazada, agresión física teniendo ella al hijo/a en brazos, lesiones con arma blanca o secuestro.

«Puse la denuncia porque conseguí escaparme del secuestro fingiendo estar mala. Acudí al médico y ahí denuncié el secuestro»

- Intervención de terceros. Fueron otras personas las que denunciaron o bien la intervención de estas personas ayudó a la mujer a denunciar. Refieren actuaciones policiales de oficio, servicios médicos, otros profesionales, entorno social y familiares.

«Yo iba a un curso maternal. Y ahí ya me vieron un día con el ojo morado, otro día con las costillas que me dolían y ya pues se percataron»

- Necesidad de proteger a terceros. Principalmente ante agresiones físicas o sexuales a los hijos/as, y amenazas o agresiones al entorno de la víctima.

Propuestas de cambio

Se solicitó a las mujeres que formularan propuestas de cambio para facilitar la denuncia. Se obtuvieron respuestas heterogéneas que se agruparon en tres grandes temas:

- Mejorar el circuito de denuncia. Fue el grupo de propuestas más repetido entre las entrevistadas. Destacan elementos como asegurar una mayor protección a las víctimas y sus familiares, que el sistema las otorgue credibilidad, disponer de apoyo y acompañamiento durante el proceso de denuncia, disponer de recursos materiales para rehacer su vida (trabajo, vivienda, recursos económicos), disponer de una mayor información sobre el proceso y una mayor investigación de los delitos.

«Ser escuchadas y creídas por parte de los profesionales»

«Tener más información sobre el proceso y las posibles alternativas»

«Más apoyo psicológico. Más seguimiento de atención a la víctima. En mi caso fue solo dos o tres meses... me preguntaban cómo estaba, me avisaban cuando él salía de permiso. Si hubiera sido más tiempo, me hubieran podido ayudar más psicológicamente»

«Que se tomen las denuncias más en serio. Apoyo psicológico y protección a los hijos»

«Nos tendrían que creer, aunque tengamos antecedentes»

María José Garrido Antón (Dir)., Marta Caballé Pérez, Laura Sánchez Morón, Paulina Badowicz, Leire Villalón Arenas, Neus Mascaró Coll, Ariadna Trespaderne Dedeu, Miguel Ángel Soria Verde, Montserrat Tous Zanguitu, Vielka Linet Peguero Jerez, Lidia Alonso Corona, Raúl Quevedo-Blasco, José María Palomares Rodríguez, Rosa Viñas Racionero, Iván Parras Vaquero, Hassiba Ziati Ziati y Nassiba Ziati Ziati

«Más servicios relacionados con el acompañamiento [al médico forense, a denunciar, al juzgado, etc.] y de soporte psicológico»

«Investigar, aunque la víctima no quiera denunciar o retire la denuncia»

«Información respecto a la posibilidad de denunciar aun estando en situación irregular, más mujeres se atreverían a hacerlo»

«Confianza en los servicios sociales y en el sistema»

«No me informaron de las ayudas que podía tener»

«La denuncia muy bien, pero necesitaba ayuda psicológica y económica. Y más seguimiento después de la denuncia. No todo es llamar por teléfono y preguntar cómo estas. Quizás una cita, donde te puedan ver… que estén más con las víctimas»

- Incrementar la prevención primaria y secundaria.

«Tienen que haber recursos… que haya un programa para eso de la violencia. Hacer un programa, como el Sálvame Deluxe. Lo que estáis haciendo, también, por ejemplo»

«Más publicidad, cursos… Que se vea en la sociedad, en la tele y en todos los medios»

«Mayor número de medidas educativas. Formación sobre la dinámica de las relaciones de este tipo»

«Sería necesaria más información sobre qué es violencia y qué no. Mejoras en la educación para la identificación de la violencia en las relaciones»

«Trabajar la autoestima»

«Lo que veo en la cárcel es que todo esto de la violencia de género, la ignorancia… decir cosas como que lo contrario del feminismo es el machismo… […] veo un nivel de desinformación, sobre el tema de qué somos como mujeres, lo que podemos conseguir, de qué es el feminismo… Una desinformación que me abruma me hace sentir muy mal […] La clave está en la educación, la educación de las mujeres, también de los hombres, y empezar a cambiar las cosas desde dentro»

3.3.3. DISCUSIÓN

Los resultados obtenidos en este estudio muestran que la cifra oculta en esta muestra supera el 40 %, reforzando la necesidad de seguir trabajando en la infradenuncia de VdG. Los motivos mayormente referidos que obstaculizan la decisión de la denuncia en mujeres encarceladas se asemejan a los referidos por el universo de víctimas de VdG reportados por estudios previos (Akers y Kaukinen, 2009; Blay, 2014; Cala y García, 2014; DGVG, 2015; Felson et al., 2002; Tamarit et al., 2020). Así mismo, los factores que impulsan a las mujeres a la búsqueda de ayuda, también se asemejan a los hallados por Petersen et al. (2005). Lo que sugiere que la infradenuncia en VdG, no presenta diferencias cualitativamente significativas en las mujeres reclusas con respecto otras víctimas de VdG. Ello no implica que estas mujeres no se enfrenten a dificultades añadidas, algo que ha sido demostrado en la literatura previa (Bove y Tryon, 2018; Cruells et al., 2005; Fontanil et al., 2013; Leone y Beeble, 2022 Radatz y Wright, 2015), sino más bien refuerza el carácter transversal la VdG.

Con respecto a los motivos que dificultan a las mujeres denunciar la VdG, conviene poner el foco en la falta de confianza en el sistema judicial o policial, el desconocimiento de los procedimientos judiciales, el miedo a las posibles consecuencias que la denuncia pueda tener para ellas, ausencia de identificación como víctimas de VdG o de las agresiones como constitutivas de delito y aquellos casos que refirieron malas experiencias con denuncias anteriores. En lo referente a la cifra inconsciente, más de la mitad de las mujeres no se identificaban como víctimas de VdG en el momento de los hechos, si bien la gran mayoría de ellas pudieron revertir dicha situación con el paso del tiempo.

Por otro lado, tal y como se recoge en la literatura previa (Frias, 2013; Goodson y Hayes, 2018; Sanz-Barbero et al., 2020), la decisión de denunciar se encuentra estrechamente relacionada con la gravedad de la violencia. En la muestra de este estudio, llama la atención que las mujeres refieren situaciones de violencia extrema como desencadenante de la denuncia interpuesta o escenario hipotético en el que interponer una denuncia para aquellas mujeres que no habían denunciado, reflejando el «punto de ruptura» de la violencia (Petersen et al., 2005). Estas autoras ya resaltaron en el año 2005 la importancia de del conocimiento sobre VdG y sus dinámicas, como elemento facilitador de la denuncia. Especialmente relevante es ampliar la conceptualización de la VdG, sin que quede limitada a aquellas manifestaciones más severas y de naturaleza física, que, en la mayoría de los casos, responden al final de un proceso de victimización que ha generado graves consecuencias en las mujeres. Más aun teniendo en cuenta que las formas más invisibilizadas de VdG suelen ser predominantes durante el encarcelamiento de las víctimas (Garthe et al., 2023), por lo que una concepción limitada de la VdG impediría la identificación por parte de las mujeres. De las víctimas que sí habían interpuesto una denuncia, una proporción mayor al tercio refirieron una baja o nula satisfacción, lo que difiere de los resultados obtenidos por González-Álvarez y Garrido (2015). Si bien las diferencias metodológicas limitan la comparación de resultados, se podría hipotetizar que el circuito de denuncia presenta mayores deficiencias a la hora de atender de forma satisfactoria a determinados subgrupos de víctimas (Frías, 2013), más aún cuando operan procesos de doble estigmatización (Bove y Tryon, 2018), y presentan barreras adicionales en el acceso a los recursos (Leone y Beeble, 2022).

Por otro lado, es preciso tener en cuenta la incidencia de la transmisión social de la experiencia, y su capacidad de generar un imaginario colectivo del proceso de denuncia, para comprender las repercusiones sociales que una baja satisfacción con el proceso de denuncia pueda tener, no solo en la propia víctima, si no en cualquier persona conocedora de su experiencia.

También destaca la elevada proporción de mujeres que, habiendo dado el paso de denunciar, retiran la denuncia en alguna fase del procedimiento. Los principales motivos informados son retomar la relación con el agresor, presencia de sentimientos como la pena o la culpa y las esperanzas de cambio. Estos elementos son característicos de la fase de la luna de miel del ciclo de la violencia (Walker, 1989), que sucede

María José Garrido Antón (Dir.)., Marta Caballé Pérez, Laura Sánchez Morón, Paulina Badowicz,
Leire Villalón Arenas, Neus Mascaró Coll, Ariadna Trespaderne Dedeu, Miguel Ángel Soria Verde,
Montserrat Tous Zanguitu, Vielka Linet Peguero Jerez, Lidia Alonso Corona, Raúl Quevedo-Blasco,
José María Palomares Rodríguez, Rosa Viñas Racionero, Iván Parras Vaquero, Hassiba Ziati Ziati y Nassiba Ziati Ziati

a una agresión manifiesta, siendo esta una posible precipitación de la denuncia. De nuevo, se señala la relevancia del conocimiento fenomenológico de la VdG, sus dinámicas y la incidencia en los procesos de denuncia.

Los resultados muestran la importancia que otorgan las víctimas a su entorno en la decisión de denunciar, situándose como un elemento central. Tanto en los motivos para no denunciar, como en los motivos para sí denunciar, así como en las justificaciones de la retirada de la denuncia y en las propuestas de cambio, se ha observado tendencia a centrarse en las implicaciones o consecuencias para terceras personas que pudieran derivarse de la interposición de la denuncia, aunque ello implicaría relegar su seguridad, y también a responsabilizarse de las consecuencias que la denuncia pudiera tener para los demás. La tendencia a obviar el propio bienestar en beneficio del ajeno, como consecuencia de la orientación al cuidado de los otros, y los sentimientos de culpa asociados, son elementos centrales en la feminidad normativa (Bosch-Fiol y Ferrer-Pérez, 2003) — aspecto asociado a la infradenuncia (Sierra et al., 2014). En consecuencia, se resalta la necesidad de intervención con perspectiva de género con las mujeres encarceladas, que incida en las construcciones alternativas de la feminidad y desafíe los estereotipos de género.

Por último, cabe destacar que las demandas y propuestas realizadas por las víctimas no se orientan a la creación de nuevas medidas, sino más bien a la mejora de las ya existentes, tal y como se observó en González-Álvarez y Garrido (2015). Lo que obliga a reflexionar acerca del motivo por el cual la percepción de protección y apoyo es insuficiente, a pesar de la amplia red de servicios y protocolos orientados a la VdG, siendo este tipo de violencia en el que existe una mayor inversión de recursos. Disponer de un amplio circuito de atención a las víctimas de VdG puede resultar poco efectivo si las personas a las que va dirigido no disponen del suficiente conocimiento sobre el mismo. Quizás las instituciones estén orientando los esfuerzos en una dirección equivocada, no siendo tan necesaria la creación de nuevas medidas, como la revisión y constatación de la efectividad de las ya existentes.

En este sentido, si la transmisión de la información por parte de las instituciones sobre los procesos jurídico-penales, los circuitos de protección y asistencia, así como sobre los derechos reconocidos no se ajusta a las necesidades de las mujeres, se puede asumir de forma errónea su conocimiento, comprensión y asimilación (Cubells y Calsamiglia, 2010), dando lugar a la diferencia entre el *derecho instruido* y el *derecho vivido* (Canyelles, 2021). El desconocimiento acerca de la legislación en materia de VdG limita percibir a las instituciones como fuente de ayuda (Juarros-Basterretxea et al., 2024), agravando situaciones de vulnerabilidad como las descritas por aquellas mujeres que refirieron miedo a denunciar por encontrarse en situación administrativa irregular en el momento de los hechos. En consecuencia, se destaca la necesidad de mejorar las vías de transmisión de información, tanto de los servicios de protección y apoyo, como de la legislación vigente y de derechos de las víctimas de VdG.

REFERENCIAS

Agencia de los Derechos Fundamentales de la Unión Europea. (2014). *Violencia de género contra las mujeres: una encuesta a escala de la UE.* Oficina de Publicaciones de la Unión Europea. https://fra.europa.eu/sites/default/files/fra-2014-vaw-survey-at-a-glance-oct14_es.pdf

Akers, C. & Kaukinen, C. (2009). The police reporting behavior of intimate partner violence victims. *Journal of Family Violence, 24*(3) 159-171. https://doi.org/10.1007/s10896-008-9213-4

Albertín Carbó, P., Cubells, J., Peñaranda, M. C., & Martínez, L. M. (2020). A Feminist Law Meets an Androcentric Criminal Justice System: Gender-Based Violence in Spain. *Feminist Criminology, 15*(1), 70-96. https://doi.org/10.1177/1557085118789774

Blay, E. (2014). «Voy o no voy»: el recurso a la policía en el caso de la violencia de género. Perspectivas de las víctimas. *Estudios Penales y Criminológicos, 33,* 369-400. https://revistas.usc.gal/index.php/epc/article/view/1502

Bosch Fiol, E., & Ferrer Pérez, V. A. (2003). Fragilidad y debilidad como elementos fundamentales del estereotipo tradicional femenino. *Feminismo/s, n. 2 (dic. 2003); pp. 139-151.*

Bove, A., & Tryon, R. (2018). The power of storytelling: the experiences of incarcerated women sharing their stories. International journal of offender therapy and comparative criminology, 62(15), 4814-4833.

Cala, M. J. & García, M. (2014). Las experiencias de las mujeres que sufren violencia en la pareja y su tránsito por el sistema judicial: ¿Qué esperan y qué encuentran? *Anales de la Cátedra Francisco Suárez, 48,* 81-105. https://revistaseug.ugr.es/index.php/acfs/article/view/2781

Canyelles, C. (2021). *Masclisme i cultura jurídica. Una etnografia del procés judicial de la violència de gènere*. Lleonard Muntaner Editor.

Consejo General del Poder Judicial (2020). Informe sobre los 1000 primeros casos de víctimas mortales por violencia de género en el ámbito de la pareja o ex-pareja. https://www.poderjudicial.es/cgpj/es/Temas/Violencia-domestica-y-de-genero/Actividad-del-Observatorio/Informes-de-violencia-domestica-y-de-genero/Informe-sobre-los-1000-primeros-casos-de-victimas-mortales-por-violencia-de-genero-en-el-ambito-de-la-pareja-o-ex-pareja--Mayo-2020-

Consejo General del Poder Judicial (2022). Estadística Judicial. Estadística por temas. Datos penales, civiles y laborales. Violencia doméstica y Violencia de género. Datos sobre Violencia sobre la mujer en la estadística del CGPJ. https://www.poderjudicial.es/cgpj/es/Temas/Violencia-domestica-y-de-genero/Actividad-del-Observatorio/Datos-estadisticos/?filtroAnio=2022

Cruells, M., Torrens, M., & Igareda, N. (2005). V*iolencia contra las mujeres: Análisis de la población penitenciaria femenina*. Surt. https://www.inmujeres.gob.es/publicacioneselectronicas/documentacion/Documentos/ DE0804.pdf

Cubells, J., Calsamiglia, A., & Albertín, P. (2010). El ejercicio profesional en el abordaje de la violencia de género en el ámbito jurídico-penal: un análisis psicosocial. Anales de Psicología/Annals of Psychology, *26*(2), 369-377.

María José Garrido Antón (Dir)., Marta Caballé Pérez, Laura Sánchez Morón, Paulina Badowicz,
Leire Villalón Arenas, Neus Mascaró Coll, Ariadna Trespaderne Dedeu, Miguel Ángel Soria Verde,
Montserrat Tous Zanguitu, Vielka Linet Peguero Jerez, Lidia Alonso Corona, Raúl Quevedo-Blasco,
José María Palomares Rodríguez, Rosa Viñas Racionero, Iván Parras Vaquero, Hassiba Ziati Ziati y Nassiba Ziati Ziati

Cyr, S., Jaramillo, E. T., Garrison, L., Malcoe, L. H., Shamblen, S. R. & Willging, C.E. (2021) Intimate Partner Violence and Structural Violence in the Lives of Incarcerated Women: A Mixed-Method Study in Rural New Mexico. *International Journal of Environmental Research and Public Health, 18,* 61-85. https://doi.org/10.3390/ijerph18126185

Delegación del Gobierno contra la Violencia de Género (2015). Sobre la inhibición a denunciar de las víctimas de violencia de género. Ministerio de Sanidad, Asuntos Sociales e Igualdad. Gobierno de España. https://violenciagenero.igualdad.gob.es/violenciaEnCifras/estudios/investigaciones/2015/estudio/inhibicion.htm

Delegación del Gobierno contra la Violencia de Género. (2020). *Macroencuesta de violencia contra la mujer.* Ministerio de Sanidad, Servicios Sociales e Igualdad. Gobierno de España. https://violenciagenero.igualdad.gob.es/violenciaEnCifras/macroencuesta2015/pdf/Macroencuesta2019_Estudio_completo.pdf

Felson, R. B., Mesner, S. F., Hoskin, A. W. & Deane, G. (2002). Reasons for reporting and not reporting domestic violence to the police. *Criminology, 40* (3) 617-648. https://doi.org/10.1111/j.1745-9125.2002.tb00968.x

Fontanil, Y., Alcedo, M. Á., Fernández, R., & Ezama, E. (2013). Mujeres en prisión: un estudio sobre la prevalencia del maltrato. *Revista Española de Sociología, 20,* 21 – 38. https://dialnet.unirioja.es/servlet/articulo?codigo=4839987

Frías, S. M. (2013). Strategies and Help-Seeking Behavior Among Mexican Women Experiencing Partner Violence. *Violence Against Women, 19*(1), 24–49. https://doi.org/10.1177/1077801212475334

Garthe, R. C., Fedock, G., Rieger, A., Hsieh, W. J., McLay, M. M., & Malcome, M. (2023). Women's experiences of intimate partner violence while incarcerated: the measurement structure, reliability, and validity of a novel instrument. Violence Against Women. Avance online. https://doi.org/10778012231155176.

González, J. L., & Garrido, M. J. (2015). Satisfacción de las víctimas de violencia de género con la actuación policial en España. Validación del Sistema VioGen. *Anuario de Psicología Jurídica, 25*(1), 29–38. https://doi.org/10.1016/j.apj.2015.02.003

Goodson, A., & Hayes, B. E. (2018). Help-Seeking Behaviors of Intimate Partner Violence Victims: A Cross-National Analysis in Developing Nations. *Journal of Interpersonal Violence, 36*(9-10), 4705-4727. https://doi.org/10.1177/0886260518794508

Grace (2022). 'Get to know me, not the inmate': Women's Management of the Stigma of Criminal Records. *The British Journal of Criminology, 62*(1), 73–89. https://doi.org/10.1093/bjc/azab029

Gracia, E. (2015). Violencia doméstica contra la mujer: El entorno social como parte del problema y de su solución. En F. Fariña, R. Arce y G. Buela-Casal (Eds.), *Violencia de genero. Tratado psicológico y legal.* Biblioteca Nueva.

Juarros-Basterretxea, J., Fernandez-Alvarez, N., Torres-Vallejos, J., & Herrero, J. (2024). Perceived reportability of intimate partner violence against women to the police and help-seeking: A national survey. *Psychosocial Intervention, 33*(1), 55-64. https://doi.org/10.5093/pi2024a3

Leone, J.M. & Beeble, M.L. (2022) Incarcerated Women's Strategic Responses to Intimate Terrorism. *Journal of Family Violence Advanced Online Publication.* https://doi.org/10.1007/s10896-022-00400-x

Petersen, R., Moracco, K. E., Goldstein, K. M., & Andersen, K. (2005) Moving Beyond Disclosure: Women's Perspectives on Barriers and Motivators to Seeking Assistance for Intimate Partner Violence, *Women & Health, 40*(3), 63-76. http://dx.doi.org/10.1300/J013v40n03_05

Radatz, D. L., & Wright, E. M. (2017). Does Polyvictimization Affect Incarcerated and Non-Incarcerated Adult Women Differently? An Exploration Into Internalizing Problems. *Journal of Interpersonal Violence, 32*(9), 1379-1400. https://doi.org/10.1177/0886260515588921

Sanz-Barbero, B., Briones-Vozmediano, E., Otero-García, L., Fernández-García, C., & Vives-Cases, C. (2020). Spanish Intimate Partner Violence Survivors Help-Seeking Strategies Across the Life Spain. *Journal of Interpersonal Violence, 37*(11-12), 8651-8669. https://doi.org/10.1177/0886260520976213

Sierra, J. C., Bermúdez, M. P., Buela-Casal, G., Salinas, J. M. & Monge, F. S. (2014). Variables asociadas a la experiencia de abuso en la pareja y su denuncia en una muestra de mujeres. *Universitas Psychologica, 13*(1), 37-46. https://doi.org/10.11144/Javeriana.UPSY13-1.vaea

Tamarit, J. M, Aizpitarte, A., Hernández, P., & Arantegui, L. (2020). La impotencia de la justicia penal ante la violencia de género: Visiones de los profesionales y de las víctimas. *Revista Electrónica de Criminología, 3*(5), 1-16. https://dialnet.unirioja.es/servlet/articulo?codigo=7815582

Walker, L. E. (1989). Psychology and violence against women. *American Psychologist, 44*(4), 695–702. https://doi.org/10.1037/0003-066X.44.4.695

3.4. CONTROL COERCITIVO Y DENUNCIA DE LA VIOLENCIA DE GÉNERO EN POBLACIÓN PENITENCIARIA FEMENINA ESPAÑOLA

Hassiba Ziati Ziati[1], Nassiba Ziati Ziati[1], Marta Caballé Pérez[1], Miguel Ángel Soria Verde[1, 2]

[1]Grupo de Perfilación y Análisis de la Conducta Criminal de la Universidad de Barcelona (PACC-UB)

[2]Departamento de Psicología Social y Cuantitativa, Facultad de Psicología, Universidad de Barcelona

3.4.1. INTRODUCCIÓN

El Control Coercitivo (CC) es el elemento central de la violencia de género (VdG) (Johnson, 2008). Stark (2007) define la coerción como «el uso de la fuerza o amenazas para obligar o disipar una respuesta particular» (p. 228) y el control como «formas estructurales de privación, explotación y mando que obligan a la obediencia indirectamente» (p. 229). En suma, cuando la coerción y el control ocurren de forma conjunta, el resultado es una condición de falta de libertad. De hecho, para que el control sea coercitivo debe implicar un resultado contingente (p. ej. una amenaza creíble,), que en caso de su incumplimiento conduce a una consecuencia negativa (Dutton y Goodman, 2005).

El CC es un elemento crucial para explicar la heterogeneidad de la VdG, siendo un patrón sistemático de comportamiento violento y abusivo, persistente en el tiempo y con el fin de ejercer control sobre la pareja (Dichter et al., 2018; Patafio et al., 2021). Esta dinámica de abuso de poder combina y entrelaza tácticas violentas y no violentas (Conroy y Crowley, 2022; Hardesty et al., 2015; Slakoff, 2022), de diferentes tipos e intensidades. No todas son penalmente punibles y, en consecuencia, supone una dificultad para las víctimas al denunciar. De hecho, los estudios informan que las mujeres más propensas a denunciar son aquellas que han sufrido una violencia física severa (Ansara y Hindin, 2010; Duterte et al., 2008) o altos grados de CC (Leone et al., 2007; Leone et al., 2014).

La investigación científica acumulada sobre las dinámicas asociadas a la VdG ha subrayado la importancia de operativizar los patrones de comportamiento de CC me-

María José Garrido Antón (Dir)., Marta Caballé Pérez, Laura Sánchez Morón, Paulina Badowicz,
Leire Villalón Arenas, Neus Mascaró Coll, Ariadna Trespaderne Dedeu, Miguel Ángel Soria Verde,
Montserrat Tous Zanguitu, Vielka Linet Peguero Jerez, Lidia Alonso Corona, Raúl Quevedo-Blasco,
José María Palomares Rodríguez, Rosa Viñas Racionero, Iván Parras Vaquero, Hassiba Ziati Ziati y Nassiba Ziati Ziati

diante el uso de un punto de corte para diferenciar los comportamientos de Control Coercitivo Alto (CCA) de los comportamientos de Control Coercitivo Bajo (CCB) (Anderson, 2008; Frye et al., 2006; Graham-Kevan y Archer, 2003; Johnson y Leone, 2005; Myhill & Hohl, 2019). Así, los comportamientos típicamente definidos como CCA indican la presencia de más de dos comportamientos de CC a diferencia de los CCB que indican la presencia de dos o menos comportamientos de CC (Frye et al., 2006).

Si bien numerosos comportamientos y tácticas comprenden el CC, ciertos elementos son fundamentales para un curso de conducta. Stark (2007) divide el constructo en cuatro dimensiones de comportamientos:

Aislamiento. El aislamiento de la víctima es un elemento esencial en todos los escenarios que involucran CC, por medio de la regulación de sus actividades cotidianas (i.e. la micro regulación de género) pudiendo incluir tácticas emocional, social o económicamente abusivas, y restringiendo el libre movimiento de la víctima en el ámbito social, educativo o laboral (Barbaro y Raghvan, 2018; Okun, 1986). En este sentido, a través del aislamiento, se despoja a la víctima de su autonomía y capacidad de decisión, como puede ser la interposición de una denuncia (Barbaro y Raghvan, 2018).

Control. El comportamiento celoso o posesivo, controlador y acosador, de forma presencial o cibernética, de los perpetradores son indicadores clave para generar control sobre las víctimas. Las víctimas realizan numerosas adaptaciones como facilitar el acceso a su correo electrónico, teléfono móvil, redes sociales, hogar o horarios para demostrar su lealtad y apaciguar a sus agresores (Downes et al., 2019; Johnson et al., 2019).

Intimidación. Cabe destacar la importancia de la violencia contra terceros, la coerción sexual y la intimidación por medio de las amenazas, pues con la presencia de este último indicador es suficiente para que el agresor mantenga intimidada a la víctima (Myhill y Hohl, 2019). Estudios previos han sugerido que los comportamientos psicológicamente abusivos son predictivos de futuras agresiones físicas y cómo un proceso cotidiano de intimidación puede ser suficiente para que un agresor mantenga el control de su pareja (Anderson, 2008). En este sentido, Crossman y Hardesty (2018) observaron una asociación positiva entre el CC y el uso de amenazas sin la necesidad de recurrir a agresiones físicas.

Violencia física. Los actos de violencia física son consistentes con el patrón de CCA. Según Crossman y Hardesty (2018) existe una asociación positiva entre el CC y el uso, la experiencia o las amenazas de violencia física. Stark (2007) sostiene que la mayoría de las mujeres que experimentan CCA sufren violencia física, si bien no es un elemento necesario. Esto permite considerar la importancia de enfocar la categorización de los patrones de comportamiento de CC en función del nivel de violencia experimentado, así como el grado de atrapamiento y el riesgo potencial (Hamberger et al., 2017; Kelly y Johnson, 2008; Stark, 2007).

La población penitenciaria femenina representa un colectivo que vertebra ejes de vulnerabilidad por la escasez de recursos económicos, sociales o emocionales. Los altos índices de victimización y la exclusión social derivada del doble estigma (encarcelamiento y condición de mujer) generan dificultades adicionales para afrontar la

VdG mediante la interposición de una denuncia (Browne et al., 1999; Bowles et al., 2012; Calvo, 2015; Cruells et al., 2005; Martin y Hesselbrock, 2001). Además, estas mujeres pueden sufrir CC antes, durante o después del encarcelamiento. Garthe et al. (2023) informaron que aproximadamente la mitad de las mujeres de su muestra, reportaron por lo menos una forma de VdG durante el encarcelamiento. Las tácticas más habituales fueron verbales o emocionales, seguidas de la violencia económica. El mismo estudio destaca la dependencia generada por la vulnerabilidad de la privación de libertad, más cuando el agresor es la única vía de contacto con el exterior o cuando la mujer no dispone de los recursos necesarios para volver a la comunidad autónomamente o para cumplir los requisitos para revisar su situación penitenciaria. Por ello, y aunque todas las mujeres pueden estar expuestas a las dinámicas de CC en el seno de una relación sexoafectiva, es importante acentuar los niveles significativos de control, manipulación o amenazas experimentados por las mujeres encarceladas (McLeod et al., 2019) que ponen de relieve la necesidad de atender de forma específica a esta población en función de sus particularidades.

El principal objetivo de esta investigación fue analizar la relación entre las experiencias de CC en el ámbito de la VdG y la interposición o no de la denuncia en población penitenciaria femenina española. Para el alcance del objetivo general, se proponen como objetivos específicos: a) describir los comportamientos de CC que experimentan las mujeres encarceladas; b) diferenciar los CCA y CCB; y c) analizar la relación entre los CCA/CCB y la interposición o no de la denuncia.

3.4.2. RESULTADOS

Análisis descriptivo

Respecto a la conducta de denuncia, el 56,1 % ($n = 69$) de las víctimas reportaron haber denunciado a su pareja frente al 43,9 % ($n = 54$) que no denunciaron.

En la dimensión Aislamiento se agrupó la violencia social, económica y emocional. El 91,9 % ($n = 113$) de las mujeres manifestaron haber sufrido alguno de estos tipos de violencias. El 81,3 % ($n = 100$) refirieron violencia social, el 56,9 % ($n = 70$) experimentaron violencia económica y el 87 % ($n= 107$) informaron haber sufrido violencia emocional.

«Robaba para traer dinero a casa y si no le traía dinero, me daba una paliza»

«No me dejaba salir con mis amigas»

En la dimensión Control se agruparon los celos, la violencia cibernética y la violencia vicaria. Se registró presencia de alguno de estos tipos de violencia en el 91,9 % ($n = 113$) de los casos. El 84,6 % ($n = 104$) de las mujeres afirmaron haber experimentado celos en su relación, el 41,5 % ($n = 51$) violencia cibernética y el 45,5 % ($n = 56$) violencia vicaria.

«No sé cómo supo que estaba en ese lugar»

En la dimensión Intimidación se agrupó la violencia psicológica, sexual y violencia contra terceros (hijos/as en común o de la víctima, familiares, amigos/as, animales de compañía o violencia estando la víctima embarazada). En el 98,4 % ($n = 121$) de

María José Garrido Antón (Dir)., Marta Caballé Pérez, Laura Sánchez Morón, Paulina Badowicz,
Leire Villalón Arenas, Neus Mascaró Coll, Ariadna Trespaderne Dedeu, Miguel Ángel Soria Verde,
Montserrat Tous Zanguitu, Vielka Linet Peguero Jerez, Lidia Alonso Corona, Raúl Quevedo-Blasco,
José María Palomares Rodríguez, Rosa Viñas Racionero, Iván Parras Vaquero, Hassiba Ziati Ziati y Nassiba Ziati Ziati

los casos se informó de la presencia de alguno de estos tipos de violencia. Concretamente, el 97,6 % ($n = 120$) reportó haber sufrido violencia psicológica, el 65 % ($n = 80$) violencia sexual y en el 39,8 % ($n = 49$) de los casos el agresor ejerció violencia contra terceros.

«Mi hija es fruto de una violación por quien fue mi pareja»

«Agredió a mi madre por querer pasar tiempo con ella»

«Hubo miles de veces en las que me violó. Te insistía hasta no poder más [...] aunque le decías que parara no paraba»

«Me apuñaló estando embarazada»

Por último, la dimensión Violencia física se basó en el indicador violencia física, que estuvo presente en el 92,7 % ($n = 114$) de la muestra.

«Me pegaba delante de mis hijos»

El grado de cada dimensión (alto o bajo) fue valorado en función del número de tipos de violencia presentes (con excepción de la violencia física, que se basó en su presencia/ausencia). Así, cuando dentro de una dimensión se recogían dos o más tipos de violencias se categorizó como grado alto y si el sumatorio era igual o inferior a 1 se categorizó como grado bajo (Tabla 24). Para diferenciar los casos de CCA y los casos de CCB, se contabilizaron las dimensiones en función de su grado. La presencia de más de dos dimensiones en su grado alto indicó CCA y la presencia de dos o menos dimensiones en su grado alto de CCB (Tabla 23).

TABLA 23. *Distribución de los casos en las dimensiones según en grado*

Dimensión de CC	Grado en cada dimensión	n (%)
Aislamiento	Aislamiento Alto	100 (81,3)
	Aislamiento Bajo	23 (18,7)
Control	Control Alto	72 (58,5)
	Control Bajo	51 (41,5)
Intimidación	Intimidación Alta	96 (78)
	Intimidación Baja	27 (22)
Violencia	Violencia Alta	114 (92,7)
	Violencia Baja	9 (7,3)
Control coercitivo	CCA	93 (75,6)
	CCB	30 (24,4)

Fuente: elaboración propia.

Nota. CC = Control Coercitivo; CCA = Control Coercitivo Alto; CCB = Control Coercitivo Bajo.

En la Tabla 24 se presentan las distribuciones de los grados altos de las dimensiones, según la presencia o ausencia de denuncia.

TABLA 24. *Distribución de la ausencia y presencia de denuncia en los grados altos de las dimensiones de CC*

	n	Sí denuncia	No denuncia
		n (%)	*n (%)*
Aislamiento Alto	100	55 (55)	45 (45)
Control Alto	72	50 (36)	50 (36)
Intimidación Alta	96	58,3 (56)	41,7 (40)
Violencia Alta	114	58,8 (67)	41,2 (47)
CCA	93	57 (53)	43 (40)

Fuente: elaboración propia.
Nota. CCA = Control Coercitivo Alto.

Análisis de asociaciones

Respecto a los grados de cada dimensión y su asociación con la denuncia, no se halla relación significativa entre denunciar y el grado de aislamiento ($x^2 = 0,061$; $p = 0,806$; $V = 0,022$), el grado de control ($x^2 = 2,621$; $p = 0,105$; $V = 0,146$), ni tampoco con el grado de intimidación ($x^2 = 0,599$; $p = 0.439$; $V = 0,070$). Es decir, las mujeres que experimentaron aislamiento, control e intimidación en sus grados altos no difieren significativamente de las que refirieron grados bajos de aislamiento, control e intimidación en la conducta de denunciar.

Respecto al grado de violencia física y la denuncia, existe relación significativa con un tamaño del efecto moderado ($x^2 = 4,525$; $p = 0,033$; $V = 0,192$). Por lo que las víctimas que experimentaron violencia física denuncian en mayor medida que las que no refirieron violencia física.

En relación con el grado de CC (CCA – CCB) no existe relación estadísticamente significativa ($x^2 = 0,027$; $p = 0,870$; $V = 0,015$) en la interposición de la denuncia.

3.4.3. DISCUSIÓN

El objetivo general de la presente investigación fue analizar la relación entre las experiencias de CC en el ámbito de la VdG y la interposición o no de la denuncia en población penitenciaria femenina española.

El primer resultado a destacar es la elevada prevalencia de todas las formas de violencia. Nueve de cada diez mujeres informan de la presencia de algún indicador de aislamiento, control y violencia física. En el caso de la intimidación, la presencia se acerca a la totalidad de la muestra. Estos datos muestran que el CC en la VdG es complejo y, sobre todo, se presenta como un patrón sistemático, persistente y con múltiples expresiones, tanto delictivas como no delictivas (Ansara y Hindin, 2010; Conroy y Crowley, 2022; Dichter et al., 2018; Hardesty et al., 2015; Patafio et al., 2021; Slakoff, 2022). En consecuencia, su identificación y notificación puede ser realmente complejo para las mujeres. De esta forma, se precisa abordar la VdG y el CC como

María José Garrido Antón (Dir)., Marta Caballé Pérez, Laura Sánchez Morón, Paulina Badowicz,
Leire Villalón Arenas, Neus Mascaró Coll, Ariadna Trespaderne Dedeu, Miguel Ángel Soria Verde,
Montserrat Tous Zanguitu, Vielka Linet Peguero Jerez, Lidia Alonso Corona, Raúl Quevedo-Blasco,
José María Palomares Rodríguez, Rosa Viñas Racionero, Iván Parras Vaquero, Hassiba Ziati Ziati y Nassiba Ziati Ziati

una dinámica continua y de múltiples expresiones, evitando una conceptualización que se limite a la comprensión aislada de los diferentes tipos de violencias.

Las tácticas de CC ejercidas por los agresores a nivel de aislamiento (Bárbaro y Raghyan, 2018; Okun, 1986) pueden limitar el acceso de las mujeres a recursos económicos y socavar sus vínculos con amigos y familiares. Ello advierte de la situación de dependencia emocional y social que podrían sufrir las mujeres, dificultando su capacidad de autonomía o de toma de decisiones, como las de interponer una denuncia, aspectos que se verían agravados mientras se encuentran en prisión (Garthe et al., 2023).

La elevada presencia de violencia social sugiere la exposición a un entorno hostil y de exclusión en diversos ámbitos de las vidas de estas mujeres, dificultando sus capacidades de reconstruir una red de apoyo sólida una vez en prisión. La violencia económica evidencia la falta de independencia económica para enfrentar las situaciones de violencia, incluyendo la finalización de las relaciones. En cuanto a la violencia emocional, en contexto penitenciario, las mujeres pueden enfrentarse a una mayor vulnerabilidad en la esfera emocional dado el aislamiento y la falta de apoyo social fruto de la manipulación emocional del agresor, pudiendo dificultar su proceso de recuperación al despojar a la víctima de su autonomía y capacidad de decisión como puede ser la de interponer una denuncia (Barbaro y Raghvan, 2018).

Anderson (2008) apunta que el proceso de intimidación puede ser suficiente para mantener el control sobre las víctimas. La presencia comportamientos celosos, intrusivos y acosadores por parte de los agresores son un factor clave en la generación del control sobre las víctimas (Downes et al., 2019; Johnson et al., 2019). Estos hallazgos acentúan la importancia de indagar, reconocer y abordar los comportamientos abusivos en las relaciones de pareja que no implican la presencia de violencia física como indicadores tempranos de detección.

Al clasificar los casos según el grado de aislamiento, control e intimidación, se ha observado que la gran mayoría de las mujeres reclusas han experimentado niveles altos en todas las dimensiones (Tabla 23), revelando que la coexistencia de diferentes estrategias violentas dentro de una misma dimensión es la circunstancia más habitual en esta muestra. En orden de prevalencia, los resultados indican que el 92 % han sufrido violencia alta, el 80 % aislamiento alto, el 75 % intimidación alta y el 58 % control alto. Además, el 75 % de la muestra han reportado un patrón de CCA, mostrando que la mayoría de estas mujeres han acumulado más de dos dimensiones en su grado alto en una misma relación.

En todos los grados altos de las dimensiones (aislamiento, intimidación y control) se observa una prevalencia de denuncia inferior al 60 % (Tabla 25). A pesar de la ausencia de significación estadística, es importante destacar que entre cuatro y cinco de cada 10 mujeres que sufren grados elevados de intimidación, aislamiento y control no denunciaron a sus agresores, poniendo de manifiesto las dificultades para recurrir al sistema judicial o policial como forma de búsqueda de ayuda cuando sufren CC en una relación marcada por la VdG (Browne et al., 1999; Bowles et al., 2012; Calvo, 2015; Cruells et al., 2005; Martin y Hesselbrock, 2001).

La única dimensión asociada significativamente con la denuncia es la violencia física, tal y como se recoge en estudios previos (Ansara & Hindin, 2010; Duterte et al., 2008), mostrando una mayor relevancia incluso por encima del CCA general.

Así, las mujeres que han experimentado violencia física presentan mayor tendencia a denunciar frente a las que no la han sufrido. Este resultado sugiere que las mujeres mantienen una conceptualización de la VdG limitada a aquella de naturaleza física que incide en la decisión de denunciar.

Por último, las mujeres que presentan CCA (acumulación de dos dimensiones en su grado alto) no difieren de aquellas que presentan CCB en la interposición de la denuncia por VdG. A falta de una mayor investigación, se podría hipotetizar que las mujeres reclusas que han sufrido VdG presentan una mayor dificultad para reconocer las dinámicas de CCA (excepto cuando existe violencia física) en comparación con el universo de víctimas.

REFERENCIAS

Anderson, K. L. (2008). Is partner violence worse in the context of control? *Journal of Mariage and Family*, *70*(5), 1157-1168. https://doi.org/10.1111/j.1741-3737.2008.00557.x

Ansara, D. L., & Hindin, M. J. (2010). Exploring gender differences in the patterns of intimate partner violence in Canada: A latent class approach. *Journal of Epidemiology and Community Health,* *64*(10), 849–854. https://doi.org/10.1136/jech.2009.095208

Barbaro, L. MA., & Raghavan, C. (2018). Patterns in Coercive Controlling Behaviors Among Men Mandated for Batterer Treatment: Denial. Minimization, and Consistency of Tactics Acorss Relationships. *Partner Abuse*, *9*(3), 270-290. http:// doi.org/10.1891/1946-6560.9.3.270

Bowles, M. A., DeHart, D., & Webb, J. R. (2012). Family influences on female offender's substance use: The role of adverse childhood events among incarcerated women. *Journal of Family Violence*, *27*(7), 681-686. https://doi.org/10.1007/s10896-012-9450-4

Browne, A., Miller, B., & Meguin, E. (1999). Prevalence and severity of lifetime physical and sexual victimization among incarcerated women. *International Journal of Law and Psychiatry*, *22*(3-4), 301-322. https://doi.org/10.1016/s0160-2527(99)00011-4

Calvo, E. M. (2015). Mujeres usuarias de drogas en prisión. *Praxis Sociológica*, *19*, 141-159.

Conroy, N. E., & Crowley, C. G. (2022). Extending Johnson's typology: Additional manifestations of dating violence and coercive control. *Journal of Interpersonal Violence*, *37*(15–16), 1-27. https://doi.org/10.1177/08862605211005149

Crossman, K. A., & Hardesty, J. L. (2018). Placing coercive control at the centre: What are the processes of coercive control and what makes control coercive? *Psychology of Violence,* *8*(2), 196–206. https://doi.org/10.1037/vio0000094

Cruells, M., Torrens, M., & Igareda, N. (2005). *Violencia contra las mujeres: Análisis de la población penitenciaria femenina.* Surt. https://www.inmujeres.gob.es/publicacioneselectronicas/documentacion/Documentos/DE0804.pdf

María José Garrido Antón (Dir)., Marta Caballé Pérez, Laura Sánchez Morón, Paulina Badowicz,
Leire Villalón Arenas, Neus Mascaró Coll, Ariadna Trespaderne Dedeu, Miguel Ángel Soria Verde,
Montserrat Tous Zanguitu, Vielka Linet Peguero Jerez, Lidia Alonso Corona, Raúl Quevedo-Blasco,
José María Palomares Rodríguez, Rosa Viñas Racionero, Iván Parras Vaquero, Hassiba Ziati Ziati y Nassiba Ziati Ziati

Dichter, M. E., Thomas, K. A., Christoph, P. C., Ogden, S. N., & Rhodes., K. V. (2018). Coercive control in intimate partner violence: Relationship with women's experience of violence, use of violence, and danger. *Psychology of Violence*, 8(5), 596-604. https://doi.org/10.1037/vio0000158

Downes, J., Kelly, L., & Westmarland, N. (2019). «It's a work in progress»: Men's accounts of gender and change in their use of coercive control. *Journal of Gender-Based Violence*, 3(3), 267-282. https://doi.org/10.1332/23986801 9X15627570242850

Duterte, E. E., Bonomi, A. E., Kernic, M. A., Schiff, M. A., Thompson, R. S., & Rivara, F. P. (2008). Correlates of medical and legal help seeking among women reporting intimate partner violence. *Journal of Women's Health, 17*, 85-95. https://pubmed.ncbi.nlm.nih.gov/18240985/

Dutton, M. A., Goodman, L. A., & Schmidt, R. J. (2005). *Development and validation of a coercive control measure for intimate partner violence.* National Institute of Justice.

Frye, V., Manganello, J., Campbell, J. C., Waton-Moss, B., & Wilt, S. (2006). The distribution of and factors associated with intimate terrorism and situational couple violence among a population-based sample of urban women in the United States. *Journal of Interpersonal Violence*, 21(10), 1286-1313. https://doi.org/10.1177/0886260506291658

Garthe, R. C., Fedock, G., Rieger, A., Hsieh, W. J., McLay, M. M., & Malcome, M. (2023). Women's experiences of intimate partner violence while incarcerated: the measurement structure, reliability, and validity of a novel instrument. *Violence Against Women*. Avance online. https://doi.org/10778012231155176.

Graham-Kevan, N., & Archer, J. (2003). Intimate terrorism and common couple violence. A test of Johnson's predictions in four British samples. *Journal of Interpersonal Violence*, 18(11), 1247-1270. https://doi.org/10.1177/0886260503256656

Hamberger, L. K., Larsen, S. E., & Lehrner, A. (2017). Coercive control in intimate partner violence. *Aggression and Violent Behavior*, 37, 1-11. https://doi.org/10.1016/j.avb.2017.08.003

Hardesty, J. L., Crossman, K. A., Haselschwerdt, M. L., Raffaelli, M., Ogolsky, B. G., & Johnson, M. P. (2015). Toward a standard approach to operationalizing coercive control and classifying violence types. *Journal of Mariage and Family*, 77(4), 833-843. https://doi.org/10.1111/jomf.12201

Johnson, M. P. (2008). *A typology of domestic violence: Intimate terrorism, violent resistance, and situational couple violence.* Northeastern University Press.

Johnson, H., Eriksson, L., Mazerolle, P., & Wortley, R. (2019). Intimate Femicide: The Role of Coercive Control. *Feminist Criminology*, 14(1), 3–23. https://doi.org/10.1177/1557085117701574

Johnson, M. P., & Leone, J. M. (2005). The Differential Effects of Intimate Terrorism and Situational Couple Violence: Findings From the National Violence

Against Women Survey. *Journal of Family Issues, 26*(3), 322–349. https://doi.org/10.1177/0192513X04270345

Kelly, J. B., & Johnson, M. P. (2008). Differentiation among types of intimate partner violence: Research update and implications for interventions. *Family Court Review, 46*(3), 476–499. https://doi.org/10.1111/j.1744-1617.2008.00215.x

Leone J. M., Johnson M. P., & Cohan C. L. (2007). Victim help seeking: Differences between intimate terrorism and situational couple violence. *Family Relations, 56,* 427-439. https://doi.org/10.1111/j.1741-3729.2007.00471.x

Leone, J. M., Lape, M. E., & Xu, Y. (2014). Women's Decisions to Not Seek Formal Help for Partner Violence: A Comparison of Intimate Terrorism and Situational Couple Violence. *Journal of Interpersonal Violence, 29*(10), 1850–1876. https://doi.org/10.1177/088626051351170

Martin, M. E., & Hesselbrock, M. N. (2001). Women Prisoners' Mental Health: Vulnerabilities, Risks and Resilience. *Journal of Offender Rehabilitation, 34*(1), 25-44. https://doi.org/10.1300/J076v34n01_03

McLeod, D. A., Sharp, S. F., Gatlin, L., & Jones, M. S. (2019). No Idle Threat: Coercive Control and Enacted Violence in the Pre-Prison Relationships of Incarcerated Women. *Violence and Victims, 34*(3), 452–473. https://doi.org/10.1891/0886-6708.VV-D-17-00023

Myhill, A., & Hohl, K. (2019). The «Golden Thread»: Coercive Control and Risk Assessment for Domestic Violence. *Journal of Interpersonal Violence, 34*(21–22), 4477–4497. https://doi.org/10.1177/0886260516675464

Okun, L. (1986). *Woman abuse: Facts replacing myths.* State University of New York Press.

Patafio, B., Miller, P., Walker, A., Coomber, K., Curtis, A., Karantzas, G., Mayshak, R., Taylor, N., & Hyder, S. (2021). Coercive controlling behaviors and reporting physical intimate partner violence in Australian women: An exploration. *Violence Against Women, 28*(2), 375-394. https://doi.org/10.1177/107780122098593

Simón, M. (2020). El daño social: Secuelas y lesiones sociales, la evualuación de trabajo social forense en víctimas de violencia de género. *Servicios Sociales y Política Social, 124,* 11-27. https://www.serviciossocialesypoliticasocial.com/-79

Slakoff, D.C. (2022). The mediated portrayal of intimate partner violence in true crime podcasts: Strangulation, isolation, threats of violence, and coercive control. *Violence Against Women, 28*(6-7), 1659-1683. https://doi.org/10.1177/10778012211019055

Stark, E. (2007). *Coercive control: How men entrap women in personal life.* Oxford University Press.

3.5. EXCLUSIÓN SOCIAL Y VULNERABILIDADES EN MUJERES RECLUSAS VÍCTIMAS DE VDG

Marta Caballé Pérez[1]
Ariadna Trespaderne Dedeu[1, 2]
Miguel Ángel Soria Verde[1]
[1]Grupo de Perfilación y Análisis de la Conducta Criminal de la Universidad de Barcelona (PACC-UB)
[2]Universidad Internacional de Valencia

3.5.1. INTRODUCCIÓN

La violencia de género se configura como un fenómeno estructural y transversal, si bien, colectivos como las mujeres victimizadas y que cumplen condena en prisión han recibido una menor atención. Muchas de ellas han experimentado a lo largo de sus vidas situaciones de violencia, factor estrechamente relacionado con la exclusión social (Cruells et al., 2005), existiendo una conexión entre la vulnerabilidad, la exclusión social y el posterior ingreso en prisión (Armijo-Cabrera, 2018). Esta afirmación no resulta sorprendente, ya que la exclusión social guarda relación con la VdG, y cuanto mayor es el grado de exclusión, incrementa el porcentaje de mujeres victimizadas (Damonti, 2019).

En los últimos años, se ha observado un creciente interés investigativo centrado en los factores de vulnerabilidad presentes en las mujeres victimizadas. Inicialmente, se enfatizó la importancia de distinguir entre las víctimas de riesgo y aquellas vulnerables (ver Echeburúa et al., 2002). Sin embargo, el constructo de la vulnerabilidad ha evolucionado y exige discutir su dimensión colectiva para desarrollar abordajes que permitan mitigar efectos asociados a la estigmatización. La construcción social de la víctima de VdG vinculada a estereotipos, a menudo se asocia con la vulnerabilidad, fragilidad y pasividad de la mujer, alejándola de la agencia y de la capacidad de transformación (Canyelles, 2021). Esto conlleva implicaciones prácticas para ampliar el concepto de vulnerabilidad, ya que muchos de estos refuerzan estereotipos sobre la incapacidad de la mujer (Macioce, 2022).

El presente análisis hace referencia a la vulnerabilidad como un constructo complejo (MacKenzie et al., 2014). Se subraya la existencia de factores interrelacionados

María José Garrido Antón (Dir)., Marta Caballé Pérez, Laura Sánchez Morón, Paulina Badowicz,
Leire Villalón Arenas, Neus Mascaró Coll, Ariadna Trespaderne Dedeu, Miguel Ángel Soria Verde,
Montserrat Tous Zanguitu, Vielka Linet Peguero Jerez, Lidia Alonso Corona, Raúl Quevedo-Blasco,
José María Palomares Rodríguez, Rosa Viñas Racionero, Iván Parras Vaquero, Hassiba Ziati Ziati y Nassiba Ziati Ziati

que aumentan la vulnerabilidad de la mujer, pero no todas las mujeres presentarán una acumulación de estos. De hecho, los diversos ejes de vulnerabilidad, junto con la influencia del género, inciden en las fases previas, durante y tras un proceso de victimización. En consecuencia, estos elementos de vulnerabilidad y opresión influyen en los procesos de recuperación de las mujeres.

La exclusión social se refiere al proceso de discriminación de un individuo, quedando al margen de participar plenamente en el tejido social. Esto se manifiesta en las dificultades de acceso a los recursos, derechos y oportunidades (Martínez-Roman, 1997). La exclusión primaria es una de las problemáticas más destacadas de la vulnerabilidad victimal pre y post penitenciaria, ya que las personas pueden sufrir una superposición e interrelación de dimensiones de índole económica, política y cultural (Cruells y Igareda, 2005). Dicha exclusión debe reconocerse bajo los parámetros complejos de la interseccionalidad, pues las formas de opresión están interconectadas y pueden experimentarse simultáneamente (Crenshaw, 1989). Laparra y Pérez (2008) sostienen que la exclusión social posee un carácter acumulativo, siendo el refuerzo entre ejes lo que condiciona este proceso. Moriña (2007) añade que esta fenomenología exhibe un carácter multidimensional, siendo de índole procesual y dinámica.

No todas las mujeres privadas de libertad presentan un elevado grado de exclusión social, y sostener esta afirmación implica dejar fuera del radar a una amplia gama de realidades. Sin embargo, es plausible afirmar que, en general, estas mujeres experimentan algún rasgo de exclusión que afectará en su vivencia y posterior recuperación. Esta circunstancia se manifiesta en el ámbito penitenciario, que tiende a conglomerar predominantemente colectivos con estas características, provocando que el encarcelamiento conlleve repercusiones aún más severas para ellas (De Miguel, 2014). En este sentido, este estudio aborda la vulnerabilidad y exclusión social como un factor que impacta en las mujeres tanto antes como después de su ingreso en un centro penitenciario (CP).

En Laparra y Pérez (2008) se recogen las tres principales perspectivas sobre la exclusión social. La primera considera la autoexclusión voluntaria, poniendo el foco en las personas que eligen no adherirse a las normativas y configurando una «infraclase» de sujetos. El segundo enfoque pone de relieve la influencia de los cambios socioeconómicos contemporáneos, basados en el mercado y en la meritocracia. Las personas excluidas se perciben como menos productivas y sus circunstancias son atribuidas a los déficits individuales. Finalmente, el tercer enfoque concibe la exclusión como el resultado de una discriminación activa contra grupos sociales por su etnia, género, raza, religión, estilo de vida, entre otros.

Este estudio se sitúa en la última perspectiva, resaltando el carácter estructural del fenómeno y entendiendo que ciertos grupos son deliberadamente excluidos debido a la asociación de sus características a estereotipos y estigmas. En este sentido, cabe remarcar que los autores hallaron que más de la mitad de los hogares españoles se encuentran en algún nivel de exclusión social, ya sea en situación de integración precaria, exclusión compensada o exclusión severa (Laparra y Pérez, 2008). Estas circunstancias obstaculizan la participación plena en la sociedad y contribuye a la creación de barreras en el acceso a oportunidades y derechos básicos. Por ello, el presente estudio incorpora los tres ejes fundamentales de exclusión social propuestos por Laparra y Pérez (2008). Todas las esferas presentadas a continuación deben ser apreciadas por su incidencia no solo en el impacto de las condiciones materiales de vida de las mujeres, sino también en el ámbito emocional, propiciando un efecto acumulativo y de retroalimentación (Damonti y Amigot, 2020).

El eje económico se basa en la participación en la producción y en el consumo, y engloba variables de naturaleza laboral y económica. La mayor parte de estas mujeres han poseído empleos marcados por la precariedad, episodios laborales esporádicos o presentan baja experiencia laboral (Cruells et al., 2004) y, en algunos casos, se han visto limitadas a trabajos dentro de los márgenes de la delincuencia (Palomares, 2022). Además, presentan condiciones financieras precarizadas, caracterizadas por los bajos niveles económicos o la dependencia de la pareja (De Miguel, 2014).

El segundo eje se centra en el ámbito político e incorpora los derechos políticos y de participación, y los derechos sociales, entre los cuales destaca el adecuado acceso a los servicios básicos, como la salud y la educación. Por un lado, estas mujeres presentan abstencionismo o pasividad política (Trujillo y Gómez, 2019), especialmente agudizado durante su reclusión, debido a la eventual pérdida del sufragio pasivo en algunos casos. Por otro lado, se observa un acceso limitado o inadecuado a los sistemas de protección social (Esquina et al., 2022). Entre este segmento de mujeres, existe una tasa de analfabetismo destacado (Yagüe, 2007) y en numerosas instancias poseen estudios de educación básica (Cruells et al., 2004; De Miguel, 2014). Esta problemática se intensifica, especialmente cuando la mujer pertenece a alguna etnia (p. ej. etnia gitana) o presenta otra condición particular (p. ej. población migrada) (Palomares, 2022). Además, por encima de una cuarta parte de las mujeres pueden presentar un diagnóstico de trastorno mental (Esquina et al., 2022).

El tercer eje atiende a la exclusión relacional, caracterizada por fenómenos como el aislamiento y la conflictividad social. No necesariamente por la ausencia de lazos sociales, sino por aquellas condiciones que sitúan a las mujeres en espacios al margen del conjunto de la sociedad, por la presencia de relaciones sociales perversas (integración en redes disfuncionales, situaciones de violencia) o por la implicación en conductas asociales o delictivas. Generalmente, estas mujeres carecen de redes sociales o, en su defecto, los vínculos existentes no son de carácter prosocial y de calidad. Más de la mitad de ellas exhiben un consumo activo de alcohol u otras sustancias (Añaños-Bendriñana y Jiménez-Bautista, 2016).

Siguiendo a Subirats et al. (2004), se incorpora un cuarto eje de carácter transversal que recoge la etnia, la nacionalidad y el género, ya que son factores que atraviesan y afectan a todas las áreas vitales previamente mencionadas. Estos contribuyen a la exclusión de algunos colectivos, dando lugar a situaciones como la sobrerrepresentación de mujeres de etnia gitana en las prisiones españolas (De Miguel, 2014) o las mayores dificultades que presentan las mujeres migradas en el afrontamiento de la VdG (Vives-Cases et al., 2009).

El presente estudio se propuso explorar la exclusión social en las mujeres víctimas de VdG dentro del ámbito penitenciario, desde un enfoque integral y con perspectiva de género. Como objetivos específicos se plantearon: a) describir las afectaciones en cada uno de los ejes y las dimensiones de la exclusión social, b) identificar las diferentes incidencias en cada uno de ellos y, c) conocer la acumulación de factores que contribuyen a esta problemática.

María José Garrido Antón (Dir.)., Marta Caballé Pérez, Laura Sánchez Morón, Paulina Badowicz, Leire Villalón Arenas, Neus Mascaró Coll, Ariadna Trespaderne Dedeu, Miguel Ángel Soria Verde, Montserrat Tous Zanguitu, Vielka Linet Peguero Jerez, Lidia Alonso Corona, Raúl Quevedo-Blasco, José María Palomares Rodríguez, Rosa Viñas Racionero, Iván Parras Vaquero, Hassiba Ziati Ziati y Nassiba Ziati Ziati

3.5.2. RESULTADOS

En la Tabla 25 se presentan la división de ejes, dimensiones, indicadores y variables que, siguiendo a Laparra y Pérez (2008) y adaptando a la presente población, se ha empleado en esta investigación. Tanto en los ejes dimensionales como en el eje transversal se hallan condiciones que, por la naturaleza de la muestra, tienen un carácter constante y no variable (privación de los derechos políticos, institucionalización, historial de victimización y antecedentes delictivos). Aunque no se ha pretendido cuantificar el fenómeno de estudio de forma dimensionalmente aislada, sí se ha considerado necesario disponer de datos porcentuales para identificar las áreas con mayor afectación. Adicionalmente se mantendrán las condiciones constantes como parte del análisis con el fin de no obviarlas en lo que a procesos de exclusión social se refiere.

Eje económico

Participación en la producción

La participación en la producción se refiere a la posibilidad de inclusión en el sistema laboral. Sin embargo, no únicamente el desempleo puede ser indicador de exclusión en esta dimensión, sino también el empleo precario, irregular o de exclusión (Laparra & Pérez, 2008). Se dividió a las participantes en dos grupos: con capacidad estable de participación en la producción (29 %; $n = 36$) y sin capacidad estable de participación en la producción (70,7 %; $n = 87$). En el segundo grupo, y siguiendo las indicaciones de los autores, se incluyó a las mujeres pensionistas (1,6 %; $n = 2$), estudiantes (2,4 %; $n = 3$), paradas (36,6 %; $n = 45$), con situación inestable/variable u otra situación laboral (8,1 %; $n = 10$) o con un trabajo altamente precarizado (10,6 %; $n = 13$). También se identificaron mujeres que se dedicaban a actividades delictivas (6,5 %; $n = 8$) o a la prostitución (4,9 %, $n = 6$), incluyéndolas en el segundo grupo al considerarse ocupaciones de exclusión y sin derechos laborales reconocidos, respectivamente.

TABLA 25. *Adaptación de la clasificación de las dimensiones, los indicadores y las variables en los diferentes ejes de exclusión social (Laparra & Pérez, 2008; Subirats et al., 2004)*

Eje	Dimensiones	Indicadores	Variables
Eje económico	Participación en la producción	Empleo	Situación laboral. Ocupación
	Participación en el consumo	Acceso efectivo a bienes y servicios	Nivel socioeconómico
Eje político	Ciudadanía política	Participación política	Sufragio activo y pasivo
	Ciudadanía social	Educación	Nivel de estudios
		Salud	Antecedentes psicopatológicos Diversidad funcional Acceso a tratamientos específicos

Eje	Dimensiones	Indicadores	Variables
Eje relacional	Aislamiento social	Ausencia de lazos sociales	Apoyo social Institucionalización
	Conflicto social (anomia)	Victimización	Polivictimización Grado de estructuración de la familia de origen
		Vinculación con anomia/delito	Consumo de drogas Convivencia subcultura delincuencial Antecedentes judiciales/policiales
Eje transversal	Género		
	Etnia	Origen nacional	País nacimiento
		Racialización	Etnia

Fuente: elaboración propia.

Participación en el consumo

Esta dimensión hace referencia a la capacidad adquisitiva, siendo considerada un elemento fundamental de integración en una sociedad de mercado. Se dividió a las mujeres en dos grupos: nivel socioeconómico medio o alto para aquelles mujeres que referían ingresos a partir de 1200€/mes; (48 %; $n = 59$) y bajo para aquellas mujeres con unos ingresos inferiores a los 1200€/mes, percibían ayudas o presentaban una situación de ingresos inestable (52 %; $n = 64$).

«Yo he trabajado siempre en restauración, luego también en el calzado, me tocó un premio y dejé de trabajar... antes cobraba unos 700€»

«Otra vez estuve en prisión unos días por una multa, que me la pagó mi hermana y salí»

Al agrupar ambas dimensiones, se halló que únicamente 26 mujeres de la muestra (21,1 %) no presentaban exclusión ni en la producción ni en el consumo, mientras que el 78,9 % ($n = 97$) presentaron exclusión en alguna de las dos dimensiones. De forma más concreta, el 35 % ($n = 43$) en uno de los dos elementos y el 49,3 % ($n = 54$) presentaron situaciones de exclusión tanto en la producción como en el consumo.

Eje político

Ciudadanía política

Esta dimensión hace referencia al acceso efectivo a los derechos de elegir a los representantes políticos y a ser elegido como tal. El 100 % de la muestra está excluida de la participación en la ciudadanía política, al quedar inhabilitado el derecho al sufragio pasivo durante tiempo de la condena (art. 44 Código Penal).

Ciudadanía social

Educación. Se dividió a las mujeres según si habían cursado estudios básicos (primaria, Educación General Básica o secundaria), refirieron ser analfabetas o disponer

María José Garrido Antón (Dir)., Marta Caballé Pérez, Laura Sánchez Morón, Paulina Badowicz,
Leire Villalón Arenas, Neus Mascaró Coll, Ariadna Trespaderne Dedeu, Miguel Ángel Soria Verde,
Montserrat Tous Zanguitu, Vielka Linet Peguero Jerez, Lidia Alonso Corona, Raúl Quevedo-Blasco,
José María Palomares Rodríguez, Rosa Viñas Racionero, Iván Parras Vaquero, Hassiba Ziati Ziati y Nassiba Ziati Ziati

de las capacidades básicas de lectoescritura (71,1 %; $n = 86$); de aquellas mujeres con estudios superiores (Formación Profesional, Bachillerato, Diplomatura o Grado, Máster), quienes representan el 28,9 % ($n = 35$) de la muestra.

«No podía trabajar porque no tenía el graduado escolar y con una niña menos. Y pedí ayuda a la asistenta. Tenía 700€ al mes, con la casa y la bebé»

Salud. El 52 % ($n = 64$) de la muestra presentan antecedentes psicopatológicos o bien algún tipo de diversidad funcional. Por otro lado, se valoró el acceso a servicios sanitarios de tratamiento específico. De las mujeres con antecedentes psicopatológicos o bien consumo de drogas (80,5 %; $n = 99$), el 71,3 % ($n = 62$) refirieron no haber recibido un tratamiento específico en al menos una de las dos problemáticas.

«Fui a diferentes centros, pero nada me sirvió»

Atendiendo la exclusión social política como condición constante, todas las mujeres de la muestra presentan exclusión en el eje político. Al centrarse en la ciudadanía social, la exclusión en la educación es el indicador más afectado. Si se tiene en cuenta a aquellas mujeres que presentan exclusión en la educación o bien en la salud, en el 90,2 % ($n = 110$) de la muestra se observa dicha condición; y en el 33,1 % ($n = 40$) aparece de forma conjunta exclusión en ambos indicadores de exclusión de la ciudadanía social (educación y salud).

Eje relacional

Aislamiento social

Apoyo social. Se valoró que el apoyo social, para considerarse pleno y efectivo, debía cumplir las condiciones de ser objetivo y también percibido por parte de la mujer. De esta forma, se detectó ausencia de apoyo social en el 63,4 % ($n = 78$) de la muestra.

«Cuando él me ha dejado la cara morada, he estado semanas sin poder ver a mi hijo ni a mi familia, para que no me vieran así»

«Me casé con él y no me sentía apoyada, porque mi padre decía que yo me había querido casar con él, y que él no podía hacer nada. Que era mi marido y no se tenía que meter. Me sentía totalmente sola... y golpe «paquí», golpe «pallá» ...»

Institucionalización. Dada la situación de privación de libertad derivada del encarcelamiento, el 100 % de las mujeres entrevistadas presentan aislamiento social derivado de la institucionalización.

«Estoy por tráfico de drogas y tengo otro juicio pendiente. Es que cuando una se ve sola se tiene que agarrar a todo»

Conflicto social

Victimización. El 100 % de la muestra presentó un tipo de victimización (condición constante: VdG en, al menos, una relación de pareja/expareja). Se tuvieron en cuenta también otros tipos de victimización, como el historial de violencia en la familia de origen (45,5 %; $n = 56$) y la revictimización en el ámbito de la VdG (14,6 %;

$n = 18$). El 54,5 % ($n = 67$) de la muestra había sido polivictimizada a lo largo de la vida ya que presentaban, aparte de victimización en el ámbito de la VdG por parte de una pareja/expareja, antecedentes de violencia en el seno familiar o bien una segunda relación sexoafectiva violenta. Por otro lado, el 59,2 % ($n = 71$) de las mujeres proviene de una familia de origen desestructurada, categoría que engloba el historial de consumo de sustancias por parte de algún miembro de la familia. El 66,1 % ($n = 80$) de las mujeres presentan historial de polivictimización o bien proviene de una familia desestructurada.

«*Viví maltrato familiar por parte de mis padres… y de mis hermanos…hacia mí y hacia mis hermanas, desde pequeña…*»

«*Pues, por ejemplo, yo me dedicaba a robar con 11 o 12 años, mi hermano grande estaba en un centro, no tenía padre, tenía una hermana en silla de ruedas, otro hermano que entró en prisión… y no sé… un poco caótico. Mi padre era alcohólico, toxicómano. Tuve maltrato por parte de mi hermano… era la familia desestructurada y yo de pequeña ya hacía mis pinitos, ¿me entiendes? Y cuando yo hacia él me pegaba, pero me pegaba fuerte*»

Vinculación con anomia/delito. Dentro de las conductas asociales, se tuvieron en cuenta el consumo de alcohol u otras drogas (69,9 %; $n = 86$) y la convivencia en una subcultura delincuencial (54,9 %; $n = 67$). El 82 % ($n = 100$) de la muestra refirió la presencia de alguna de las dos circunstancias y el 43,4 % ($n = 53$) de ambas. Además, el 100 % de las mujeres presentan problemas con la justicia, observables a partir del indicador antecedentes.

«*Yo soy toxicómana. Coca, porros y alcohol… Consumía a diario. Atracaba farmacias para la coca, estaba muy mal, consumía cada día. A los 13 empecé a consumir*»

«*Violaciones constantes cada vez que estaba con él y tal… se aprovechaba de que estaba enganchada. Siempre volvía a él, a pesar de todas las humillaciones, los insultos, humillaciones de todo tipo… Yo sabía que, si yo le daba mi cuerpo, él me daría droga*»

«*Con él fue que empecé a consumir más coca por la nariz… Cuando me enteraba de que me ponía los cuernos, me evadía en la droga. Y así empecé a tomar más rayas, y más rayas…*»

«*Antes de la relación con él ni fumaba. Yo empecé, cuando lo dejé. A beber… a beber… que mi problema es la bebida… y luego a tomar drogas…cada día*»

«*Después de denunciar a [nombre agresor]… todo fue mal… yo estaba muy mal… estuve en la calle y ahí empecé a delinquir*»

Tal y como sucede en el eje anterior, la presencia de condiciones constantes en el eje relacional (institucionalización, victimización en VdG y conductas delictivas) indican exclusión en este ámbito. Además, el 94,3 % ($n = 116$) de las mujeres presentaron indicadores de aislamiento o conflicto social y el 60,2 % ($n = 74$) refirieron afectación en ambos. Realizando el sumatorio de las variables aislamiento social, polivictimización, familia de origen desestructurada, consumo de tóxicos y convivencia en una subcultura delincuencial, se obtuvo la siguiente distribución de acumulación:

María José Garrido Antón (Dir.)., Marta Caballé Pérez, Laura Sánchez Morón, Paulina Badowicz,
Leire Villalón Arenas, Neus Mascaró Coll, Ariadna Trespaderne Dedeu, Miguel Ángel Soria Verde,
Montserrat Tous Zanguitu, Vielka Linet Peguero Jerez, Lidia Alonso Corona, Raúl Quevedo-Blasco,
José María Palomares Rodríguez, Rosa Viñas Racionero, Iván Parras Vaquero, Hassiba Ziati Ziati y Nassiba Ziati Ziati

el 13 % (n = 16) presentaban una de las variables, el 16,3 % (n = 20) dos, el 23,6 % (n = 29) tres variables, el 23,9 % (n = 29) cuatro y el 17,9 % (n = 22) cinco.

Eje transversal

Aunque el género es una condición constante en esta muestra, se pretende no obviar su incidencia en los procesos de exclusión, así como su transversalidad en los ejes descritos.

Siguiendo a Frias (2002), para la dimensión étnica, e indicador de proceso de exclusión, se tuvieron en cuenta la racialización (variable etnia) y el origen nacional (variable país de nacimiento). Así, se valoró como presente si se daba alguna de estas dos condiciones: la mujer pertenece a una etnia diferente a la caucásica (racialización) o ha nacido en un país de Latinoamérica, Centroamérica, África, Asia o Europa del Este. El 53,7 % (n = 66) de las mujeres cumplían con esta condición.

En último lugar, se realizó un sumatorio de la presencia/ausencia de afectación en los cuatro ejes. Aun excluyendo las condiciones constantes, los resultados muestran afectación en alguno de los ejes en la totalidad de la muestra. La distribución de la acumulación de estos indica que el 3,3 % (n = 4) presenta indicadores de exclusión en un eje, el 20,3 % (n = 25) acumula afectación en dos de los ejes, el 33,3 % (n = 41) en tres de los ejes y el 43,1 % (n = 53) en todos los ejes analizados.

3.5.3. DISCUSIÓN

El principal objetivo de este estudio fue explorar la exclusión social y las vulnerabilidades en una muestra de mujeres reclusas con historial de victimización de VdG, teniendo en cuenta las condiciones transversales en cuanto a género y racialización.

En términos generales, destaca que el componente de naturaleza económica exhibe, de forma comparativa, una menor incidencia en esta muestra (si bien debe tenerse en cuenta que es el único eje que no posee una condición de exclusión constante). Las repercusiones en las dimensiones políticas y relacionales ostentan una influencia más notable, dado que constituyen los ejes de mayor prevalencia de afectación.

En el eje económico se observa predominancia de condiciones laborales y económicas precarizadas (Cruells et al., 2004; De Miguel, 2014; Palomares, 2022). Tres cuartas partes de las mujeres mostraron dificultades en la producción o bien en el consumo, y cerca de la mitad refirieron exclusión en la totalidad del eje. La afectación en estas áreas puede conllevar a un mayor riesgo de victimización o de permanencia en la relación violenta (Damonti, 2020). Al no tener capacidad autónoma en los recursos materiales, la mujer puede desarrollar dependencia económica respecto al agresor, situándola en una situación de vulnerabilidad. Por consiguiente, que las mujeres dispongan de autonomía, no únicamente afectiva, sino también material, facilita el empoderamiento y la capacidad de decisión y acción, siendo estas una utopía cuando las alternativas disponibles implican poner en riesgo las necesidades básicas.

Nueve de cada diez mujeres presentaron afectación en el eje político, concretamente en la dimensión ciudadanía social, al ser la dimensión política una condición constante. Además, en una proporción mayor a un tercio de la muestra aparece de forma conjunta exclusión en ambos indicadores (educación y salud). Se ha observado una considerable afectación en el acceso a estos recursos (Cruells et al., 2004; De Miguel, 2014; Yagüe, 2007), sugiriendo que la existencia de estos factores es síncrona. Como afirmaron Cruells y Igareda (2005) y Moriña (2007), los factores de exclusión están interconectados, pudiendo experimentarse una superposición que incrementa la vulnerabilidad de las mujeres.

Especialmente afectado aparece el eje relacional, más aún atendiendo a que recoge tres condiciones constantes de exclusión (i.e. institucionalización, victimización e implicación en actividad delictiva). Nueve de cada diez mujeres presentaron afectación en alguna de las dimensiones (aislamiento o conflicto social) y dos tercios de la muestra en ambas. Además, más de la mitad de las mujeres acumulaban tres o más variables de exclusión dentro del eje relacional. Cruells et al. (2005) ya advirtieron sobre la relación entre la victimización y la exclusión social. En términos de roles de género, el área relacional es un eje central en la vida de las mujeres, en el cual, según lo culturalmente aprendido, reside el pilar de la identidad femenina. En una cultura que reproduce la socialización diferencial, para una mujer, sufrir afectación en el eje relacional puede facilitar el desarrollo de conductas anómicas (tales como el consumo de sustancias o la actividad delictiva) como forma inconsciente de reivindicar una feminidad alternativa. Además, estas conductas anómicas son doblemente castigadas en la sociedad cuando las reproducen mujeres, por lo que genera una espiral entre victimización, anomia y exclusión.

Por último, los resultados hallados corroboran el carácter acumulativo, multidimensional e interseccional de la exclusión social (Crenshaw, 1989; Moriña, 2007), al haberse identificado en más de la mitad de la muestra afectación en tres o más de los ejes analizados y casi la mitad de las mujeres en la totalidad de los ejes. Teniendo en cuenta que estos resultados únicamente muestran los factores variables, cabría añadir la incidencia de todas las circunstancias constantes (privación de los derechos políticos, institucionalización, historial de victimización, antecedentes delictivos y género femenino) que acumularían una mayor vulnerabilidad.

REFERENCIAS

Añaños Bedriñana, F. T., & Jiménez Bautista, F. (2016). Población y contextos sociales vulnerables: la prisión y el género al descubierto. *Papeles de Población, 22*(87), 63-101. https://www.scielo.org.mx/pdf/pp/v22n87/1405-7425-pp-22-87-00063.pdf

Armijo-Cabrera, M. (2018). Deconstruyendo la noción de inclusión: un análisis de investigaciones, políticas y prácticas en educación. *Revista Electrónica Educare, 22*(3), 151-176. http://dx.doi.org/10.15359/ree.22-3.8

Canyelles, C. (2021). *Masclisme i cultura jurídica. Una etnografia del procés judicial de la violència de gènere*. Lleonard Muntaner Editor.

Crenshaw, K. (2013). Demarginalizing the intersection of race and sex: A black feminist critique of antidiscrimination doctrine, feminist theory and antiracist politics. En N. Levit y R. R.M. Verchick (Eds.), *Feminist legal theories* (pp. 23-51). Routledge.

María José Garrido Antón (Dir)., Marta Caballé Pérez, Laura Sánchez Morón, Paulina Badowicz, Leire Villalón Arenas, Neus Mascaró Coll, Ariadna Trespaderne Dedeu, Miguel Ángel Soria Verde, Montserrat Tous Zanguitu, Vielka Linet Peguero Jerez, Lidia Alonso Corona, Raúl Quevedo-Blasco, José María Palomares Rodríguez, Rosa Viñas Racionero, Iván Parras Vaquero, Hassiba Ziati Ziati y Nassiba Ziati Ziati

Cruells, M. & Igareda, N. (2005). *Mujeres, integración y prisión*. Aurea.

Cruells, M., Torrens, M., & Igareda, N. (2005). *Violencia contra las mujeres: Análisis de la población penitenciaria femenina*. Surt. https://www.inmujeres.gob.es/publicacioneselectronicas/documentacion/Documentos/DE0804.pdf

Cruells, M., Igareda, N., Torrens, M., & Cruells, E. (2004). *Mujeres, integración y prisión: Un análisis de los procesos de integración sociolaboral de las mujeres presas en Europa*. Aurea. https://www.surt.org/mip/docs/informe %20nacional%20 castellano%20wp8.pdf

Damonti, P. S. (2019). Exclusión social como factor de riesgo de violencia de género en la pareja. *Papers, 104*(3), 485-523. https://doi.org/10.5565/rev/papers.2570

Damonti, P., & Amigot, P. A. (2020). Las situaciones de exclusión social como factor de vulnerabilidad a la violencia de género en la pareja: Desigualdades estructurales y relaciones de poder de género. *Revista de Metodología de las Ciencias Sociales*, (48), 205-230. https://doi.org/10.5944/empiria.48.2020.28076

De Miguel C. E. (2014). El encierro carcelario. Impacto en las emociones y los cuerpos de las mujeres presas. *Cuadernos de Trabajo Social, 27*(2), 395-404. https://doi.org/10.5209/rev_CUTS.2014.v27.n2.43821

Echeburúa, E., De Corral, P., & Amor, P. J. (2002). Evaluación del daño psicológico en las víctimas de delitos violentos. *Psicothema*, 139-146. https://www.psicothema.com/pdf/3484.pdf

Esquina S, R., Molina A, E., Moreno R, C., & Verdiell B, L. (2022). *Dones que compleixen condemna per delictes violents a les presons de Catalunya: Una anàlisi delinqüencial amb perspectiva de gènere*. Centre d'Estudis Jurídics i Formació Especialitzada.

Laparra, M., & Pérez, B. (2008). La exclusión social en España: un espacio diverso y disperso en intensa transformación. En V. Renes-Ayala (Coord.), *VI Informe sobre exclusión y desarrollo social en España* (pp. 173-205). Fundación FOESSA.

Macioce, F. (2022). *The Politics of Vulnerable Groups: Implications for Philosophy, Law, and Political Theory*. Springer International Publishing.

Mackenzie, C., Rogers, W., & Dodds, S. (2014). Introduction: What is vulnerability and why does it matter for moral theory. En C. Mackenzie, W. Rogers & S. Dodds (Eds.), *Vulnerability: new essays in ethics and feminist philosophy* (pp. 1-29). Oxford University Press.

Martinez-Roman, M. A. (1997). Pobreza y exclusión social como formas de violencia estructural: la lucha contra la pobreza y la exclusión social es la lucha por la paz. Alternativas. Cuadernos de Trabajo Social, N. 5 (octubre 1997); pp. 17-36.

Meléndez, A., Cubells, J., Navarro, C. & Hernández, N. (2023). *Situació de les dones empresonades a Catalunya. Una mirada amb perspectiva de gènere*. Centre d'Estudis Jurídics i Formació Especialitzada.

Moriña, D. A. (2007). *La exclusión social: análisis y propuestas para su prevención*. Fundación Alternativas.

Palomares, A. (2022). Género, violencia estructural y encarcelamiento: historias de mujeres presas en la cárcel de Cuenca. *Revista De Ciencias Sociales, 10*(1), 131-141. https://doi.org/10.17502/mrcs.v10i1.529

Subirats, J., Riba, C., Giménez, L., Obradors, A., Giménez, M., Queralt, D., Bottos, P., & Rapoport, A. (2004). *Pobreza y exclusión social. Un análisis de la realidad española y europea*. Fundación La Caixa. https://fundacionlacaixa.org/documents/10280/240906/vol16_es.pdf

Trujillo, M. & Gómez, B. (2019). *La segregación electoral interurbana en España. Relación entre participación y renta*. Fundación FOESSA. https://www.foessa.es/main-files/uploads/sites/16/2019/05/3.4.pdf

Vives-Cases, C., Álvarez-Dardet, C., Gil-González, D., Torrubiano-Domínguez, J., Rohlfs, I., & Escribà-Agüir, V. (2009). Perfil sociodemográfico de las mujeres afectadas por la violencia del compañero íntimo en España. *Gaceta Sanitaria, 23*(5), 410-414. https://doi.org/10.1016/j.gaceta.2009.02.007

Yagüe, C. (2007). *Madres en prisión: Historia de las cárceles de mujeres a través de su vertiente maternal*. Comares.

3.6. LA REALIDAD DE LAS MUJERES BISEXUALES ENCARCELADAS: REPRESENTATIVIDAD, VIOLENCIA DE GÉNERO Y AJUSTE PENITENCIARIO

Rosa Viñas Racionero[1]
María José Garrido Antón[2]
[1]Universidad de Barcelona
[2]Secretaría de Estado de Seguridad

3.6.1. INTRODUCCIÓN

La persona que se identifica como bisexual es aquella que se siente atraída físicamente, emocionalmente y/o sexualmente por hombres y mujeres por igual (Garelick et al., 2017). A pesar de ser un grupo minoritario, el Centro de Investigaciones Sociológicas (CIS) en 2023 revela que un porcentaje nada desdeñable de la población de mujeres españolas se identifica como bisexual (4,9 %). Colectivamente, este grupo presenta de manera desproporcionada problemas de salud física y psicológica en comparación con sus compañeros monosexuales (i.e., heterosexuales y homosexuales). Por ejemplo, las mujeres bisexuales tienen cuatro veces más posibilidades de sufrir agresiones físicas severas a lo largo de su trayectoria vital (Bender y Lauritsen, 2021) o abuso sexual (Belknap et al., 2012), tienden a sufrir más síntomas de trauma y depresión (Robinson y Espelage, 2011), abusan de las drogas en mayor proporción (Feinstein y Dyar, 2017; Prezdworski et al. 2014) y tienen más problemas de salud en consecuencia (Katz-Wise et al., 2017).

Estas disparidades en cuanto a bienestar físico y psicológico frecuentemente resultan de la estigmatización de las minorías sexuales en general y de la bisexualidad en particular. Así, a las antiguas creencias estigmatizantes y erróneas de que las orientaciones sexuales minoritarias eran resultado de una alteración psiquiátrica, se suman dos tipos de estereotipos específicos de la bisexualidad—fenómeno conocido como la *bifobia* (Burleson, 2005). Primero, la percepción sesgada de que, en realidad, las personas pertenecientes al colectivo bisexual no tienen claras sus identidades sexuales, pues se cree que sencillamente que no se atreven a admitir su homosexualidad o que utilizan su orientación sexual como una mera excusa para poder experimentar

María José Garrido Antón (Dir)., Marta Caballé Pérez, Laura Sánchez Morón, Paulina Badowicz,
Leire Villalón Arenas, Neus Mascaró Coll, Ariadna Trespaderne Dedeu, Miguel Ángel Soria Verde,
Montserrat Tous Zanguitu, Vielka Linet Peguero Jerez, Lidia Alonso Corona, Raúl Quevedo-Blasco,
José María Palomares Rodríguez, Rosa Viñas Racionero, Iván Parras Vaquero, Hassiba Ziati Ziati y Nassiba Ziati Ziati

sexualmente (Eliason, 1997; Klein, 1993). Ligado a este primer estereotipo viene la consiguiente percepción de que estas personas tienen un comportamiento sexual irresponsable, pues al obtener placer de las relaciones con hombres y mujeres, se cree que están obsesionadas con obtener sexo a toda costa y por ello correrán más riesgos para obtenerlo, lo que en consecuencia las hace más proclives a contraer y propagar enfermedades de transmisión sexual (Burleson, 2005).

En el caso de las mujeres, la bifobia se entrelaza además con actitudes machistas, las cuales conducen a que sus parejas masculinas perciban la bisexualidad como sinónimo de promiscuidad (Grove y Johnson, 2022), lo que genera celos, desconfianza y la necesidad de controlar a estas mujeres para asegurarse de que son fieles. A pesar de la falta de datos específicos a nivel español, la literatura internacional advierte que estas actitudes bifóbicas y machistas: 1) fomentan que las mujeres bisexuales tengan un bajo autoconcepto (Dyar & London, 2018) y 2) incrementan el riesgo de que éstas sean agredidas física o sexualmente por parte de sus parejas (Watson et al., 2021) (p.ej., forzarlas mediante la violación a decantarse hacia la heterosexualidad), con un alarmante 56,9 % de ellas enfrentando este tipo de violencia, en comparación con el 32,6 % de mujeres heterosexuales (UCLA, 2015). Es decir, los meros estereotipos adheridos a la bisexualidad hacen que las parejas se crean con derecho a someter a las mujeres bisexuales por la fuerza y el propio autoconcepto negativo de la víctima hace que esta guarde silencio ante tales agresiones por miedo a las represalias y a no ser debidamente aceptadas por el entorno social (Dyar & London, 2018; Schuyler et al., 2021).

Desgraciadamente las reservas de las víctimas no carecen de justificación, pues las mujeres bisexuales a menudo no son debidamente atendidas por los servicios de asistencia (Buckingham et al., 2024). La discriminación y violencia que enfrentan son minimizadas y a menudo racionalizadas bajo el pretexto de que la promiscuidad e irresponsabilidad que acompaña su orientación sexual favorece estas experiencias (Hatzenbuehler et al., 2013). Es decir, si estas mujeres tienen una vida sexual arriesgada e irresponsable, en realidad, «están comprando números» para que acaben siendo agredidas. Esta discriminación constante hace que las mujeres bisexuales continúen experimentando un malestar psicológico significativo y que opten por evitar cualquier tipo de ayuda profesional o informal (ver Ullman, 2023). Muchas veces la evitación de cualquier forma de apoyo lleva al aislamiento social. Cuando este aislamiento se agrava debido a factores relacionados con marginalidad—bajo estatus económico, el desempleo o problemas de abuso de sustancias—, estas mujeres tienen una probabilidad considerablemente mayor de verse involucradas en problemas legales y en el sistema de justicia criminal (ver Yun et al., 2022). Por ejemplo, en Estados Unidos, las mujeres bisexuales tienen tres veces más posibilidades de ser encarceladas que sus contrapartes heterosexuales y de recibir condenas de mayor duración (Meyer et al., 2017).

Dentro del ámbito penitenciario, las mujeres bisexuales tienen más probabilidades que sus compañeras heterosexuales de ser revictimizadas física o sexualmente y de recibir sanciones disciplinarias y de confinamiento más severas (Henry, 2021; Meyers et al., 2017). Por tanto, estas mujeres continúan experimentando niveles más elevados de estrés y malestar psicológico. Los síntomas asociados con la depresión, el trastorno de estrés postraumático y la ideación suicida son particularmente comunes entre las mujeres bisexuales (Cepeda et al., 2020). Este mal ajuste al entorno penitenciario puede interferir con su motivación para participar en tratamientos y, por ende, su progresión en los programas de rehabilitación. Una baja adherencia a estos programas aumentaría su probabilidad de reincidencia y retorno al sistema penitenciario, perpetuando así las desigualdades sociales que enfrentan las mujeres pertenecientes a minorías sexuales.

Hasta la fecha, la situación de las mujeres bisexuales en el sistema penitenciario español es prácticamente desconocida y este estudio se presenta como una primera oportunidad para llenar este vacío de conocimiento. Basándonos en las tendencias observadas en otros países occidentales, el presente estudio evalúa las siguientes hipótesis:

1. **Hipótesis I:** Un porcentaje significativamente mayor de mujeres que se identifican como bisexuales reportarán haber sufrido abusos durante la infancia y maltrato físico, sexual y psicológico-emocional por parte de sus parejas previo a su encarcelación en comparación con las mujeres heterosexuales.

2. **Hipótesis II:** Según lo observado en otras naciones occidentales, se estima que la tasa de mujeres bisexuales en prisión será superior a la que se encuentra en la población comunitaria.

3. **Hipótesis III:** Las mujeres que se identifican como bisexuales experimentarán un menor apoyo social y mostrarán una mayor desesperación en relación con su situación de encarcelamiento en comparación con las mujeres heterosexuales.

3.6.2. RESULTADOS

Del total de las 123 mujeres que participaron en el estudio, 17 (13,8 %) se identificaron como pertenecientes al colectivo bisexual. La mitad de estas mujeres se identificaban como bisexual antes de entrar en prisión ($n = 9$, 52,9 %) mientras que la otra mitad lo hizo durante la presente condena ($n = 8$, 47,1 %). La mayoría tenía la nacionalidad española ($n = 15$, 88,3 %), siendo la mitad de etnia caucásica ($n = 8$, 47,1 %) y el resto de descendencia romaní ($n = 3$, 17,6 %), merchera ($n = 3$, 17,6 %), norteafricana ($n = 2$, 11,8 %) y latinoamericana ($n = 1$, 5,9 %). Aproximadamente un 60 % tenía un estatus económico medio-alto ($n = 10$, 58,9 %). La única diferencia socio-demográfica destacable con el grupo de mujeres heterosexuales fue que las mujeres bisexuales eran algo más jóvenes ($M = 34,8$ años, $DS = 7,6$ vs. $M = 41$ años, $DS = 8,7$), $t(121) = -2,78$, $p = ,006$, $d = ,73$.

Hipótesis I: Un porcentaje significativamente mayor de mujeres que se identifican como bisexuales reportarán haber sufrido abusos durante la infancia y maltrato físico, sexual y psicológico-emocional por parte de sus parejas previo a su encarcelación en comparación con las mujeres heterosexuales.

Aproximadamente el 60 % de las mujeres bisexuales habían sufrido maltrato en el seno familiar ($n = 10$, 58,8 %). Respecto al ámbito de pareja, todas las mujeres habían sufrido maltrato físico y psicológico a manos de sus parejas y un 50 % ($n = 8$) había padecido además agresiones sexuales. A pesar de que una mayor proporción de mujeres bisexuales fue maltratada por sus parejas cuando fueron comparadas con

María José Garrido Antón (Dir)., Marta Caballé Pérez, Laura Sánchez Morón, Paulina Badowicz,
Leire Villalón Arenas, Neus Mascaró Coll, Ariadna Trespaderne Dedeu, Miguel Ángel Soria Verde,
Montserrat Tous Zanguitu, Vielka Linet Peguero Jerez, Lidia Alonso Corona, Raúl Quevedo-Blasco,
José María Palomares Rodríguez, Rosa Viñas Racionero, Iván Parras Vaquero, Hassiba Ziati Ziati y Nassiba Ziati Ziati

el colectivo heterosexual, tales diferencias no fueron estadísticamente significativas (ver Tabla 26).

TABLA 26. *Diferencias entre las mujeres heterosexuales y bisexuales en cuanto a los antecedentes de maltrato infantil y violencia de pareja previa al encarcelamiento*

	Mujeres heterosexuales		Mujeres bisexuales		$\chi^2_{(1)}$	p	j
	n	(%)	n	(%)			
Maltrato infantil	44	41,5	10	58,8	1,78	0,18	,12
Abuso físico	97	91,5	17	100	0,56	0,46	,11
Agresiones sexuales	72	67,9	8	50	1,98	0,16	,13
Violencia psicológica	103	97,2	17	100	0,00	1,00	,06

Fuente: elaboración propia.

Hipótesis II: Según lo observado en otras naciones occidentales, se estima que la tasa de mujeres bisexuales en prisión será superior a la que se encuentra en la población comunitaria.

Tomando como referencia la prevalencia de mujeres bisexuales de la población española proporcionada por el CIS en 2023, los resultados del test chi-cuadrado para una muestra indican éstas estaban sobrerrepresentadas en la muestra penitenciara (13,8 % vs 4,9 %), c(1, $N = 123$) = 21,01, $p < ,0001$.

Hipótesis III: Las mujeres que se identifican como bisexuales experimentarán un menor apoyo social y mostrarán una mayor desesperación en relación con su situación de encarcelamiento en comparación con las mujeres heterosexuales.

Como se puede observar en la Tabla 27, casi el 70 % de las mujeres bisexuales no contaban con ningún apoyo social ($n = 9$, 69,2 %), proporción superior a la encontrada en el grupo de mujeres heterosexuales ($n = 30$, 32,6 %), c(1, $N = 105$) = 5,07, $p = 0,024$, f = ,25. Respecto a indicadores relacionados con la depresión y el suicidio, las mujeres bisexuales veían menos motivos para vivir ($n = 8$, 47,1 % vs $n = 10$, 9,8 %), c(1, $N = 123$) = 12,97, $p < ,0001$, f = ,36, y presentaban mayores puntuaciones en la escala de Neuroticismo de la Mini-IPIP, ($M = 3,7$ $DS = 0,9$ vs. $M = 3,1$, $DS = 1$), $t(119)$ = -2,14, $p = ,034$, $d = ,60$. También presentaron una tendencia casi estadísticamente significativa al presentar más ideación suicida que las mujeres heterosexuales ($n = 13$, 76,5 % vs $n = 55$, 51,9 %), c(1, $N = 123$) = 3,58, $p = ,058$, f = ,17.

TABLA 27. *Diferencias entre las mujeres heterosexuales y bisexuales en cuanto a los antecedentes de maltrato infantil y violencia de pareja previa al encarcelamiento*

	Mujeres heterosexuales		Mujeres bisexuales		$\chi^2_{(1)}$	p	j
	n	(%)	n	(%)			
Ningún apoyo social	30	32,6	9	69,2	5,07	,024	,25
Sin motivos para vivir	10	9,8	8	47,1	12,99	>,0001	,36
Ideación suicida	55	51,9	13	76,5	3,58	,058	,17
	M	DS	M	DS	$t(119)$	p	d
Neuroticismo Mini-IPIP	3,14	1,06	3,8	0,90	2,14	,034	,60

Fuente: elaboración propia.

3.6.3. DISCUSIÓN

Los hallazgos de este estudio respaldan lo señalado por investigaciones previas de otros países occidentales (Meyer et al., 2017) y alertan de una tendencia alarmante: las mujeres bisexuales presentan historias de victimización extraordinariamente severas y enfrentan un riesgo significativamente mayor de encarcelamiento en comparación con sus compañeras heterosexuales. Dentro del sistema de justicia, estas mujeres se destacan además por su falta de apoyo social, síntomas relativos a la depresión y sentimientos de desesperanza (Cepeda et al., 2020; UCLA, 2015).

A pesar de la relevancia de estos resultados, es crucial reconocer sus limitaciones al analizar la experiencia de las mujeres bisexuales en el sistema de justicia criminal español. La muestra de este estudio es reducida y no puede considerarse representativa de toda la población bisexual y/o carcelaria. Por tanto, se proponen tres líneas de acción para obtener una comprensión más profunda del problema:

1. **Explorar los Factores Sociales de Marginalización:** Se recomienda investigar los factores sociales que contribuyen a la marginación de las mujeres bisexuales, prestando especial atención al fenómeno de la bifobia y su impacto en las políticas públicas y la percepción social.

2. **Analizar las Disparidades en Profundidad:** Sería fundamental llevar a cabo un análisis detallado de las disparidades que llevan a la sobrerrepresentación de las mujeres bisexuales en el sistema de justicia criminal. Los datos actuales del estudio no proporcionan suficiente información para extraer conclusiones significativas al respecto.

3. **Evaluar las Intervenciones en Prisión:** Se sugiere realizar un análisis específico de los efectos adversos de las intervenciones en prisión, considerando la orientación sexual de las reclusas. Este análisis permitiría entender cómo responden las mujeres bisexuales a las intervenciones en comparación con sus pares heterosexuales. Basándose en estos resultados, se podría recomendar la creación y evaluación de programas de formación para profesionales de la salud, abordando la bisexualidad de manera no estigmatizada y proporcionando servicios efectivos a las mujeres que lo necesiten.

María José Garrido Antón (Dir)., Marta Caballé Pérez, Laura Sánchez Morón, Paulina Badowicz,
Leire Villalón Arenas, Neus Mascaró Coll, Ariadna Trespaderne Dedeu, Miguel Ángel Soria Verde,
Montserrat Tous Zanguitu, Vielka Linet Peguero Jerez, Lidia Alonso Corona, Raúl Quevedo-Blasco,
José María Palomares Rodríguez, Rosa Viñas Racionero, Iván Parras Vaquero, Hassiba Ziati Ziati y Nassiba Ziati Ziati

Estas acciones, fundamentadas en una investigación en profundidad, son esenciales para abordar las desigualdades sistémicas que enfrentan las mujeres bisexuales en el sistema de justicia criminal y para garantizar que reciban el apoyo adecuado y no estigmatizado que merecen.

REFERENCIAS

Belknap, J., Holsinger, K., & Little, J. (2012). Sexual Minority Status, Abuse, and Self-Harming Behaviors among Incarcerated Girls. *Journal of Child & Adolescent Trauma*, *5*(2), 173–185. https://doi-org.ez.lib.jjay.cuny.edu/10.1080/19361521.2012.671797

Bender, A. K., & Lauritsen, J. L. (2021). Violent Victimization Among Lesbian, Gay, and Bisexual Populations in the United States: Findings From the National Crime Victimization Survey, 2017–2018. *American Journal of Public Health*, *111*(2), 318–326. https://doi-org.ez.lib.jjay.cuny.edu/10.2105/AJPH.2020.306017

Burleson, W.E., 2005. *Bi America: myths, truths and struggles of an invisible community*. New York: Harrington Park Press.

Centro de Investigaciones Sociológicas. (2023). *Encuesta sobre las relaciones afectivas postpandemia (III). Fichero de datos*. Extraído de https://www.cis.es/cis/opencm/ES/1_encuestas/estudios/ver.jsp?estudio=14702

Cepeda A, Nowotny KM, Frankeberger J, Ramirez E, Rodriguez VE, Perdue T, et al. (2020) Examination of multilevel domains of minority stress: Implications for drug use and mental and physical health among Latina women who have sex with women and men. *PLoS ONE 15*(3), 1-15. https://doi.org/10.1371/journal.pone.0230437

Donnellan, M. B., Oswald, F. L., Baird, B. M., & Lucas, R. E. (2006). The Mini-IPIP Scales: Tiny-yet-effective measures of the Big Five Factors of Personality. *Psychological Assessment, 18*(2), 192–203. https://doi.org/10.1037/1040-3590.18.2.192

Dyar, C., & London, B. (2018). Longitudinal Examination of a Bisexual-Specific Minority Stress Process Among Bisexual Cisgender Women. *Psychology of Women Quarterly*, *42*(3), 342–360. https://doi-org.ez.lib.jjay.cuny.edu/10.1177/0361684318768233

Eliason, M. J. (1997). The prevalence and nature of biphobia in heterosexual undergraduate students. *Archives of Sexual Behavior, 26*(3), 317–326. https://doi.org/10.1023/A:1024527032040

Feinstein, B. A., & Dyar, C. (2017). Bisexuality, minority stress, and health. *Current Sexual Health Reports*, *9*(1), 42–49. https://doi.org/10.1007/s11930-017-0096-3

Garelick, A. S., Filip-Crawford, G., Varley, A. H., Nagoshi, C. T., Nagoshi, J. L., & Evans, R. (2017). Beyond the binary: Exploring the role of ambiguity in biphobia and transphobia. Journal of Bisexuality, 17(2), 172–189. https://doi.org/10.1080/15299716.2017.1319890

Grove, M., & Johnson, N. L. (2022, February 24). The Relationship Between Social Group Prejudice and Vulnerability to Sexual Violence in Bisexual Women.

Psychology of Sexual Orientation and Gender Diversity. Advance online publication. http://dx.doi.org/10.1037/sgd0000561

Hatzenbuehler, M. L., Phelan, J. C., & Link, B. G. (2013). Stigma as a fundamental cause of population health inequalities. *American journal of public health*, *103*(5), 813–821. https://doi.org/10.2105/AJPH.2012.301069

Henry, B. F. (2022). Disparities in use of disciplinary solitary confinement by mental health diagnosis, race, sexual orientation and sex: Results from a national survey in the United States of America. *Criminal Behaviour & Mental Health*, *32*(2), 114–123. https://doi-org.ez.lib.jjay.cuny.edu/10.1002/cbm.2240

Katz-Wise, S. L., Mereish, E. H., & Woulfe, J. (2017). Associations of Bisexual-Specific Minority Stress and Health Among Cisgender and Transgender Adults with Bisexual Orientation. *Journal of Sex Research*, *54*(7), 899–910. https://doi-org.ez.lib.jjay.cuny.edu/10.1080/00224499.2016.1236181

Klein, F., 1993. *The bisexual option*. 2nd ed. Binghamton, NY: Haworth Press.

Meyer, I. H., Flores, A. R., Stemple, L., Romero, A. P., Wilson, B. D.M., and Herman, J. L. (2017). Incarceration Rates and Traits of Sexual Minorities in the United States: National Inmate Survey, 2011–2012. *American Journal of Public Health 107*, 267-273. https://doi.org/10.2105/AJPH.2016.303576

Poder Judicial España. (2022). *Datos Penales, Civiles y Laborales. Estadística Penitenciaria – 2022*. Extraído de https://www.poderjudicial.es/cgpj/es/Temas/Estadistica-Judicial/Estadistica-por-temas/Datos-penales--civiles-y-laborales/Cumplimiento-de-penas/Estadistica-de-la-Poblacion-Reclusa/

Przedworski, J. M., McAlpine, D. D., Karaca-Mandic, P., & VanKim, N. A. (2014). Health and Health Risks Among Sexual Minority Women: An Examination of 3 Subgroups. *American Journal of Public Health*, *104*(6), 1045–1047. https://doi-org.ez.lib.jjay.cuny.edu/10.2105/AJPH.2013.301733

Robinson, J. P., & Espelage, D. L. (2011). Inequities in Educational and Psychological Outcomes Between LGBTQ and Straight Students in Middle and High School. *Educational Researcher*, *40*(7), 315-330. https://doi.org/10.3102/0013189X11422112

Schuyler, S., Chickerella, R., Mullin, N., Schmid, B., & Horne, S. (2021). Is It Worth It? A Grounded Theory Analysis of Navigating the Decision to Come Out as Bisexual. *Journal of Bisexuality*, *21*(4), 425–445. https://doi-org.ez.lib.jjay.cuny.edu/10.1080/15299716.2021.2004482

Ullman, S. E. (2023). Correlates of Social Reactions to Victims' Disclosures of Sexual Assault and Intimate Partner Violence: A Systematic Review. *Trauma, Violence & Abuse*, *24*(1), 29–43. https://doi-org.ez.lib.jjay.cuny.edu/10.1177/15248380211016013

University of California Los Angeles. (November 2015). *Intimate Partner Violence and Sexual Abuse Among LGBT People. A review of existing research*. Williams Institute School of Law, University of California Los Angeles. Extraído de https://williamsinstitute.law.ucla.edu/publications/ipv-sex-abuse-lgbt-people/

María José Garrido Antón (Dir)., Marta Caballé Pérez, Laura Sánchez Morón, Paulina Badowicz,
Leire Villalón Arenas, Neus Mascaró Coll, Ariadna Trespaderne Dedeu, Miguel Ángel Soria Verde,
Montserrat Tous Zanguitu, Vielka Linet Peguero Jerez, Lidia Alonso Corona, Raúl Quevedo-Blasco,
José María Palomares Rodríguez, Rosa Viñas Racionero, Iván Parras Vaquero, Hassiba Ziati Ziati y Nassiba Ziati Ziati

Watson, L. B., Craney, R. S., Greenwalt, S. K., Beaumont, M., Whitney, C., & Flores, M. J. (2021). «I Was a Game or a Fetish Object»: Diverse Bisexual Women's Sexual Assault Experiences and Effects on Bisexual Identity. *Journal of Bisexuality*, *21*(2), 225–261. https://doi-org.ez.lib.jjay.cuny.edu/10.1080/15299716.2021.1932008

Yun, J., Fukushima-Tedor, M., Mallett, C. A., Quinn, M. I., & Quinn, L. M. (2022). Examining Trauma and Crime by Gender and Sexual Orientation among Youth: Findings from the Add Health National Longitudinal Study. *Crime & Delinquency*, *68*(5), 814–839. https://doi-org.ez.lib.jjay.cuny.edu/10.1177/0011128721999342

3.7. MIGRACIÓN Y VIOLENCIA SEXUAL EN UNA MUESTRA DE MUJERES ENCARCELADAS: UN ESTUDIO PILOTO

Rosa Viñas Racionero[1],
Vielka Peguero Jerez[2],
María José Garrido Antón[3]
[1]Universidad de Barcelona
[2]Universidad a Distancia de Madrid (UDIMA)
[3]Secretaría de Estado de Seguridad

3.7.1. INTRODUCCIÓN

En todo el mundo, 736 millones de mujeres –casi 1 de cada 3– han sido víctimas de violencia física o sexual por parte de su pareja, de violencia sexual fuera de la pareja, o de ambas, al menos una vez en su vida, el 30 % de las mujeres de 15 años o más. Estos datos no incluyen el acoso sexual (ONU Mujeres, 2024), el mismo artículo explica que las tasas de depresión, trastornos de ansiedad, embarazos no deseados, infecciones de transmisión sexual y VIH son más elevadas entre las mujeres que han experimentado violencia que entre las que no la han sufrido, al igual que ocurre con muchos otros problemas de salud que pueden perdurar una vez que ha cesado la violencia. La mayoría de los actos de violencia contra las mujeres son perpetrados por sus esposos o parejas actuales o anteriores. Más de 640 millones de mujeres de 15 años o más (el 26 % del total) han sido objeto de violencia por parte de su pareja.

La violencia de género y explotación sexual representan amenazas comunes a todas las rutas de tráfico ilícito a la que se someten estas mujeres migrantes con estatus migratorio irregular, puede darse tanto en origen, como durante el trayecto migratorio, o también tras la llegada a los países de destino (UNODC, 2021), por esta razón este fenómeno se torna aún más alarmante cuando se analiza en este tipo de contexto. Investigaciones recientes, como la llevada a cabo por Salinas y Liberona (2020), indican que las mujeres migrantes no solo enfrentan un riesgo elevado de sufrir violencia sexual durante su proceso migratorio, sino que también experimentan una exacerbación de este fenómeno una vez asentadas en el país de destino.

María José Garrido Antón (Dir)., Marta Caballé Pérez, Laura Sánchez Morón, Paulina Badowicz,
Leire Villalón Arenas, Neus Mascaró Coll, Ariadna Trespaderne Dedeu, Miguel Ángel Soria Verde,
Montserrat Tous Zanguitu, Vielka Linet Peguero Jerez, Lidia Alonso Corona, Raúl Quevedo-Blasco,
José María Palomares Rodríguez, Rosa Viñas Racionero, Iván Parras Vaquero, Hassiba Ziati Ziati y Nassiba Ziati Ziati

Siguiendo lo establecido por Güell y Parella (2023), las migraciones internacionales frecuentemente se producen motivadas por una expulsión económica, política, social y climática en la que las personas simplemente anhelan ya no solo mejorar su vida, sino lograr sobrevivir. Estos flujos migratorios se conocen como migraciones forzadas. Ante estas migraciones, los Estados aplican políticas migratorias, neutrales al género, que de manera selectiva permiten o restringen los movimientos migratorios. Poco se ha explorado hasta el momento las condiciones de violencia sexual y de género que obligan a las mujeres y a las niñas a migrar.

El mencionado proceso migratorio, en los últimos años ha experimentado un gran cambio, pues en el siglo XX tal y como indican las investigadoras Salle, et al. (2009) a través del Instituto de la mujer (Ministerio de igualdad) estaba caracterizado por proceder de países desarrollados, sobre todo de Europa y por motivos de jubilación o estudios. Sin embargo, actualmente es debido a numerosas causas como son la implementación de proyectos de desarrollo, la vulneración de derechos económicos y sociales, motivos económicos, así como los desastres medioambientales y guerras, aunque la mayor causante de la migración es la globalización a través una serie de mecanismos de inclusión y exclusión social como son la precarización del empleo y otras formas de segregación social. Esto significa que los trabajos precarios y mal remunerados acaban haciéndolos miles de mujeres lo que aumenta la precariedad femenina (Martínez, 2020).

Es preciso destacar que la violencia de género juega un papel crucial cuando se habla de migración ilegal de mujeres, englobando un amplio conjunto de violencias machistas, viene reforzada por una fuerte estructura socio-cultural basada en una visión patriarcal y misógina de los diferentes aspectos de la vida, se consolidan relaciones de poder y de abuso hacia las mujeres, que daña de forma directa a las mujeres y a los hijos e hijas de las mismas. Todo ello impide una verdadera sensibilización, prevención, educación, intervención y abordaje efectivo de este tipo de violencia. No se puede olvidar la condición de las mujeres inmigrantes, que son, además, víctimas de múltiples discriminaciones que van sufriendo de forma acumulada como son, además de la condición de mujer, la de extranjera, la relativa a su situación administrativa irregular, su condición socioeconómica, etc. (Tutistar-Rosero, et al., 2021).

Ante esto resulta necesaria la valoración de la interseccionalidad de estos casos en los diferentes ámbitos del tratamiento de la violencia de género. Existen diferentes manifestaciones de violencia de género, como la psicológica que desgasta y genera verdaderos problemas de salud a las víctimas, la violencia sexual, la violencia económica producto de la discriminación y lugar que ocupan las mujeres dentro de la sociedad, y una violencia estructural e invisibilizada, que impide el desarrollo integral de las mujeres, en los salarios, el acceso a empleos dignos, la vivienda, el ascenso profesional (Martínez, M. 2020; Fanjul, G. y Gálvez-Iniesta, 2020, Tutistar-Rosero, et al. 2021; Asociación de Investigación y Especialización Sobre Temas Iberoamericanos (AIETI, 2021).

La conexión entre la violencia sexual y de género y el tráfico ilícito de migrantes ha sido escasamente explorada en la investigación, así como la relación entre los delitos de trata y tráfico agravado en la población femenina privada de libertad. Siendo sensibles a las dificultades y riesgos que afrontan las mujeres tratadas o traficadas y en situación de exclusión social y vulnerabilidad, deseamos que esta investigación sea un primer paso para contextualizar la problemática, desglosar las distintas formas de violencia contra la mujer transversales al tráfico ilícito de migrantes en origen, tránsito y destino y hacer un análisis legal de la temática.

Por ende, la finalidad primordial de esta investigación radica en arrojar luz sobre esta problemática y profundizar en el análisis de los porcentes y las características de las mujeres migrantes que son encarceladas por delitos vinculados con la prostitución, pornografía, explotación de menores y trata. Estas realidades no son ajenas al área penitenciaria, por lo que surge la presente investigación, centrada en el tráfico ilícito de migrantes, la trata y la cifra oculta. Las hipótesis específicas y objetivo de este estudio son:

Hipótesis I: Una proporción mayor de mujeres migrantes son víctimas y/o perpetradoras de delitos de trata, prostitución de menores y abuso sexual en comparación con las mujeres de origen español.

Objetivo I: Describir las características de las mujeres migrantes que son víctimas o perpetradoras de delitos de trata, prostitución de menores y abuso sexual, incluyendo variables como su país de procedencia, edad, etnia, procedencia, estatus administrativo y estatus socioeconómico.

Hipótesis II: Se estima que más del 50 % de las mujeres migrantes condenadas por trata, prostitución de menores y abuso sexual han sido previamente víctimas de prostitución, explotación o trata.

3.7.2. RESULTADOS

Para dar respuesta a las hipótesis y objetivo de estudio, se entrevistó a una muestra nacional de 123 mujeres que estaban presas en nueve centros penitenciarios españoles y que habían admitido sufrir episodios de violencia de género. Estas 123 mujeres corresponden a un 3,7 % del total de las mujeres condenadas a penas privativas de libertad en España ($n = 3.283$) (Poder Judicial España, 2022).

Para entrevistar a estas mujeres, un grupo de investigadores pertenecientes a la Secretaría de Estado para la Seguridad del Ministerio del Interior y académicos de seis universidades españolas se desplazaron a los centros penitenciarios donde estas mujeres cumplen sus penas. Después de dar su consentimiento, estas participaron en una entrevista cara-a-cara de una hora de duración, aproximadamente.

La información de las entrevistas se codificó en 14 variables: *socioeconómicas* (i.e., edad, procedencia, etnia, estatus administrativo, nivel socioeconómico), *historia de victimización* (i.e., abuso sexual infantil, agresiones sexuales, prostitución y trata), *tipología delictiva* (i.e., delitos contra las personas, delitos contra la propiedad, delitos contra la salud pública, delitos de trata, explotación y abuso sexual, y otros delitos).

De las 123 mujeres que participaron en este estudio (89 españolas y 34 migrantes), solo 6 fueron condenadas por delitos relacionados con la trata, la prostitución de menores y el abuso sexual (4,9 %) y 13 se identificaron como víctimas de trata o inmersas en redes de prostitución (10,6 %).

María José Garrido Antón (Dir)., Marta Caballé Pérez, Laura Sánchez Morón, Paulina Badowicz,
Leire Villalón Arenas, Neus Mascaró Coll, Ariadna Trespaderne Dedeu, Miguel Ángel Soria Verde,
Montserrat Tous Zanguitu, Vielka Linet Peguero Jerez, Lidia Alonso Corona, Raúl Quevedo-Blasco,
José María Palomares Rodríguez, Rosa Viñas Racionero, Iván Parras Vaquero, Hassiba Ziati Ziati y Nassiba Ziati Ziati

Hipótesis I: En comparación con sus pares españolas, una proporción significativamente mayor de mujeres migrantes eran tanto víctimas, ($n = 7$, 20,6 % vs $n = 6$, 6,7 %), c(1, $n = 123$) = 4,99, $p = .025$, f = .20, como perpetradoras de delitos de trata, prostitución de menores y abuso sexual, (n= 5, 17,2 % vs $n = 1$, 1,2 %), c(1, $n = 123$) = 7,73, $p = .005$, f = .31.

Objetivo I: Las mujeres que son víctimas o perpetradoras de delitos de trata, prostitución de menores y abuso sexual tiene una edad promedio de 41 años ($M = 40,7$, $DS = 7,8$) y provienen de múltiples nacionalidades. Siete (41,2 %) son españolas y las otras 10 (58,8 %) son de Bolivia, Brasil, Colombia, Ecuador, México, Marruecos y Rumanía.

«Una pareja que tenía en Brasil me trajo a España, engañada, me vendió a un club, un proxeneta. Al principio me trataba con educación me compraba ropa y joyas. Pero después comenzó a pegarme y a obligarme a trabajar como prostituta»

De entre las 10 mujeres migrantes que han sido víctimas o perpetradoras de delitos por trata, prostitución de menores o abuso sexual, el 90 % tenían una situación legal regularizada ($n = 6$, 60 %) o incluso reconocidas como ciudadanas españolas ($n = 3$, 30 %) (i.e., solo había cuatro mujeres en situación irregular en toda la muestra). Sus etnias fueron la latina ($n = 5$, 50 %), la caucásica ($n = 3$, 30 %), la merchera ($n = 2$, 20 %) y la musulmana ($n = 1$, 10 %). La mayoría de estas mujeres tenía un estatus económico bajo o muy bajo ($n = 7$, 70 %).

Hipótesis II: Esta hipótesis no quedó avalada, pues solo un tercio de las seis mujeres condenadas por trata o prostitución de menores había sido prostituída por ella misma ($n = 2$, 33,3 %).

En contra partida, las 7 mujeres migrantes víctimas de trata, prostitución o abuso habían sido condenadas por los siguientes delitos: 1) contra la propiedad ($n = 5$, 41,7 %), 2) contra la salud pública ($n = 4$, 33,3 %), 3) homicidio/tentativa de homicidio ($n = 2$, 16,7 %), 4) lesiones ($n = 2$, 16,7 %), 5) violencia familiar o sobre la pareja ($n = 2$, 16,7 %), 6) trata, prostitución de menores o abuso sexual ($n = 2$, 16,7 %) u 7) otro tipo ($n = 5$, 41,7 %) (p.ej., resistencia a la autoridad, etc).

3.7.3. DISCUSIÓN

El fenómeno de las mujeres que son traficadas o tratadas constituye un problema social generalizado, complejo y costoso a nivel nacional. Este fenómeno se ve exacerbado por una serie de factores y contextos específicos relacionados con los procesos migratorios, que colocan a estas mujeres en situaciones de extrema vulnerabilidad e indefensión ante la violencia sexual. Estos factores incluyen la inseguridad en su situación personal, la falta de redes de apoyo, la dependencia económica, las barreras lingüísticas, la percepción negativa de las instituciones públicas, la situación administrativa irregular y la necesidad de mantener una imagen positiva sobre su minoría étnica (Donoso & Venceslao, 2012).

Según el Informe sobre las Migraciones en el Mundo, 2022 de la Organización Internacional de Migraciones las mujeres y niñas representan una proporción importante de la población de migrantes de África Occidental y Central, y muchas están expuestas a riesgos relacionados con el género (IOM, 2022), debido fundamentalmente al desconocimiento de la legalidad y los recursos de VSG, la carencia o escasez de redes de apoyo, el duelo migratorio y el choque cultural, la falta de confianza en los Cuerpos y Fuerzas de Seguridad del Estado, las diferentes y complejas situaciones administrativas irregulares, los factores culturales y religiosos, las carencias socioeconómicas e idiomáticas, el desconocimiento de los canales de la justicia, así como de los servicios sociales y sanitarios debido al idioma, la situación de dependencia financiera y administrativa.

Las mujeres traficadas huyen de una cultura de explotación y violencia en sus países de origen, donde sufren de abusos sexuales, matrimonios forzados, mutilación genital, homofobia y discriminación. De acuerdo con otros estudios, la dependencia de traficantes y tratantes de personas hace que la violencia sexual sea sistemática y normalizada en sus rutas. Este tipo de violencia es reconocida como violencia de género o sexual, y los Estados están obligados a tomar un posicionamiento firme e interdisciplinar.

A pesar de la limitación de este estudio para esclarecer las causas que llevan a las mujeres migrantes a caer en estas situaciones de tráfico o trata, sus resultados están en consonancia con las tendencias expuestas por Instituto de la Mujer (2009). Es decir, este estudio preliminar señala que el porcentaje de mujeres migrantes en España que son víctimas de la trata, la explotación infantil o la prostitución es tres veces mayor que el de las mujeres nacidas en el propio país (al menos en la presente muestra). Estas mujeres provienen de todas las partes del mundo, si bien la mitad lo hace de Latinoamérica.

Los resultados obtenidos en este estudio, a pesar de su limitada muestra y su contexto restringido en el ámbito penitenciario, sugieren como mínimo la necesidad de emprender futuras investigaciones que podrían arrojar luz sobre este problema en España. Para profundizar en este tema, es crucial abordar dos áreas clave:

1) *Exploración de Factores Jurídicos y Sociales.* Considerando que la violencia sexual y de género tiene sus raíces en la desigualdad entre hombres y mujeres, y que las interseccionalidades añaden capas de vulnerabilidad y dependencia, es esencial investigar los factores legales, sociales y de cooperación policial internacional que contribuyen a la indefensión de estas mujeres migrantes. Es crucial analizar las denuncias de violencia sexual y de género desde el punto de origen hasta el destino, prestando especial atención a cómo las administraciones públicas y el sistema de justicia responden a estas denuncias en cada etapa del proceso migratorio.

2) *Análisis de Disparidades y Acceso a la Justicia.* Es fundamental realizar un análisis detallado de las disparidades que llevan a las mujeres migrantes, tratadas o traficadas, y víctimas de violencia sexual o de género, a involucrarse en el sistema de justicia criminal en España. Los datos actuales de este estudio son insuficientes para extraer conclusiones definitivas al respecto. La situación social y legal de muchas mujeres recién llegadas las coloca en una posición de extrema vulnerabilidad, exponiéndolas al aislamiento social y generando desconfianza hacia las instituciones de justicia. Investigar a fondo los obstáculos críticos que estas mujeres enfrentan para romper el ciclo de violencia es

María José Garrido Antón (Dir)., Marta Caballé Pérez, Laura Sánchez Morón, Paulina Badowicz,
Leire Villalón Arenas, Neus Mascaró Coll, Ariadna Trespaderne Dedeu, Miguel Ángel Soria Verde,
Montserrat Tous Zanguitu, Vielka Linet Peguero Jerez, Lidia Alonso Corona, Raúl Quevedo-Blasco,
José María Palomares Rodríguez, Rosa Viñas Racionero, Iván Parras Vaquero, Hassiba Ziati Ziati y Nassiba Ziati Ziati

imperativo. Esto implica analizar las barreras en el acceso a servicios sociales y especializados, así como los desafíos para acceder a la justicia.

3) ***Persecución de los delitos de VdG a nivel internacional.*** Uno de los objetivos del Convenio del Consejo de Europa sobre prevención y lucha contra la violencia contra las mujeres y la violencia doméstica es promover la cooperación internacional para eliminar la violencia contra las mujeres y la violencia doméstica. Los delitos de trata de seres humanos y tráfico agravado por violencia sexual y explotación necesitan incluir un abordaje de género en la identificación e investigación de los casos.

REFERENCIAS

Asociación de Investigación y Especialización Sobre Temas Iberoamericanos (AIETI) y Red de Mujeres Latinoamericanas y del Caribe (2020). Mujeres migrantes víctimas de Violencia de Género en España. Segundo informe. Documento de análisis cuantitativo. https://aieti.es/wp-content/uploads/2020/12/Documento_2DO-.pdf

Consejo de Europa sobre prevención y lucha contra la violencia contra la mujer y la violencia doméstica. Convenio del Consejo de Europa sobre prevención y lucha contra la violencia contra las mujeres y la violencia doméstica (2011) https://rm.coe.int/1680462543?origen=app

Donoso, V., & Venceslao, V. (2012). La situación de las mujeres migradas víctimas de violencia de género: Propuestas de intervención.

Fanjul, G. y Gálvez-Iniesta, I. (2020). Extranjeros, sin papeles e imprescindibles: Una fotografía de la inmigración irregular en España. Fundación por causa. https://porcausa.org/wp-content/uploads/2020/07/RetratodelairregularidadporCausa.pdf

Güell, B. y Parella, S. (2023). Introducción: migraciones y violencias desde una perspectiva de género. Revista CIDOB d'Afers Internacionals, (133), 7-16. doi: 10.24241/rcai.2023.133.1.7

Martínez, M. (2020). La violencia de género hacia las mujeres inmigrantes en España. Gender violence against immigrant women in Spain. Derecho y Cambio social. N. 61 https://www.derechoycambiosocial.com/revista061/La_violencia_de_genero.pdf

Oficina de las Naciones Unidas contra la Droga y el Delito (UNODC). (2021). Abuso y Abandono. Recuperado de https://www.unodc.org/documents/human-trafficking/ESP_E._Abused_and_Neg_ES_1_final_2.pdf.

ONU Mujeres, 2024 Hechos y cifras: Poner fin a la violencia contra las mujeres | ONU Mujeres (unwomen.org)

Organización Internacional para las Migraciones (OIM). (2022). Informe sobre las migraciones en el mundo 2022. Recuperado de https://publications.iom.int/books/informe-sobre-las-migraciones-en-el-mundo-2022.

Salinas, S. y Liberona, N. (2020). Violencia de género en el tráfico de migrantes. Efectos psicosociales y agencia de las mujeres migrantes clandestinas. Revista Internacional de Estudios Migratorios, 10(2), 51-77

Salle, M., Molpeceres, L. Ongil, M. De Cabo, G., Perondi, C. y Cantell, C. (2009) Análisis de la situación laboral de las mujeres inmigrantes. Modalidades de inserción, sectores de ocupación e iniciativas empresariales. Instituto de la Mujer (Ministerio de Igualdad.https://www.inmujeres.gob.es/areasTematicas/estudios/serieEstudios/docs/analisisLaboralIinmigrantes.pdf

Tutistar-Rosero, D., Zurita, B., Pinazo, J., et al. (2021). Violencia de Género en Mujeres Inmigrantes residentes en España: un acercamiento a la realidad y las barreras de acceso a sus derechos. Recuperado de https://asociacionportimujer.org/wp-content/uploads/2022/03/Informe-final-PICUM-Violencia-de-Genero-2021.pdf.

3.8. CIFRA OCULTA EN VIOLENCIA DE GÉNERO EN POBLACIÓN GITANA RECLUSA

**Paulina Badowicz, Leire Villalón Arenas[1],
María José Garrido Antón[2]**
[1]Universidad Autónoma de Madrid
[2]Secretaría de Estado de Seguridad

3.8.1. INTRODUCCIÓN

La población gitana data su origen en la India y ha tenido un recorrido a lo largo de 12,5 millones de años. No obstante, este pueblo ha visto negada su identidad y ha sido perseguido a lo largo de la historia (Peña, 2020) por razones de discriminación y rechazo social. Este hecho se ve representado, por ejemplo, en la Gran Redada ocurrida en España el 30 de julio de 1749, en la cual se realizó un intento de exterminio de las personas de esta etnia (Martínez, 2017). Aunque este hito histórico ocurrió hace varios siglos, se ha estudiado la posición actual de las personas a diferentes colectivos, encontrándose que un 51,7 % de personas rechazan a la población gitana, siendo esta la minoría más discriminada, superando al rechazo a la población marroquí (45,8 %) o a la población migrante en general (31 %) (Centro de Investigaciones Sociológicas [CIS], 2007). No obstante, es más que conocido que este pueblo presenta su propia idiosincrasia, el cual defiende su propio código de normas y valores que regulan la convivencia de los que forman parte de él.

Durante muchos años se ha perseguido la integración de este pueblo en la sociedad, no obstante, como bien remarca Enrique Iglesias[3], divulgador del pueblo gitano, lo que debe buscarse es una incorporación de esta minoría, puesto que una integración tendría como objetivo la homogeneización de la sociedad, perdiendo la riqueza que cada subcultura ofrece a la población total. Sin embargo, queda un gran camino por recorrer para alcanzar dicho objetivo.

---

[3] Coordinador de la oficina del pueblo gitano de Movimiento Contra la Intolerancia y Asesor de la Entidad Presencia Gitana. Entrevista mantenida el 13/09/23.

María José Garrido Antón (Dir)., Marta Caballé Pérez, Laura Sánchez Morón, Paulina Badowicz,
Leire Villalón Arenas, Neus Mascaró Coll, Ariadna Trespaderne Dedeu, Miguel Ángel Soria Verde,
Montserrat Tous Zanguitu, Vielka Linet Peguero Jerez, Lidia Alonso Corona, Raúl Quevedo-Blasco,
José María Palomares Rodríguez, Rosa Viñas Racionero, Iván Parras Vaquero, Hassiba Ziati Ziati y Nassiba Ziati Ziati

Si bien durante siglos se han estado remarcando diferencias entre las culturas existentes, hay un hecho inherente a cada una de ellas, y es el patriarcado. Las mujeres en cualquier momento histórico y coordenada geográfica han sido discriminadas por la razón de su sexo, atribuyéndoles unos roles de género marcados por la sumisión y respeto al hombre. De esto no ha estado exenta tampoco la cultura gitana, y es por ello por lo que en este capítulo se pretende estudiar a la mujer gitana, discriminada doblemente, tanto por su etnia como por su sexo, añadiendo además la condición de internas en CP con las consecuencias que de ello se pueden derivar.

Hegemónicamente, las mujeres gitanas han tenido dos roles fundamentales: la reproducción y la posterior transmisión de la cultura a sus descendientes (Peña, 2020). Ambas funciones han tenido la finalidad de conservar el linaje gitano y sus costumbres. Este es uno de los motivos por el que las mujeres gitanas abogan por una mayor descendencia con respecto a la media. Otra de las funciones de la mujer gitana en la sociedad ha sido el cuidado de las personas mayores, dando lugar a una gran carga de trabajo y dedicación, habiendo sido prácticamente obligadas a recluirse en el hogar siendo amas de casa. Esta desigualdad se ve reflejada en las estadísticas, pues el 60,4 % de las mujeres gitanas están desempleadas y su probabilidad de ocupación es la mitad que la de los hombres gitanos (Fernández, et al., 2021).

No obstante, la reciente situación económica decadente, ha obligado a las mujeres a abandonar los hogares y conseguir un empleo, siendo insuficiente el sueldo del padre de la familia (Peña, 2020). Esto les ha situado en una situación de mayor discriminación, puesto que ahora se ven obligadas a trabajar tanto fuera como dentro de casa, ya que, al no haber un reparto equitativo de las tareas en el hogar, resulta imposible realizar todas ellas. Este hecho ha generado nuevos conflictos en el ámbito doméstico, que, sumados a los problemas previos, sitúa a las mujeres gitanas en una posición de gran vulnerabilidad. En este sentido, se ha encontrado que estas mujeres únicamente tienen acceso a trabajos manuales y escasamente remunerados (Fernández et al., 2021).

Otro gran factor de vulnerabilidad dentro de la población gitana en general es el bajo nivel de estudios, pues sólo el 17 % han completado la Educación Secundaria Obligatoria, siendo el porcentaje aún menor cuando se hace referencia a estudios superiores (solo el 3 % de las mujeres gitanas los completan). Con relación a esto, preocupa especialmente que un 14 % de las mujeres gitanas son analfabetas (frente al 6 % de los hombres gitanos; Fernández, et al., 2021). Además, también destaca el alto grado de abandono escolar dentro de la población gitana que corresponde a un 6 de cada 10 alumnos gitanos. Estas situaciones contribuyen especialmente a las mencionadas dificultades encontradas en el mercado laboral mencionadas previamente, sobre todo para las mujeres.

Esta marginación y exclusión social acaba dando lugar, en numerosas ocasiones, a la consecución de delitos como forma de subsistencia. En el caso de las mujeres, representan un 1,5 % de la población española, no obstante, en entornos penitenciarios el 25 % de reclusas pertenecen son de esta etnia (Martín, 2002), con lo cual se puede constatar la sobrerrepresentación de la etnia gitana en los establecimientos penitenciarios.

En este sentido, se ha encontrado que las mujeres gitanas, en su mayoría, cometen delitos contra la propiedad (hurtos y robos) y, especialmente, contra la salud pública, participando en la venta de drogas ilegales. Cabe destacar que se distinguen principalmente dos perfiles: por un lado, la mujer gitana adicta que recurre al robo o hurto para costear su adicción; y por otro, aquellas que se dedican a la venta de drogas pero que no suelen ser consumidoras. Además, sus condenas normalmente son muy extensas, pasando largos periodos de tiempo en prisión, lo que se ve incrementado por su alta tendencia a la reincidencia (Imaz y Martín, 2007). Por estos motivos, el Defensor del Pueblo en su informe anual de 2023 destacó el gran porcentaje de mujeres de etnia gitana en prisión y ha reclamado a la Secretaría General de Instituciones Penitenciarias una atención integrada y especial dedicada a este pueblo (Caballero, 2024).

Atendiendo a estas variables de vulnerabilidad dentro de la población femenina gitana, se deben tener en cuenta las peculiaridades existentes que habrá en el campo de la violencia de género. Por tanto, a pesar de que este tipo de violencia afecta a todas las mujeres y su definición es la misma, se debe tratar de forma diferente en función de la idiosincrasia de las víctimas. En este sentido, se destaca que en la comunidad gitana este tipo de situaciones tratan de resolverse dentro del seno familiar, a través de la mediación tradicional. La mediación tradicional consiste en que la víctima le comunica la situación de violencia a su familia, y esta lo pone a su vez en conocimiento de los «hombres de respeto», quienes median en el conflicto y buscarán que las familias actúen como controladores del maltratador (Carrasco, 2008). Esta forma de resolución hace que las mujeres gitanas sientan una gran desconfianza a acudir a las autoridades, viviéndolo como una traición a la familia y la comunidad (Fernández, et al., 2021), favoreciendo al mantenimiento de la cifra oculta de este fenómeno violento. A este aspecto contribuye el hecho de que las autoridades no tienen una perspectiva intercultural respecto a esta etnia, lo que hace que las mujeres gitanas puedan sentirse poco comprendidas y atendidas (Fernández, et al., 2021).

El objetivo del presente estudio es explorar las variables que podrían influir en la cifra oculta en violencia de género, concretamente, en la población gitana, maltratos silenciados y no considerados en muchos de los estudios realizados sobre esta temática.

Teniendo en cuenta la elevada presencia de mujeres gitanas internadas en el sistema penitenciario español, se podrá acceder a ellas con mayor facilidad en este contexto, dado que la identificación como víctimas en este entorno será mayor debido a la separación de su núcleo cotidiano. Por ello, resaltamos la importancia de poder acceder a esta muestra de mujeres, al objeto de conocerlas y entenderlas mejor, para, consecuentemente poder protegerlas de la mejor manera posible, respetando la idiosincrasia y características de su etnia.

3.8.2. RESULTADOS

Tras la realización de las entrevistas, se ha decidido destacar la importancia de la distinción entre gitanas y mercheras, dado que así fue expresado por las mujeres participantes. Ellas mismas denominan mercheras a aquellas personas que son fruto del mestizaje entre payos y gitanos. Sin embargo, al objeto de este trabajo, se estudiarán ambos grupos en conjunto.

María José Garrido Antón (Dir)., Marta Caballé Pérez, Laura Sánchez Morón, Paulina Badowicz,
Leire Villalón Arenas, Neus Mascaró Coll, Ariadna Trespaderne Dedeu, Miguel Ángel Soria Verde,
Montserrat Tous Zanguitu, Vielka Linet Peguero Jerez, Lidia Alonso Corona, Raúl Quevedo-Blasco,
José María Palomares Rodríguez, Rosa Viñas Racionero, Iván Parras Vaquero, Hassiba Ziati Ziati y Nassiba Ziati Ziati

TABLA 28. *Frecuencias de la población gitana*

Etnia	*n (%)*
Gitana	27 (21,95)
Merchera	8 (6,50)
Total	35 (28,5)

Fuente: elaboración propia.

En relación con **nivel socioeconómico**, en 8 casos era muy bajo (22,9 %), en 6 bajo (17,1 %) y en otros 6 casos no tenían ningún tipo de ingreso (17,1 %) durante la relación. Por otro lado, 4 de las entrevistadas percibían ayudas (11,5 %), siendo solo una la que además de esta ayuda tenía ingresos. Solo una mujer tenía un nivel económico alto (2,9 %) y 9 de ellas medio (9 %). Por tanto, destaca la especial situación de precariedad en la que se encuentran estas mujeres.

Con respecto a las variables de **situación laboral**, se encontró que más de la mitad de entrevistadas ($n = 19$, 54,3 %) estaban paradas, mientras que 11 estaban ocupadas (31,5 %) y solo una era pensionista (2,3 %). Cabe destacar que 4 de ellas tenían una situación laboral (11,4 %) extraña, puesto que su forma de conseguir ingresos diarios era a través del robo o de la venta de drogas.

Otro aspecto para destacar es el **nivel de estudios**, encontrando que únicamente dos de las mujeres tienen estudios postobligatorios; BUP y formación profesional respectivamente (2,9 %). Además, solo 7 de ellas completaron la ESO (20 %). En cuanto a la primaria, fue realizada por 9 de ellas (25,8 %) y 7 tienen la EGB (20 %). Por último, se destaca que 7 de las entrevistadas no completaron ningún estudio oficial, aunque sí saben leer y escribir (20 %), pero otras 3 son analfabetas (8,6 %).

En cuanto a su **estructura familiar**, la mayoría considera que su familia de origen era desestructurada ($n = 23$, 65,7 %), destacando que en 18 casos (51,4 %) había historia de consumo familiar, en 17 (48,6 %) hubo maltrato previo dentro de la familia y en 4 (11,4 %) sostienen que hubo abuso sexual.

Con respecto a la forma de convivencia durante la relación de violencia, ninguna de las entrevistadas vivía sola, 6 de ellas (17,1 %) vivían únicamente con el autor, 25 (71,4 %) además de con él, vivían con otras personas (especialmente con sus hijos/as) y 4 mujeres (11,4 %) no vivían con el autor, pero sí con otros familiares (padres e hijos/as).

En cuanto al número de **hijos/as**, destaca especialmente que la mayoría tenían hijos/as ($n = 32$, 91,4 %), siendo en 28 casos comunes con el autor (80 %).

Por otro lado, únicamente 4 de ellas (11,4 %) tienen una **discapacidad**, siendo en un caso física (2,9 %) y en 3 (8,6 %) mental. En cuanto al grado, 2 tienen una discapacidad grado 4 (5,7 %), otra de grado 1 (2,9 %) y otra de grado 3 (2,9 %). Además, 3 de las entrevistadas (8,6 %) estaban en situación de dependencia por su discapacidad.

En relación con los antecedentes, teniendo en cuenta que el estudio se hizo en Centros Penitenciarios, el 100 % tenía antecedentes. Además, la gran mayoría tenía **antecedentes** ($n = 33$, 94,3 %), destacando delitos de tráfico de drogas, robos o hurtos.

Es preciso destacar que 30 de las víctimas entrevistadas (85,7 %) habían estado en prisión previamente.

En cuanto al **consumo de drogas y/o alcohol**, se encontró que 11 de ellas consumían antes de comenzar la relación con el autor (31,4 %), 14 durante esta (40 %) y 19 siguieron consumiendo después (54,3 %). Destacando en todos los casos especialmente el consumo de drogas frente al consumo de alcohol.

Por otro lado, acerca de los posibles **factores de riesgo** que destacaban estas mujeres, se mencionan, sobre todo, el estrés mantenido ($n = 28$, 80 %), la pertenencia a una minoría étnica (n = 34, 97,1 %), la convivencia en una subcultura delincuencial ($n = 27$, 77,1 %) y la dependencia hacia el autor ($n = 24$, 68,6 %). Dentro de estos, también es importante destacar que la gran mayoría de ellas *(n = 27, 77,1 %)* estuvieron embarazadas en algún momento de su relación con el autor.

En general, los datos reunidos sobre la **satisfacción con la relación** afectiva con el autor muestran que esta era nula ($n = 16$, 45,7 %) y baja ($n = 6$, 17,1 %). Solo en 2 casos era alta (5,7 %) y en 10 casos, media (28,6 %). En cuanto a la satisfacción sexual, la dinámica es similar, pues en 18 casos era nula (51,4 %) y en 3 baja (8,6 %), mientras que solo una (2,9 %) tenía una satisfacción media. Aunque destaca que 10 de ellas (28,6 %) tenían una satisfacción sexual alta con el autor.

En cuanto a los **tipos de violencia sufridas** por las entrevistadas se encontraron los resultados siguientes:

TABLA 29. *Tipo de violencia sufrida por víctimas*

Tipo de violencia sufrida	*n*	%
Física y psicológica	35	100
Sexual	24	70,6
Emocional y social	30	85,7
Económica y vicaria	16	45,7
Cibernética	12	34,3
Durante el embarazo	16	45,7
Contra terceros	17	48,6

Fuente: elaboración propia.
Nota. Las categorías incluidas no son excluyentes entre sí.

En todos los casos se terminó la relación, no obstante, el **divorcio** oficial no fue tan común en esta población, pues solo se divorciaron en 2 casos (5,7 %).

Con respecto a las variables que tienen que ver con la participación de los hechos delictivos a la autoridad policial o judicial, destaca que el 54,3 % de las mujeres gitanas entrevistadas ($n = 19$) **denunciaron al agresor ante las autoridades.**

«Que denuncien rápido, que no lo piensen. Las gitanas no denuncian, que no lo piensen y miren por sí mismas»

María José Garrido Antón (Dir)., Marta Caballé Pérez, Laura Sánchez Morón, Paulina Badowicz,
Leire Villalón Arenas, Neus Mascaró Coll, Ariadna Trespaderne Dedeu, Miguel Ángel Soria Verde,
Montserrat Tous Zanguitu, Vielka Linet Peguero Jerez, Lidia Alonso Corona, Raúl Quevedo-Blasco,
José María Palomares Rodríguez, Rosa Viñas Racionero, Iván Parras Vaquero, Hassiba Ziati Ziati y Nassiba Ziati Ziati

«Hay que concienciar a la etnia gitana de que tienen que denunciar para que nos sea más fácil»

En este sentido, los motivos manifestados por los que no denunciaron o tardaron en hacerlo serían los siguientes, expuestos mediante una comparación entre el grupo de etnia gitana (entre las que se incluyen las gitanas y las mercheras) y la etnia caucásica.

TABLA 30. *Comparación entre los grupos de etnias gitanas y caucásica en relación con los motivos de la no denuncia*

Motivos no denuncia	Gitana (n=35)		Caucásica (n=56)		χ^2	p
	n	%	n	%		
Temor a represalias	20	57,1	35	62,5	.011	.915
Desconfianza en el sistema policial	13	37,1	21	37,5	.211	.646
Desconfianza en el sistema judicial	11	31,4	20	35,7	.396	.529
Indefensión aprendida	13	37,1	16	29,1	2,42	.12
Vergüenza	6	17,1	22	39,3	1,32	.251
Miedo	22	62,9	33	64,3	.016	.90
Culpabilidad	11	31,4	27	48,2	.653	.419
Dificultad para percibir violencia	10	28,6	22	39,3	.000	.992
Creencias erróneas	12	34,3	20	35,7	.004	.951
Tolerancia y aceptación violencia	14	40	20	35,7	.052	.82
Adherencia emocional	18	51,4	31	55,4	.394	.53
Desconocimiento judicial	7	20	20	35,7	.004	.951
Motivos culturales	18	51,4	12	20,7	7,628	.006**

*p < .05; **p < .01; ***p < .001

Fuente: elaboración propia.

Teniendo en cuenta los resultados recogidos en la Tabla 30, donde se comparan ambos grupos étnicos, la única variable en la que se aprecian diferencias estadísticamente significativas es en motivos culturales (=7.628, p < .01), observándose que el grupo de gitanas (n=18, 51,4 %) muestra como motivo de la no denuncia los motivos culturales en mayor medida al grupo de caucásicas (n=12, 20,7 %).

En relación con la **satisfacción con la denuncia** interpuesta, 13 de ellas (37,1 %) sentían que fueron atendidas de forma correcta. Por último, 32 víctimas entrevistadas **percibían riesgo** durante la relación de violencia (91,4 %), sólo 3 (8,6 %) dicen no haberlo sentido. En cuanto a los grados de este riesgo la mayoría dice que era alto (n = 16, 45,7 %) y extremos (n = 12, 34,3 %), mientras que solo 2 (5,7 %) decían que era bajo, al igual que medio (n = 2, 5,7 %).

Se realizó, además, una comparativa de resultados entre la muestra de población española de etnia gitana y la muestra de población española no gitana a través de un análisis *T de Student* para muestras independientes.

TABLA 31. *Resultados distribución T de Student. Comparativa mujeres gitanas y resto de mujeres*

Variable	F	p
Nivel socioeconómico	11,615	.001***
Vive con autor	19,956	.000***
Vive con autor y otros	17,172	.000***
Hijos/as en común con autor	8,403	.004**
Soledad	16,952	.000***
Motivos para vivir	24,032	.000***
Delitos contra pareja anterior	10,431	.002**
Versatilidad criminal	5,340	.023*
Convivencia subcultura delincuencial	31,758	.000***
Embarazo	17,933	.000***
Violencia física	19,984	.000***
Violencia psicológica	5,223	.024*
Violencia contra hijos/as en común	4,210	.042*
Vergüenza	4,745	.031*
Culpabilidad	1,771	.186
Tolerancia y aceptación viogen	11,891	.001***
Percepción de riesgo	0,367	.546
Grado de riesgo	3,599	.060
Divorcio	3,303	.072

p < .05; **p < .01; ***p < .001

Fuente: elaboración propia.

Tras analizar todas las variables contempladas en el estudio, se encontraron diferencias entre ambos grupos en cuanto al nivel socioeconómico, el cual fue significativamente distinto para las mujeres gitanas en comparación con las que no lo son. Las mujeres no gitanas tenían, de media, un mayor nivel socioeconómico.

En segundo lugar, las víctimas no gitanas vivían en mayor medida con el autor durante la relación, pero son las mujeres gitanas quienes más viven con el autor y otros. Además, las mujeres gitanas poseen más hijos/as en común con el autor que las mujeres no gitanas.

María José Garrido Antón (Dir)., Marta Caballé Pérez, Laura Sánchez Morón, Paulina Badowicz,
Leire Villalón Arenas, Neus Mascaró Coll, Ariadna Trespaderne Dedeu, Miguel Ángel Soria Verde,
Montserrat Tous Zanguitu, Vielka Linet Peguero Jerez, Lidia Alonso Corona, Raúl Quevedo-Blasco,
José María Palomares Rodríguez, Rosa Viñas Racionero, Iván Parras Vaquero, Hassiba Ziati Ziati y Nassiba Ziati Ziati

Por otro lado, las mujeres no gitanas presentaban niveles de soledad menores que las gitanas, no obstante este primer grupo alegaba que durante la relación (las mujeres no gitanas) tenían más motivos para vivir.

Además, las mujeres gitanas poseen más delitos contra una pareja anterior (aunque las cifras son pequeñas en ambos casos), además de presentar una mayor versatilidad criminal, teniendo además una mayor convivencia en una subcultura delincuencial.

En quinto lugar, los embarazos durante la relación de maltrato fueron, de media, más numerosos en las mujeres gitanas.

Con respecto al tipo de violencia percibida, las mujeres gitanas en su totalidad habrían sufrido mayor violencia física y violencia psicológica que las no gitanas, siendo la violencia contra hijos/as en común más numerosa dentro de las relaciones de estas últimas.

Por último, entre los motivos por los que no denunciaron la situación, encontramos que la vergüenza es más prevalente en mujeres no gitanas, por otro lado, la tolerancia y aceptación a la violencia de género fue un motivo más común en mujeres gitanas.

3.8.3. DISCUSIÓN

La violencia de género es un fenómeno que debe ser estudiado en todas las poblaciones, sin dejar de mirar detenidamente ninguna población minoritaria o estigmatizada. En el presente estudio se ha encontrado que las mujeres gitanas también se identifican como víctimas de violencia de género y que la tipología del delito es variada con respecto al resto de población española, aunque también hay parecidos razonables. Teniendo en cuenta que este sector de la sociedad española es, en numerosas ocasiones, menos accesible, resulta de mayor importancia incidir sobre él y adecuar los recursos necesarios para poder dar lugar a una equidad social.

En los resultados obtenidos se han podido encontrar datos congruentes con la información recolectada anteriormente. Un número considerable de mujeres (en torno al 50 %) confesaron que su infancia se había desarrollado en familias desestructuradas en las que el consumo de alcohol y otras drogas; el maltrato y el abuso sexual eran comunes. Esta situación pudo ser un precipitante para la baja escolaridad que se encontró en la muestra, pues solo dos de ellas habían estudiado algún nivel postobligatorio. Destacan especialmente que un 9 % de las mujeres son analfabetas funcionales y otro 20 % no tenía la educación primaria finalizada, por lo tanto, su educación intelectual (y social) se vio finalizada en los primeros años de la infancia. Se encontró que, además, más de la mitad de las mujeres se encontraban en una situación de desempleo durante la relación de violencia y únicamente 2 mujeres poseían un nivel socioeconómico alto. Al realizar la comparativa entre mujeres gitanas y no gitanas, se encontró que el primer grupo de mujeres, efectivamente, mostraba un nivel socioeconómico menor, no obstante, el nivel de estudios de la población española presa es bajo en ambos grupos. Estos datos podrían permitir hipotetizar sobre si los motivos del ingreso en prisión están ligados con la pobreza y si esta pudiera ser un factor de vulnerabilidad ante la permanencia en relaciones de violencia, debido al escaso acceso a recursos que podrían permitirles salir de estas.

En cuanto a la independencia de estas mujeres, resultó alarmante encontrar que la mayor parte de ellas se consideraban dependientes del autor del maltrato. Ninguna de estas mujeres vivía sola, y teniendo en cuenta el alto nivel de desempleo, no es de extrañar que se sintiesen vulnerables y carentes de recursos para finalizar la relación. En comparación con las mujeres no gitanas, estas últimas sí que mostraban un diferente estatus con respecto a la convivencia, siendo algunas de ellas más independientes económicamente. Por último, la discapacidad estuvo presente en 4 casos de las mujeres gitanas, siendo este un factor de riesgo con respecto a la dependencia, pero menos prevalente que otro tipo de variables. Otros de los factores de riesgo contemplados son el estrés mantenido o la convivencia en una cultura delincuencial (ligado en numerosas ocasiones al consumo de drogas). En los grupos de mujeres no gitanas destacaba más aún esta percepción de soledad respecto a las mujeres no gitanas, mientras que las diferencias en los datos de pertenencia a la subcultura delincuencial no son concluyentes.

Se pudo encontrar un alto índice de delincuencia previa en las entrevistadas, pues la mayoría habían estado en un centro penitenciario anteriormente y tenían antecedentes por delitos previos, lo cual es congruente con el hecho de que se encontraban en una subcultura delincuencial y su bajo nivel socioeconómico, además de una gran precariedad laboral. Con respecto a las mujeres no gitanas, se encontró que las mujeres gitanas reunían más delitos contra parejas anteriores y una mayor versatilidad criminal que las mujeres no gitanas. Al mismo tiempo, esto se puede relacionar con el consumo de sustancias, pues se encontró un alto porcentaje de consumo, especialmente de drogas, el cual aumenta durante y después de la relación con el autor. Los niveles, frecuencia y tipología del consumo no parecen discernir entre ambas muestras.

A esto se le une el hecho de que se encontró que la mayoría de las mujeres gitanas tienen descendencia, y que, en comparación con las no gitanas, tienen más hijos/as en común con el autor y un mayor número de embarazos durante la relación. Estos resultados se relacionan con la importancia de la descendencia y la familia dentro de la cultura gitana, poniendo a las víctimas en una situación de dependencia y vulnerabilidad mayor, pudiendo dificultar la salida de la relación de maltrato.

Las víctimas entrevistadas sufrieron en gran medida todos los tipos de violencia que se enmarcan en el constructo de la VdG, destacando especialmente la física, psicológica, sexual, emocional y social. Cuando se realizó la comparativa entre mujeres gitanas y no gitanas, se encontró que las mujeres gitanas son las que más violencia física y psicológica parecen haber sufrido. Sin embargo, la violencia contra terceros, concretamente contra los hijos/as en común, fue una violencia más típicamente dada en la población no gitana. En el resto de las tipologías de violencia no hubo diferencias significativas entre ambos grupos.

Teniendo en cuenta los tipos de violencia percibida, resultó de gran interés recoger las variables de satisfacción con la relación, resumiendo que, en gran medida la satisfacción era nula o deficiente (63 %). Con estos resultados se puede asumir que el bienestar de las mujeres estaba enormemente disminuido en el proceso de la relación, debiendo resaltar la importancia de promover estrategias y recursos para la ruptura de estas relaciones.

En contradicción con lo esperado, se encontró que más de la mitad de las entrevistadas (54,3 %, $N = 19$) habían interpuesto una denuncia al autor. Sin embargo, este resultado se puede deber a que estas mujeres, al estar privadas de libertad en un centro penitenciario, hayan adquirido conocimientos sobre los procedimientos judi-

María José Garrido Antón (Dir)., Marta Caballé Pérez, Laura Sánchez Morón, Paulina Badowicz,
Leire Villalón Arenas, Neus Mascaró Coll, Ariadna Trespaderne Dedeu, Miguel Ángel Soria Verde,
Montserrat Tous Zanguitu, Vielka Linet Peguero Jerez, Lidia Alonso Corona, Raúl Quevedo-Blasco,
José María Palomares Rodríguez, Rosa Viñas Racionero, Iván Parras Vaquero, Hassiba Ziati Ziati y Nassiba Ziati Ziati

ciales, facilitando de esta forma la denuncia frente a otras mujeres gitanas no autoras. Además, se destaca que 13 de ellas se sentían, en menor o mayor grado, satisfechas con la denuncia.

En relación con los motivos para no denunciar, destacan que más de la mitad de ellas expusieron los siguientes: temor a represalias, miedo, adherencia emocional y motivos culturales. Con respecto a la comparativa entre mujeres gitanas y no gitanas, se encontró que las mujeres no gitanas destacaban los sentimientos de vergüenza, mientras que las mujeres gitanas destacaban la tolerancia y la aceptación de la violencia de género y los motivos culturales. Estos resultados son congruentes con la información encontrada previamente, pues en la cultura gitana podría estar dándose una mayor legitimación de la violencia del hombre a la mujer.

Por último, se puede observar que la mayoría de las víctimas se sentían en riesgo durante la relación, siendo este especialmente alto y extremo. Esta percepción puede ser especialmente relevante a la hora de tomar la decisión de interponer la denuncia contra el victimario.

Finalmente, se considera necesario estudiar qué posibles recursos podrían ser, en mayor medida, necesarios para ayudar a cualquier mujer víctima de violencia de género, pero sobre todo se debe incidir en aquellos colectivos minoritarios y discriminados. En este sentido, se podrían potenciar diversas estrategias para acercar a las mujeres más vulnerables los medios disponibles de las instituciones públicas y privadas, así como de las Fuerzas y Cuerpos de Seguridad del Estado, especialmente a aquellas con desconfianza hacia el sistema y aspectos culturales de aceptación de la violencia como en el caso de las mujeres gitanas. Además, los centros penitenciarios podrían ser un entorno en el que las mujeres, posiblemente más vulnerables por su situación socioeconómica, accediesen a información, recursos y terapia para poder liberarse de este tipo de relaciones. Por tanto, las medidas y tratamientos que se lleven a cabo dentro del medio penitenciario deben mantener una perspectiva intercultural y abierta. Con esto se busca proporcionar una atención especializada y adecuada a todas las mujeres independientemente de su etnia y procedencia, prestando especial atención a las mujeres gitanas.

Por ello, se plantea la necesidad de realizar futuros estudios en los que se contemplen, en mayor profundidad, cuáles medidas podrían influir en la toma de decisiones ante esta situación de violencia para poder permitir una mayor reinserción de estas mujeres, y la promoción de una mejora de la calidad de vida y bienestar, tanto para ellas como para su descendencia. Para alcanzar este objetivo, será fundamental introducir la innovadora figura de la mediadora, que facilite el acceso a esta comunidad y fomente un ambiente de confianza y comprensión, permitiendo adaptar los programas a las necesidades específicas de la población.

REFERENCIAS

Carrasco, T. (2008). Buenas prácticas en la intervención con mujeres gitanas víctimas de violencia de género. *Fundación Secretariado Gitano.*

Centro de Investigaciones Sociológicas (2007). Estudio 2745: Discriminaciones y su percepción. *Fuera de colección CIS 49.* https://www.cis.es/cis/opencm/ES/1_encuestas/estudios/ver.jsp?estudio=8940

Fernández, I., Rodríguez, N. y Franco, N. (2021). Recomendaciones de intervención con mujeres gitanas víctimas de violencia de género desde los recursos públicos de la región de Murcia. *Fundación Secretariado Gitano*. https://www.gitanos.org/upload/68/50/GUIA_RECOMENDACIONES_WEB.pdf

Hernández, R., Fernández, C., y Baptista, M. P. (2014). Metodología de la investigación. *McGraw-Hill*.

Martín, M. T. (2002). Mujeres gitanas y el sistema penal. *Revista de estudios de género: La ventana, 2*(5), 149-174. http://redalyc.uaemex.mx/src/inicio/ArtPdfRed.jsp?iCve=88411126009

Martínez, M. (2017). La redada general de gitanos de 1749: La solución definitiva al «al problema» gitano. *Andalucía en la Historia*, (55), 12-15.

Peña, P. (2020). Mujeres gitanas y feminismo: un movimiento sin diseccionar. Ehquidad. International Welfare Policies and Social Work Journal, 13, 59-78. doi: 10.15257/ehquidad.2020.0003

3.9. CIBERVIOLENCIA DE GÉNERO Y BRECHAS DE SEGURIDAD. FOMENTANDO LA CULTURA DE CIBERSEGURIDAD

María José Garrido Antón[1]

[1]Secretaría de Estado de Seguridad

3.9.1. INTRODUCCIÓN

Actualmente resulta imposible describir el mundo *online* y el mundo *offline* como dos galaxias independientes y ortogonales. La realidad es que vivimos en un mundo híbrido donde es inconcebible lo tangible sin las bondades y ventajas que presentan las Tecnologías de la Información y Comunicación (TIC). Paralelamente surgen también peligros y riesgos en *Internet* que es preciso detectar, identificar y registrar para su estudio, análisis y persecución en el caso que sean comportamientos delictivos. *Sexting, sextorsion, porn revenge* y *cyberstalking*, son algunos ejemplos de los tipos criminales que inundan las páginas de los sucesos y evolucionan con asombrosa vertiginosidad, a veces consistiendo en comportamientos preocupantes y otros muchos delictivos. Estas conductas forman parte de lo que se conoce hoy en día como ciberviolencia de género (García & Garrido, 2021) o violencia digital (Carmona, 2023) y en el mundo anglosajón como *technology facilitated gender-based violence* (UNESCO, 2023). Según la UNODC (2022), se denominan ciberdelitos aquellos que son facilitados por la cibernética y las TIC, jugando un rol fundamental en el desarrollo y consumación de estas infracciones.

Varios estudios señalan que las mujeres tienen más probabilidad de experimentar ciberviolencia (insultos, amenazas, difamación de imágenes de contenido sexual y *ciberstalking* que los hombres (Henry & Powell, 2016; Amnistía Internacional, 2021). A nivel global, la Organización de las Naciones Unidas (*The Broadband Commission for Digital Development*, 2015) informa de datos tan alarmantes como que el 73 % de las mujeres en el mundo han estado expuestas o han experimentado violencia en línea, o que el 90 % de las víctimas de la distribución digital no consensuada de imágenes íntimas son mujeres. En España, según datos de la Macroencuesta de Violencia contra la Mujer (DGVDG, 2019) casi dos de cada diez mujeres españolas que han sido víctimas de acoso sexual afirman haber recibido insinuaciones «inadecuadas, humillantes,

María José Garrido Antón (Dir)., Marta Caballé Pérez, Laura Sánchez Morón, Paulina Badowicz,
Leire Villalón Arenas, Neus Mascaró Coll, Ariadna Trespaderne Dedeu, Miguel Ángel Soria Verde,
Montserrat Tous Zanguitu, Vielka Linet Peguero Jerez, Lidia Alonso Corona, Raúl Quevedo-Blasco,
José María Palomares Rodríguez, Rosa Viñas Racionero, Iván Parras Vaquero, Hassiba Ziati Ziati y Nassiba Ziati Ziati

intimidatorias u ofensivas» por *Internet*. Los datos van al alza y sólo hacen referencia a los casos denunciados. No se conocen datos en mujeres internas.

La no denuncia además de permitir la indemnidad y clandestinidad de los presuntos autores hace que la cifra oculta siga creciendo. En el mundo ciber, es preciso destacar de nuevo la cifra inconsciente, es decir, aquellas víctimas que no denuncian porque desconocen que están siendo objeto de ciberdelitos (programas espías como *keylogger, spylogger,* suplantaciones y usurpaciones de identidad *at exemplum*) u otras que no consideran o ignoran que las conductas de sus parejas o exparejas son violaciones de derechos fundamentales como la intimidad o el secreto de las comunicaciones (p. ej. acceso a mensajes y correos personales). Este tipo de violencia *online* se ha convertido en una forma indisoluble del mundo *offline* y una de las vulneraciones de derechos humanos de mujeres y niñas de alta complejidad y de la que se dispone de poca información.

La concienciación y sensibilización de los microataques personales a través de las TIC (características delictivas, vías de denuncia y herramientas jurídicas adecuadas) es hoy en día una asignatura pendiente para toda la sociedad en general (Garrido, 2023), y para las víctimas de VdG en particular. La información personal que cada persona tiene en su dispositivo electrónico puede llegar a ser muy valiosa en el marco de una relación afectiva, se debe conservar y preservar con medidas de protección y seguridad. Especialmente si la pareja o expareja puntúa alto en variables como el control coercitivo o la posesión (Viñas et. al, 2023). Además, se debe concienciar sobre la posibilidad de pérdida o extracción de los dispositivos y de los riesgos en los que puede esto puede derivar, así como la vulnerabilidad a los ataques de virus informáticos tipo *malwares* para controlar, espiar y visionar de manera remota los contenidos íntimos y personales de las víctimas.

En los EEPP existen programas de prevención contra la VdG, así como talleres jurídicos donde se forma cada vez más sobre la delincuencia. El reto ahora es educar en las TIC y concienciar sobre los riesgos y peligros de *Internet*.

El objetivo principal de este capítulo es informar sobre la frecuencia de mujeres internas víctimas de ciberviolencia de género por tipos y conocer el perfil de ciberseguridad a nivel personal de estas mujeres, al objeto de potenciar y desarrollar medidas de ciber protección personal.

3.9.2. RESULTADOS

Uso de teléfonos inteligentes

El 65,9 % (*n* = 81) de las mujeres entrevistadas utilizaban teléfonos inteligentes o *smartphones*. De estas, sólo 58 (47,2 %) tienen contraseña en el dispositivo y 31 de ellas (25,2 %) consideran que su contraseña era segura. 23 de estas mujeres (18,7 %) la cambiaron en algún momento.

Con respecto a las personas ajenas con acceso al dispositivo móvil, una gran parte de las entrevistadas (*n* = 65; 80,2 %) informaron que personas ajenas a ellas tenían acceso a su teléfono móvil, mientras que solo 16 (19,8 %) respondieron que no.

«Como mi expareja también tenía acceso a mi móvil, él también debía tenerlo»

«Le dejaba ver mi móvil como muestra de confianza plena. Es normal»

A continuación, se exponen las personas que tenían acceso al dispositivo de las víctimas:

Tabla 32. *Acceso al teléfono de la víctima por personas de su entorno*

	Acceso a teléfono (N=81)	
	Sí *n* (%)	No *n* (%)
Pareja	48 (59,3)	33 (40,7)
Expareja	21 (25,9)	60 (74,1)
Hijos/as	11 (13,6)	70 (86,4)
Padre	3 (3,7)	78 (96,3)
Madre	5 (6,2)	76 (93,8)
Hermano/a	2 (2,5)	79 (97,5)
Otros/as	4 (3,3)	77 (96,7)

Fuente: elaboración propia.

Como se puede observar en la Tabla 32, el 59,3 % de las entrevistadas (*n* = 48) sostenían que su pareja tenía acceso a su teléfono. A través de una pregunta abierta se demandaba información sobre las razones por las que su pareja accedía. Se recogieron motivos como los celos, el control, la obligación o como muestra de confianza hacia sus parejas. En cuanto al acceso al dispositivo por parte de la expareja, este se observó en menor medida, concretamente en el 25,9 % de los casos (*n* = 21).

Con respecto a las aplicaciones de control el 22,2 % (*n* = 18) de las mujeres tenían conocimiento de que el autor había utilizado **aplicaciones de geolocalización** en sus dispositivos, con el fin de controlarlas y vigilarlas.

«Él tenía una app de rastreo y colgaba cosas sin mi consentimiento»

En relación con **uso redes sociales** (ver Figura X) el 85,2 % (*n* = 69) de las víctimas que tenían teléfono móvil usaban y tenían cuenta en redes sociales, mientras que el 14,8 % no (*n* = 12).

María José Garrido Antón (Dir)., Marta Caballé Pérez, Laura Sánchez Morón, Paulina Badowicz,
Leire Villalón Arenas, Neus Mascaró Coll, Ariadna Trespaderne Dedeu, Miguel Ángel Soria Verde,
Montserrat Tous Zanguitu, Vielka Linet Peguero Jerez, Lidia Alonso Corona, Raúl Quevedo-Blasco,
José María Palomares Rodríguez, Rosa Viñas Racionero, Iván Parras Vaquero, Hassiba Ziati Ziati y Nassiba Ziati Ziati

FIGURA 15. *Uso de redes sociales de las víctimas*

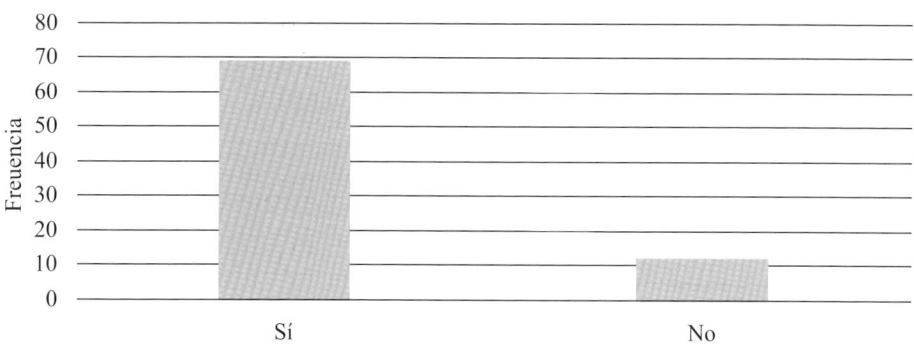

Fuente: elaboración propia.

Nota. Tan solo 3 mujeres (3,7 %) tenían redes sociales, pero no teléfono móvil, y al ser un dato estadísticamente marginal, se decidió estudiar estas variables con la muestra que sí disponía de teléfono móvil.

Personas ajenas con acceso a redes sociales

De las 81 víctimas que utilizaban las redes sociales, en 24 casos (29,6 %) ella era la
única que tenía acceso a su cuenta, mientras que en 45 casos (55,62 %) otras personas
podían acceder.

*«Registraba todas mis redes sociales y no podría acercarme a mi teléfono. Me
amenazó con enviarle sus fotos íntimas a mi madre»*

Al preguntar por las personas que tenían acceso a las cuentas de las redes sociales
de las víctimas, se obtuvieron las siguientes respuestas:

TABLA 33. *Acceso a las redes sociales de la víctima por personas de su entorno*

	Acceso a redes sociales (N=81)	
	Sí n (%)	No n (%)
Pareja	31 (38,3)	50 (61,7)
Expareja	11 (13,6)	70 (86,4)
Hijos/as	8 (9,9)	73 (90,1)
Padre	2 (2,5)	79 (97,5)
Madre	4 (4,9)	77 (95,1)
Hermano/a	3 (3,7)	78 (96,3)
Otros/as	6 (4,9)	75 (95,1)

Fuente: elaboración propia.

Observando los resultados recogidos en la Tabla 33, se obtiene que 31 víctimas (38,3 %) explican que su pareja disponía de acceso sus cuentas en redes sociales. Las principales razones referidas son obligación, control o celos. En cuanto a la expareja, el 13,6 % ($n = 11$) refieren que su esta podía acceder a sus redes sociales.

Sobre los tipos de redes sociales

Durante las entrevistas se preguntó acerca de qué redes sociales utilizan las víctimas.

TABLA 34. *Redes sociales más utilizadas por las víctimas*

Red Social	n (%)
WhatsApp	65 (80,2)
Youtube	34 (42)
Facebook	62 (75,3)
Instagram	41 (50,6)
Twitter	9 (11,1)
LinkedIn	2(2,5)
TikTok	18(22,2)
SnapChat	9 (11,1)

Fuente: elaboración propia.

En cuanto a la frecuencia del uso de redes sociales, 25 víctimas (30,9 %) utilizaban sus redes con una frecuencia baja, mientras que 21 de ellas (25,9 %) las usaban con un nivel de frecuencia medio, y en 23 casos (28,4) la frecuencia referida fue alta.

FIGURA 16. *Frecuencia de uso de las redes sociales por parte de las víctimas*

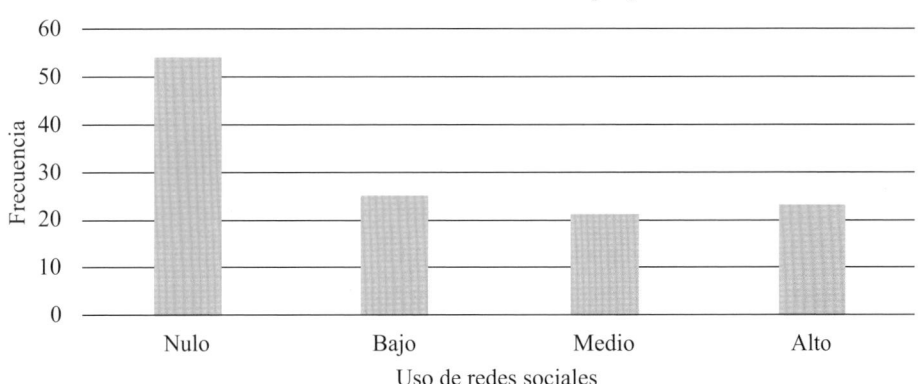

Fuente: elaboración propia.

María José Garrido Antón (Dir)., Marta Caballé Pérez, Laura Sánchez Morón, Paulina Badowicz,
Leire Villalón Arenas, Neus Mascaró Coll, Ariadna Trespaderne Dedeu, Miguel Ángel Soria Verde,
Montserrat Tous Zanguitu, Vielka Linet Peguero Jerez, Lidia Alonso Corona, Raúl Quevedo-Blasco,
José María Palomares Rodríguez, Rosa Viñas Racionero, Iván Parras Vaquero, Hassiba Ziati Ziati y Nassiba Ziati Ziati

21 víctimas (25,9 %) decidieron cambiar las contraseñas de sus cuentas de redes sociales por razones como la privacidad o seguridad, aunque algunas de ellas refirieron miedo a que su pareja se enfadase si cambiaba las contraseñas pudiendo llegar a recibir violencia física de hacerlo.

«Me decía que no podía tener contraseñas si no tenía nada que ocultar»

Ciberviolencia de género

El 65 % de las mujeres entrevistadas (*n* = 80) fueron víctimas de ciberviolencia de género, 33 de ellas (24,7 %) por parte del autor, 20 (24,7 %) por parte de otros y en 9 casos (11,1 %) por parte del autor y de otras personas.

FIGURA 17. *Víctimas de violencia de género*

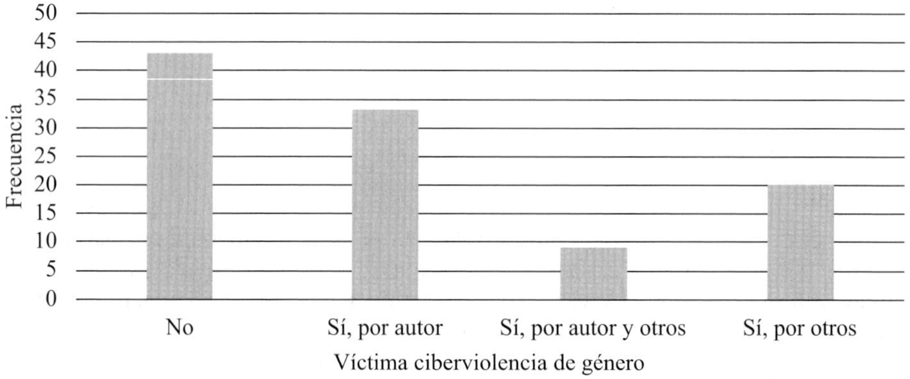

Fuente: elaboración propia.

Los delitos por los que se preguntó y de los que se obtuvo registro fueron los recogidos en la tabla 35.

TABLA 35. *Delitos sufridos por víctimas a través del medio digital*

Ciberdelito	Agresor (N=81)			
	Sí, por autor n (%)	Sí, por otros n (%)	Sí, por ambos n (%)	No n (%)
Sextorsion	9 (11,1)	20 (24,7)	1 (0,8)	52 (64,2)
Stalking	30 (37)	18 (22,2)	1 (1,2)	32 (39,6)
Sexting	5 (6,2)	14 (17,3)	0 (0)	62 (76,5)
Revenge porn	5 (6,2)	14 (17,3)	0 (0)	62 (76,5)
Impersonation	12 (14,8)	17 (20,3)	0 (0)	52 (64,9)
Doxing	3 (3,7)	15 (18,57)	0 (0)	63 (77,73)

Ciberdelito	Agresor (N=81)			
	Sí, por autor n (%)	Sí, por otros n (%)	Sí, por ambos n (%)	No n (%)
Outing	1 (0,8)	14 (17,3)	0 (0)	66 (81,9)
Flaming	10 (12,3)	16 (19,8)	0 (0)	55 (67,9)
Fraping	6 (7,4)	16 (19,8)	0 (0)	59 (72,8)
Exclusion	8 (9,9)	13 (16)	0 (0)	60 (74,1)
Denigration	11 (13,6)	13 (16)	1 (1,2)	56 (69,2)

Fuente: elaboración propia.

Sobre la percepción del riesgo de ciberviolencia, 21 de ellas contestaron positivamente (25,9 %), 2 percibiéndolo como extremo (2,5 %), 11 (13,6 %) como alto, 3 (3,7 %) como medio, 4 como bajo (4,93 %) y 59 (72,8 %) nulo.

3.9.3. DISCUSIÓN

En el presente estudio, se observa como las vulnerabilidades en la seguridad se ven agravadas por una percepción subestimada del riesgo por parte de las víctimas, en concreto, un 72,8 % de ellas, a pesar de que más de la mitad de la muestra (65 %) afirmó haber sufrido este tipo de agresiones en el espacio cibernético. Esto explica por qué en muchas de las ocasiones, las víctimas ignoran o no consideran estos comportamientos como delitos cibernéticos, a pesar de que impactan sobre sus derechos o intimidad, fenómeno que se conoce como cifra inconsciente.

Alineados con el objetivo principal de conocer la frecuencia de mujeres víctimas de ciberviolencia de género por tipos, los resultados mostraron que el *stalking* fue el delito más sufrido (*n*=49; 60,4 %), seguido de sexting (*n*=30; 37 %), *impersonation* (*n*=29; 35,8 %) y *flaming* (*n*=26; 32,09 %). En cambio, los que menos se reportaron fueron *outing* (*n*=15; 18,51 %), *doxing* (*n*=18; 22.22 %) y *revenge porn* (*n*=19; 23,45 %).

Los datos obtenidos en esta investigación sobre la alta prevalencia del delito de *stalking* coinciden con trabajos previos (Cala & Martínez- Gil, 2022; MESECVI, 2022). Este comportamiento visibiliza las dinámicas de control perpetradas por el autor, ejemplificado con el uso de aplicaciones de geolocalización, donde un 22,2 % de las víctimas eran conscientes de su seguimiento. Adicionalmente, este control se ve facilitado por la presencia de una notoria brecha de seguridad digital (Observatorio Nacional de tecnología y sociedad, 2022; Bibiana, C & Cortés, R, 2023), caracterizado por una falta de autoprotección en el espacio cibernético. Hecho que se refleja en la ausencia de contraseñas en los dispositivos móviles en casi la mitad (47,2 %) de las mujeres internas y en la falta de restricciones en el acceso de terceros a sus cuentas de redes sociales (55,62 %) y dispositivos personales (80,2 %).

Los efectos de la ciberviolencia se manifiestan en el bienestar y la salud mental de las víctimas, generando estrés, ansiedad, depresión, síndrome de estrés postraumático e incluso pensamientos suicidas (*United Nations Population Fund*, 2023). Estos comportamientos provocan la pérdida de intimidad (García-Collantes y Garrido, 2021) y

María José Garrido Antón (Dir)., Marta Caballé Pérez, Laura Sánchez Morón, Paulina Badowicz, Leire Villalón Arenas, Neus Mascaró Coll, Ariadna Trespaderne Dedeu, Miguel Ángel Soria Verde, Montserrat Tous Zanguitu, Vielka Linet Peguero Jerez, Lidia Alonso Corona, Raúl Quevedo-Blasco, José María Palomares Rodríguez, Rosa Viñas Racionero, Iván Parras Vaquero, Hassiba Ziati Ziati y Nassiba Ziati Ziati

perpetúan la desigualdad y la brecha digital de género (Martínez, 2021). Esta brecha digital de género, por un lado, restringe el acceso a los recursos y dispositivos *online*, donde, en el caso de las entrevistadas, no todas tenían acceso a un *smartphone*, sino que únicamente lo afirmaron un 65,9 %. Mientras que, por otro lado, limita las habilidades digitales de las mujeres en este espacio, privándoles de información que puede ser relevante para ellas, y por lo tanto dificultando su posterior comprensión, y toma de decisiones (ONU, 2022).

Por todo lo anteriormente comentado, la desinformación en línea exacerbada entre mujeres que sufren ciberviolencia de género representa un elevado riesgo en la seguridad. Todo ello, subraya la necesidad urgente de establecer mecanismos de prevención, no solamente para abordar la violencia que sufren las mujeres en el espacio cibernético, sino también los desafíos relacionados con la analfabetización digital observada entre la población en general, y en las mujeres internas en particular.

REFERENCIAS

Amnistía Internacional (2021, 23 junio). Amnistía revela alarmante impacto de los abusos contra las mujeres en Internet. https://www.amnesty.org/es/latest/press-release/2017/11/amnesty-reveals-alarming-impact-of-online-abuse-against-women/

Bibiana, C., & Cortés, R. (2023). Los Ciberdelitos y la Ciberseguridad: Una Cuestión de Género. https://www.google.com/url?sa=t&source=web&rct=j&opi=89978449&url=https://dialnet.unirioja.es/descarga/articulo/9265277.pdf&ved=2ahUKEwjq75_V9fiFAxVXVaQEHUkjBgkQFnoECBIQAQ&usg=AOvVaw1-kdkV7GCfWVY61QaA10Q_

Cala, V. C., & Del Carmen Martínez Gil, M. (2022). Ciberviolencia en la pareja adolescente: análisis transcultural y de género en centros de secundaria. Bordón, 74(2), 11- 30. https://doi.org/10.13042/bordon.2022.91342

García-Collantes, A., y Garrido, MJ. (2021). Violencia y Ciberviolencia de Género. https://editorial.tirant.com/es/libro/violencia-y-ciberviolencia-de-genero-angel-garcia- collants-9788413785745

Carmona, M.A., (2023). Violencia de género y nuevas tecnologías. II Congreso Internacional «Derechos Humanos, Violencia Digital e Inteligencia Artificial: amenazas, retos y desafíos». Burgos.

Henry, N., & Powell, A. (2016). Technology-Facilitated Sexual Violence: A Literature Review of Empirical Research. Trauma, Violence & Abuse, 19(2), 195-208. https://doi.org/10.1177/1524838016650189

Martínez, M. (2021). Propuestas de regulación frente a una nueva brecha digital por razón de género: ciberviolencia contra la mujer a la luz del marco europeo de protección de datos. Revista de Estudios Jurídicos y Criminológicos, (4), 211-233. https://orcid.org/0000-0002-6111-5798

MESECVI (2022). Ciberviolencia y Ciberacoso contra las mujeres y niñas en el marco de la Convención Belém Do Pará. https://www.spotlightinitiative.org/sites/default/files/publication/Informe- Ciberviolencia-MESECVI_1Abr.pdf

The Broadband Commission for Digital Development (2015). Cyber Violence Against Woman and Girls: A World-wide Wake Up Call. https://www.unwomen.org/es/news/stories/2015/9/cyber-violence-report-press-release

United Nations Office on Drugs and Crime (2022). *A Training handbook for criminal justice practitioners on cyberviolence against women and girls (CVAWG)*. https://www.unodc.org/documents/southernafrica//Publications/CriminalJusticeIntegrity/GBV/UNODC_v4_121022_normal_pdf.pdf

UNESCO (2023). Technology-Facilitated Gender-Based violence in an era of generative AI. https://unesdoc.unesco.org/ark:/48223/pf0000387483

United Nations Population Fund. (2023). *What is technology facilitated gender-based violence?* https://www.unfpa.org/resources/brochure-what-technology-facilitated-gender-based-violence#:~:text=Technology%2Dfacilitated%20gender%2Dbased%20violence%2C%20or%20TFGBV%2C%20is,the%20basis%20of%20their%20gender

Viñas-Racionero, R., Raghavan, C., Soria-Verde, M. Á., Scalora, M. J., Santos-Hermoso, J., González-Álvarez, J. L., & Garrido-Antón, M. J. (2023). Enhancing the assessment of coercive control in Spanish femicide cases: a nationally representative qualitative analysis. Journal of Family Violence, 1-12.

3.10. ANÁLISIS DE LOS COMPORTAMIENTOS SUICIDAS EN PRISIÓN: POSIBLES FACTORES INCIDENTES EN VÍCTIMAS DE VDG

Raúl Quevedo-Blasco[1]
José María Palomares Rodríguez[2]
[1]Centro de Investigación, Mente, Cerebro y Comportamiento (CIMCYC), Universidad de Granada (España)
[2]Unidad de Psicología Jurídica y Forense, *Spin-off* de la Universidad de Granada (España)

3.10.1. INTRODUCCIÓN

El suicidio puede entenderse como un compendio amplio de conductas, que van desde la ideación suicida, planificación, comunicación hasta los intentos de suicidio y el propio suicidio consumado (Al-Halabí y Fonseca-Pedrero, 2021), siendo un fenómeno complejo, multidimensional y multicausal (García-Haro et al., 2023). Se trata de un problema de salud pública grave a nivel mundial, al suponer un impacto a nivel personal y familiar duradero en las personas cercanas de quien lo comete, así como un impacto social y económico significativo en los países, comunidades y sociedades afectadas (Organización Mundial de la Salud [OMS], 2021).

La presencia de trastornos mentales, la estigmatización social en torno a la salud mental y las dificultades económicas son algunos de los factores que se han sugerido como posibles contribuyentes a las tasas de suicidio (Bachmann, 2018; Broco Villahoz et al., 2023; Qin et al., 2022), viéndose, además, distintos perfiles de víctima atendiendo a diferentes variables, como la categoría profesional, método de suicidio empleado, localización geográfica, tipos de población y otras variables de interés (Alcántara-Jiménez et al., 2023; Cano-Montalbán y Quevedo-Blasco, 2018; Quevedo-Blasco y Palomares-Rodríguez, 2023; Romero-Lara et al., 2018).

Si bien la producción científica sobre el suicidio es prolífica a nivel mundial (e.g., Araujo et al., 2023; Arya et al., 2023; Jakobsen et al., 2023), la invisibilización de este fenómeno, al considerarlo un estigma o tabú, implica grandes dificultades para su abordaje desde la perspectiva de la gestión pública, variando el grado de implicación de los distintos elementos de la sociedad (Castillo Patton, 2022), aun cuando muchos

María José Garrido Antón (Dir)., Marta Caballé Pérez, Laura Sánchez Morón, Paulina Badowicz,
Leire Villalón Arenas, Neus Mascaró Coll, Ariadna Trespaderne Dedeu, Miguel Ángel Soria Verde,
Montserrat Tous Zanguitu, Vielka Linet Peguero Jerez, Lidia Alonso Corona, Raúl Quevedo-Blasco,
José María Palomares Rodríguez, Rosa Viñas Racionero, Iván Parras Vaquero, Hassiba Ziati Ziati y Nassiba Ziati Ziati

sectores profesionales y sociales han exigido a los gobiernos e instituciones que presten atención a este problema, insistiendo en la realización de adecuados diagnósticos (Quevedo-Blasco et al., 2023). Dicha reticencia se extiende a los propios medios de comunicación al momento de informar sobre estos sucesos, al cuestionarse los efectos que podría provocar en la población informar de estos eventos (Acosta Artiles et al., 2017; Herrera Ramírez et al., 2015), a pesar de que la mayoría de los hallazgos hasta la fecha no respaldan un efecto de contagio o imitación (Stack, 2020). Ante la dificultad de tratar adecuadamente los casos de suicidio, se han creado diversas estrategias y recursos institucionales, con el objeto de ofrecer pautas y recomendaciones sobre cómo informar acerca de este tipo de fenómenos, evitando efectos indeseados y sensacionalismos, ofrecer información de recursos de ayuda y transmitir un mensaje de apoyo a los sobrevivientes, sirviendo el mismo como guía de apoyo para los profesionales de la comunicación (Ministerio de Sanidad, Política Social e Igualdad, 2020; OMS, 2023).

Aun teniendo en cuenta dichos esfuerzos por visibilizar este fenómeno, en España se ha observado un aumento del número de suicidios desde que comenzaron los registros, a pesar de que las tasas de suicidio son más bajas en comparación con otros países europeos. En el año 2022, 4.097 personas se quitaron la vida, un 2,3% más que en 2021, según datos procedentes de las Estadísticas de Defunción por causa de Muerte del Instituto Nacional de Estadística (INE, 2023). Si bien, es la primera vez desde 2008 que deja de ser la principal causa externa de muerte en España (siendo la segunda en 2022), los datos son muy similares a la primera causa (ahogamiento, sumersión y sofocaciones accidentales). No obstante, tras estos tipos de fallecimiento pueden ocultarse muertes por suicidio que, por diversas razones, no se han asignado a este origen. De esta cifra, 3.047 eran hombres y 1.055 mujeres, observándose en función de la edad, que el mayor número de suicidios se dio entre los 50 y 59 años (Fundación Española para la Prevención del Suicidio, 2023).

Esta lacra, cuya incidencia en la población general es significativa, resulta más grave en la población penitenciaria, al ser una de las causas de muerte más frecuente (OMS, 2023) presentando esta población un mayor riesgo de suicidio comparado con la población general (Morgan et al., 2022) debido a diversos factores y el impacto emocional que implica estar en prisión (Pratt y Foster, 2020; Zadravec Sedivy et al., 2020); y mayores tasas de suicidio respecto a la población general (Fazel et al., 2017). En este entorno, se observa que la presencia de determinados factores de carácter psicosocial, tal como el estado civil, apoyo familiar, historia previa de conductas suicidas, estados emocionales y psicológicos desadaptativos, historial de consumo de sustancias, y delitos violentos previos entre otros, incrementan el riesgo de realizar distintas conductas suicidas (Alcántara-Jiménez et al., 2023; Favril, 2021; Favril et al., 2022; García-Guerrero y Marco, 2012; Görgülü y Tutarel-Kişlak, 2014).

El elevado riesgo de ocurrencia de este fenómeno tiene como consecuencia el aumento de los casos de suicidios consumados ocurridos dentro de instituciones penitenciarias, viéndose que, según los datos facilitados por la Administración Penitenciaria al Defensor del Pueblo (2022), desde 2017 a 2020 hubo un aumento de personas fallecidas por este fenómeno, disminuyendo en 2021. Concretamente, en 2017 hubo 27 suicidios, en 2018 hubo 33, en 2019 fueron 43, en 2020 se llegó a 51 y en 2021 disminuyeron a 36 casos. Junto a estos casos, no menos importancia tiene aquellos casos donde los internos e internas se autolesionan, contabilizándose en 2021 un total de 3.498 autolesiones, siendo 87 de ellas graves y 3.411 leves. Además de ello, hay que considerar, tal como describe la OMS (2022), que el riesgo de suicidio no disminuye una vez el interno o interna sale de prisión, siendo un momento crucial para su prevención, pues se ha observado que durante las primeras semanas después de la salida del centro penitenciario, hay un mayor riesgo de suicidio, en aquellas personas con historial psiquiátrico previo o cuadros psicológicos en el momento de la salida, intentos de suicidio previos o consumo de sustancias (Haglund et al., 2014; Spittal et al., 2019), siendo el riesgo de muerte mayor para este tipo de población comparado con la población general (Binswanger et al., 2007).

Aunque la población penitenciaria sigue siendo predominantemente masculina (92,9% frente a 7,1 % de mujeres), según datos del Consejo General del Poder Judicial (2023), posee una gran relevancia el estudio de los efectos del encarcelamiento en la mujer, debido a posibles diferencias de género en cuanto al tipo de adaptación y consecuencias de este, entre hombres y mujeres (Gover et al., 2008; Janca et al., 2022). A través de estas diferencias se observa que existen variables específicas que influyen negativamente en el grado de adaptación de la mujer al entorno penitenciario como el ser joven, no tener hijos/as, ser condenada por delitos violentos, antecedentes o la presencia de determinados trastornos mentales entre otros (Romero-Lara et al., 2020). Incluso estas diferencias pueden darse una vez la mujer sale de prisión, en cuanto a las necesidades sociales y sanitarias que puedan surgir (Spittal et al., 2019).

Una de las variables diferenciadoras con los hombres, que podría influir en tal adaptación al entorno penitenciario y en su estabilidad emocional, es el haber sido víctima de violencia de género, teniendo en cuenta la significativa relación entre el haber sufrido este tipo de violencia y las consecuencias psicológicas derivadas de la misma, así como las conductas suicidas, caracterizándose por un aumento en el riesgo de ideación o intento suicida a medida que la intensidad de la violencia sufrida aumenta. Las víctimas de violencia de género a menudo experimentan una angustia psicológica significativa, estrés traumático, miedo y aislamiento, lo que contribuye al riesgo de conductas suicidas (Sanz-Fuentes y Ruiz-Lorenzo, 2023). Con todo ello, resulta interesante la especial atención que se ha prestado a la situación de las mujeres en prisión dadas las condiciones de especial vulnerabilidad a la que se enfrentan. Atención que se pretende dar a través de la Instrucción 9/2022, de la Secretaría General de Instituciones Penitenciarias, que incluye la perspectiva de género en la prevención de suicidios en el ámbito penitenciario, y donde se reconoce que las tasas de suicidio consumado o en tentativa de mujeres y hombres son similares (Defensor del Pueblo, 2022), viéndose con ello diferencias respecto a la población general, donde la tasa es mucho mayor en hombres respecto a las mujeres.

A través del estudio realizado y en función de la literatura existente (véase por ejemplo Alcántara-Jiménez et al., 2023), se pretende observar posibles factores incidentes en el comportamiento suicida en mujeres internas de distintos centros penitenciarios de España, con objeto de plantear propuestas eficaces para la intervención en esta problemática. Para ello, primero se examinará la prevalencia de conductas autolesivas, ideación suicida e intentos de suicidio en una muestra de presas que han sufrido violencia de género en su vida en libertad (por uno o más agresores). En segundo lugar, se examinará la relación entre las variables sociodemográficas y carcelarias en la intención suicida, la ideación y el intento, así como con en el número de suicidios.

María José Garrido Antón (Dir)., Marta Caballé Pérez, Laura Sánchez Morón, Paulina Badowicz,
Leire Villalón Arenas, Neus Mascaró Coll, Ariadna Trespaderne Dedeu, Miguel Ángel Soria Verde,
Montserrat Tous Zanguitu, Vielka Linet Peguero Jerez, Lidia Alonso Corona, Raúl Quevedo-Blasco,
José María Palomares Rodríguez, Rosa Viñas Racionero, Iván Parras Vaquero, Hassiba Ziati Ziati y Nassiba Ziati Ziati

3.10.3. RESULTADOS

En primer lugar, se analizó la prevalencia de conductas autolesivas, de suicidio y variables relacionadas. Un resumen de los resultados se puede ver en la Tabla 36. También es importante destacar, en los casos de intentos, los métodos más empleados en las conductas autolesivas e intentos (Tabla 37).

TABLA 36. *Prevalencia de ideación suicida, tentativa suicida, y variables relacionadas*

Variables	Categoría	Frecuencia	Porcentaje
Conducta autolesiva	Sí	51	41,5
	No	72	58,5
Ideación suicida	Sí	67	54,5
	No	56	45,5
Intento de suicidio[*]	Sí	56	45,9
	No	66	54,1
Acceso a armas	Sí	24	19,5
	No	93	75,6
	No se sabe	6	4,9
Historial familiar de suicidio	Sí	21	17,1
	No	102	82,9
Creencias religiosas/espirituales	Sí	27	22
	No	77	62,6
	No se sabe	19	15,4

[*] Existe un valor perdido.

Fuente: elaboración propia.

Además, se ha analizado el método de intención suicida de aquellas que habían mostrado al menos una tentativa. Se ha encontrado muchas variantes diferentes (incluyendo combinación de métodos), donde los métodos más utilizados son los cortes autoinfligidos y el consumo de drogas o medicamentos (véase la Tabla 37), constando uno u otro (o ambos) en el más del 83 % de los casos.

TABLA 37. *Métodos más empleados en las conductas autolesivas e intentos de suicidio*

Métodos	n (%)	% acumulado
Cortes autoinfligidos	27 (49,09)	49,09
Envenenamiento / sobredosis	19 (34,55)	83,64
Golpes e impactos autoinfligidos	4 (7,27)	90,91
Ahorcamiento	3 (5,45)	96,36
No especificado	2 (3,64)	100,00

Fuente: elaboración propia.

Nota. La *N* total de los casos es superior a la muestra porque se han contabilizado, de forma independiente, cuando han empleado más de un método.

Hay que indicar también que hay casos en los que no se han podido contabilizar exactamente el número total de conductas autolesivas, ya que eran «situacionales», es decir, ocurrían solo ante situaciones concretas (por ejemplo, cada vez que se peleaba con la pareja, recibía notificación de juicios, etc.) y la persona no supo dar un número exacto. Lo mismo ocurrió cuando daban información poco precisa, como por ejemplo «de forma esporádica» o «frecuentemente».

Seguidamente se analizó la frecuencia de intentos, donde el mayor número fue de 15. A excepción de casos extremos, un intento fue lo más frecuente (23 mujeres, 41,1 %), seguido de dos intentos (11 mujeres, 19,6 %) y tres (8 mujeres, 14,3 %). La media fue de 2,8 ($DT = 2,76$) intentos.

Tras el análisis de la prevalencia, en segundo lugar, se analizó la relación entre las variables sociodemográficas y carcelarias en la intención suicida, la ideación y el intento, así como en el número de suicidios. En primer lugar, en conducta autolesiva en el modelo de variables sociodemográficas no resultó significativo, por lo que ninguna de las variables logró alcanzar significación estadística, siendo la edad la que tenía una mayor relación. En el caso de las variables vinculadas con suicidio y prisión el modelo estuvo cerca de la significación ($\chi^2(5) = 9,91$; $p = .078$) logrando una clasificación correcta del 75 %. Pese a ello ninguna de las variables incluidas logro significación por sí misma.

En el caso de la ideación e intención suicida, no se logró significación estadística de ninguno de los modelos ni para variables sociodemográficas, ni para variables vinculadas con intención e ideación suicida. A pesar de ello, los números son muy descriptivos de la situación actual del suicidio con esta tipología de muestra.

3.10.3. DISCUSIÓN

Los resultados muestran la importancia de visibilizar la situación de la mujer dentro del entorno penitenciario, dadas las dificultades y complejidades a las que tiene que hacer frente, especialmente cuando se tratan de víctimas de violencia de género. Teniendo presente los objetivos del trabajo, se observa que una parte importante de la muestra de internas, mostraban conductas autolesivas (41,5 %), ideación suicida (54,5 %) e intentos de suicidio (45,9 %). Estos datos son superiores a los informados por el Observatorio Español de Drogas y Adicciones (Ministerio de Sanidad, Política Social e Igualdad, 2022) en su informe sobre salud y consumo de drogas en instituciones penitenciarias. Por otro lado, en aquellos casos donde se daban conductas autolesivas e intentos suicidas el método más empleado eran los cortes autoinfligidos (49,09 %) y el envenenamiento/sobredosis (34,55 %).

Estos datos son similares a los descritos en distintos estudios, mencionándose la elevada presencia de este tipo de conductas, en población femenina penitenciaria (Alcántara et al., 2023; Browne et al., 2023), aunque habría de valorarse si las mismas son a consecuencia de la violencia sufrida por parte de sus parejas o ex parejas, o bien podría darse debido a la situación en la que están inmersas dentro de prisión, pudiendo ser un efecto de una falta de adaptabilidad al entorno penitenciario, experiencias negativas asociadas al encarcelamiento, incluido el acoso por parte de otras internas, traumas pasados, abuso infantil, sucesos ocurridos fuera de prisión que repercute en

María José Garrido Antón (Dir)., Marta Caballé Pérez, Laura Sánchez Morón, Paulina Badowicz, Leire Villalón Arenas, Neus Mascaró Coll, Ariadna Trespaderne Dedeu, Miguel Ángel Soria Verde, Montserrat Tous Zanguitu, Vielka Linet Peguero Jerez, Lidia Alonso Corona, Raúl Quevedo-Blasco, José María Palomares Rodríguez, Rosa Viñas Racionero, Iván Parras Vaquero, Hassiba Ziati Ziati y Nassiba Ziati Ziati

la interna u otras variables (Janca et al., 2022; Kelman et al., 2022; Rivlin et al., 2013; Romero-Lara et al., 2020). Ello hace ver que las internas enfrentan desafíos únicos y experiencias carcelarias complejas en comparación a los hombres, lo que afecta un posible comportamiento violento o autolesivo (Stearns et al., 2023), de ahí la necesidad de hacer un especial seguimiento a las circunstancias y factores que influyen en la mujer en prisión y sus necesidades.

Este tipo de comportamientos, independientemente del origen, no hace sino aumentar la preocupación por el incremento de las probabilidades de que se desencadenen efectos fatales, esto es el suicidio consumado, teniendo en cuenta que el riesgo de suicidio en mujeres dentro de prisión es notablemente mayor en comparación a mujeres no internas; y respecto a los hombres, estén o no en prisión (Bedoya et al., 2009; Browne et al., 2023; Fazel et al., 2016; Fazel et al., 2017; Romero-Lara et al., 2020; Struthers y Mahoney, 2023; Zadravec Sedivy et al., 2020). En cuanto a los métodos utilizados en las conductas autolesivas e intentos de suicidio se observa que se describe una mayor presencia de cortes autoinfligidos, seguido del envenenamiento/sobredosis. A diferencia de la población general que describen un mayor uso del ahorcamiento, la precipitación y, en menor medida, el envenenamiento como principales métodos utilizados para el suicidio (Bachmann,2018; Cano-Montalbán y Quevedo-Blasco, 2018; Hirot et al., 2023; Kim et al., 2023).

A la utilización de cortes autoinfligidos no subyace la idea de que sean hechos con una finalidad propiamente suicida. Puede ser que dicho método sea considerado una forma de afrontamiento de las emociones dolorosas, como la soledad, desesperanza, sentimientos de inferioridad; así como supone una forma de comunicación de dicho dolor a otros (Shafti et al., 2021). Si bien puede llevar al suicidio como resultado final y una forma de escapar de tal situación, hay que tener presente la intencionalidad, gravedad de las heridas, repetición de la conducta y automutilaciones (Tutusaus et al., 2012) para determinar si se trata de una forma de afrontar emocionalmente la situación penitenciaria o si se trata de una conducta motivada a quitarse la vida.

En cuanto al envenenamiento/sobredosis, este puede darse atendiendo a la accesibilidad a sustancias ilegales dentro de prisión, como puede ser los tranquilizantes, heroína, cocaína o la metadona entre otros (Ministerio de Sanidad, Política Social e Igualdad, 2022). Un hecho preocupante si se tiene en cuenta que, en personas con determinados trastornos mentales, el uso de sustancias puede llevar de la ideación suicida a la realización efectiva del intento suicida (Struthers y Mahoney, 2023) lo que aumenta el riesgo de muerte de forma evidente.

Adicionalmente, se observó cierta relación de la edad con las conductas suicidas, lo cual parece ir en sintonía con lo descrito por Romero-Lara et al. (2020), que referían que las mujeres de mediana edad tenían una mayor probabilidad de padecer desajustes psicológicos conforme aumentaba la edad. No obstante, habría de valorarse adicionalmente la posible sintomatología psicológica que pudieran tener las internas en este caso para confirmar tal cuestión.

Por último, hay que destacar que las variables relacionadas con el suicidio y prisión, si bien estuvieron cerca de la significación, dan cuenta de la evidencia de que existen determinados factores de carácter psicosocial más o menos definidos que influyen tanto en el ajuste emocional como en la probabilidad de que la interna lleve a cabo conductas suicidas (Alcántara-Jiménez et al., 2023; Favril, 2021; Favril et al., 2022; Morgan et al., 2022; Struthers y Mahoney, 2023; Zhong et al., 2020).

REFERENCIAS

Acosta Artiles, F. J, Rodríguez Rodríguez-Caro, C. J, y Cejas Méndez, M. R. (2017). Noticias sobre suicidio en los medios de comunicación. Recomendaciones de la OMS. *Revista Española de Salud Pública*, *91*, e1-e7. https://scielo.isciii.es/pdf/resp/v91/1135-5727-resp-91-e201710040.pdf

Alcántara-Jiménez, M., Torres-Parra, I., Guillén-Riquelme, A. y Quevedo-Blasco, R. (2023). Los factores psicosociales en el suicidio de presos en prisiones europeas: una revisión sistemática y meta-análisis. *Anuario de Psicología Jurídica, 33*, 101-114. https://doi.org/10.5093/apj2022a13

Al-Halabí, S. y Fonseca-Pedrero, E. (2021). Suicidal behaviour prevention: The time to act is now. *Clínica y Salud, 32*(2), 89-92. https://doi.org/10.5093/clysa2021a17

Araujo, J. A. P., Fialho, E., Alves, F. J. O., Cardoso, A. M., Orellana, J. D. Y., Naslund, J. A., Barreto, M. L., Patel, V. y Machado, D. (2023). Suicide Among Indigenous Peoples in Brazil from 2000 to 2020. *The Lancet Regional Health – Americas*, *26*, 100591. https://doi.org/10.1016/j.lana.2023.100591

Arya, V., Page, A., Vijayakumar, L., Onie, S., Tapp, C., John, A., Pirkis, J. y Armstrong, G. (2023). Changing profile of suicide methods in India: 2014–2021. *Journal of Affective Disorders*. *340,* 420-426. https://doi.org/10.1016/j.jad.2023.08.010

Bachmann S. (2018). Epidemiology of suicide and the psychiatric perspective. *International Journal of Environmental Research and Public Health*, *15*(7), 1425 https://doi.org/10.3390/ijerph15071425

Bedoya, A., Martínez-Carpio, P. A., Humet, V., Leal, M. J., y Lleopart, N. (2009). Incidencia del suicidio en las prisiones de Cataluña: análisis descriptivo y comparado. *Revista Española de Sanidad Penitenciaria, 11*(2), 37-41. https://scielo.isciii.es/scielo.php?script=sci_arttext&pid=S1575-06202009000200002

Binswanger, I. A., Stern, M. F., Deyo, R. A., Heagerty, P. J., Cheadle, A., Elmore, J. G., y Koepsell, T. D. (2007). Release from prison--a high risk of death for former inmates. *New England Journal of Medicine*, *356*(2), 157-165. https://doi.org/10.1056/NEJMsa064115

Broco Villahoz, L., Rosique Sanz, M. T., Fernández Carpio, C, Carrajo García, C. A, Domínguez Alhambra, R. y Polo Usaola, C. (2023). El papel de los factores precipitantes, los estresores y la violencia en la conducta e ideación suicida: diferencias en función del motivo de consulta y el sexo. *Revista Clínica Contemporánea*, *14*, e3, 1-15. https://doi.org/10.5093/cc2023a3

Browne, C., Chemjong, P., Korobanova, D., Jang, S., Yee, N., Marr, C., Rae, N., Ma, T., Spencer, S.J. y Dean, K. (2023). Self-harm risk screening on prison entry: assessing the predictive validity of self-harm history and recent ideation in men and women. *International Journal of Prisoner Health*, *19*(3), 414-426. https://doi.10.1108/IJPH-12-2021-0115

María José Garrido Antón (Dir)., Marta Caballé Pérez, Laura Sánchez Morón, Paulina Badowicz,
Leire Villalón Arenas, Neus Mascaró Coll, Ariadna Trespaderne Dedeu, Miguel Ángel Soria Verde,
Montserrat Tous Zanguitu, Vielka Linet Peguero Jerez, Lidia Alonso Corona, Raúl Quevedo-Blasco,
José María Palomares Rodríguez, Rosa Viñas Racionero, Iván Parras Vaquero, Hassiba Ziati Ziati y Nassiba Ziati Ziati

Cano-Montalbán, I. y Quevedo-Blasco, R. (2018). Sociodemographic Variables Most Associated with Suicidal Behaviour and Suicide Methods in Europe and America. A Systematic Review. *European Journal of Psychology Applied to Legal Context*, *10*, 15-25. https://doi.org/10.5093/ejpalc2018a2

Castillo Patton, A. E. (2022). Contención del suicidio en España: evaluación del diseño de las políticas y Planes de Salud Mental de las Comunidades Autónomas. *Gestión y Análisis de Políticas Públicas*, *28*, 6-26. https://doi.org/10.24965/gapp.i28.10956

Consejo General del Poder Judicial. (2023). *Estadística Penitenciaria-2022*. https://www.poderjudicial.es/cgpj/es/Temas/Estadistica-Judicial/Estadistica-por-temas/Datos-penales--civiles-y-laborales/Cumplimiento-de-penas/Estadistica-de-la-Poblacion-Reclusa/

Defensor del Pueblo. (2022). *Informe Anual* (Vol. I). Gobierno de España. https://www.defensordelpueblo.es/wp-content/uploads/2023/03/Defensor-del-Pueblo-Informe-anual-2022.pdf

Favril, L. (2021). Epidemiology, Risk Factors, and Prevention of Suicidal Thoughts and Behaviour in Prisons: A Literature Review. *Psychologica Belgica, 61*, 341–355. https://doi.org/10.5334/pb.1072

Favril, L., Shaw, J. y Fazel, S. (2022). Prevalence and risk factors for suicide attempts in prison. *Clinical Psychology Review, 97*, 102190. https://doi.org/10.1016/j.cpr.2022.102190

Fazel, S., Hayes, A. J., Bartellas, K., Clerici, M., y Trestman, R. (2016). Mental health of prisoners: prevalence, adverse outcomes, and interventions. *The Lancet Psychiatry*, *3*(9), 871-881. https://doi:10.1016/S2215-0366(16)30142-0

Fazel S., Ramesh T. y Hawton K. (2017). Suicide in prisons: an international study of prevalence and contributory factors. *Lancet Psychiatry*, *4*, 946–952. https://doi:10.1016/S2215-0366(17)30430-3

Fundación Española para la Prevención del Suicidio. (2023). *Suicidios. España 2022. Datos provisionales. Observatorio del suicidio en España*. https://www.fsme.es/observatorio-del-suicidio-2022/

García - Guerrero, J., Marco, A. (2012). Sobreocupación en los Centros Penitenciarios y su impacto en la salud. *Revista Española Sanidad Penitenciaria*, *14*, 106-113. https://doi.org/10.4321/s1575-06202012000300006

García-Haro, J., González, M. G., Fonseca-Pedrero, E. y Al-Halabí, S. (2023). Conceptualización de la conducta suicida. En S. Al-Halabí y E. Fonseca-Pedrero (Coords.), *Manual de Psicología de la Conducta Suicida* (pp. 31-68). Piramide.

Görgülü, T. y Tutarel-Kişlak, Ş. (2014). Submissive Behaviour, Depression, and Suicide Probability in Male Arrestees and Convicts. *Archives of Neuropsychiatry*, *51*, 40-45. https://doi.org/10.4274/npa.y6563

Gover, A. R., Pérez, D. M., y Jennings, W. S. (2008). Gender differences in factors contributing to institutional misconduct. *The Prison Journal*, *88*(3), 378-403. https://doi.org/10.1177/0032885508322453

Haglund, A., Tidemalm, D., Jokinen, J., Långström, N., Lichtenstein, P., Fazel, S., y Runeson, B. (2014). Suicide after release from prison: a population-based cohort study from Sweden. *The Journal of Clinical Psychiatry*, *75*(10), 20451. https://doi.org/10.4088/JCP.13m08967

Herrera Ramírez, R., Ures Villar, M. B. y Martínez Jambrina, J. J. (2015). El tratamiento del suicidio en la prensa española: ¿efecto Werther o efecto Papageno? *Revista de la Asociación Española de Neuropsiquiatría*, *35*(125), 123-134. https://doi.org/10.4321/s0211-57352015000100009

Hirot, F., Ali, A., Azouvi, P., Balogh, S., Lemarchand, P., Petat, F., Godart, N. y Lesieur, P. (2023). Suicide attempts with a violent method: Experience of a transdisciplinary psychiatric ward combining psychiatric and somatic care. *L'encephale*, *49*(2), 158-164. https://doi.org/10.1016/j.encep.2021.11.002

Instituto Nacional de Estadística. (2023). *Defunciones según la Causa de Muerte. Año 2022. Datos provisionales*. https://www.ine.es/prensa/edcm_2022.pdf

Instrucción 9/2022 de la Secretaría General de Instituciones Penitenciarias. *Perspectiva de género en la prevención de suicidios en el ámbito penitenciario*. https://www.iustel.com/v2/revistas/detalle_revista.asp?id_noticia=425955

Jakobsen, S. G., Nielsen, T., Larsen, C. P., Andersen, P. T., Lauritsen, J., Stenager, E., y Christiansen, E. (2023). Definitions and incidence rates of self-harm and suicide attempts in Europe: A scoping review. *Journal of Psychiatric Research. 164,* 28-36. https://doi.org/10.1016/j.jpsychires.2023.05.066

Janca, E., Keen, C., Willoughby, M., Borschmann, R., Sutherland, G., Kwon, S., y Kinner, S. A. (2023). Sex differences in suicide, suicidal ideation, and self-harm after release from incarceration: a systematic review and meta-analysis. *Social Psychiatry and Psychiatric Epidemiology*, *58*(3), 355-371. https://doi.org/10.1007/s00127-022-02390-z

Kelman, J., Gribble, R., Harvey, J., Palmer, L. y MacManus, D. (2022), How does a history of trauma affect the experience of imprisonment for individuals in women's prisons: a qualitative exploration. *Women & Criminal Justice*, 1-21. https://doi.org/10.1080/08974454.2022.2071376

Kim, E., Kim, H. J. y Lee, D. H. (2023). The characteristics and effects of suicide attempters' suicidality levels in gender differences. *Heliyon, 9*(6), e16662. https://doi.org/ 10.1016/j.heliyon.2023.e16662

Ministerio de Sanidad, Política Social e Igualdad. (2020). *Guía de Prácticas Clínica de Prevención y Tratamiento de la Conducta Suicida*. Agencia de Evaluación de Tecnologías Sanitarias de Galicia, Conselleria de Sanidad. https://portal.guiasalud.es/wp-content/uploads/2020/09/gpc_481_conducta_suicida_avaliat_resum_modif_2020_2.pdf

Ministerio de Sanidad, Política Social e Igualdad. (2022). *Encuesta sobre salud y consumo de drogas en población interna e instituciones penitenciarias. Informe resumen*. https://pnsd.sanidad.gob.es/profesionales/sistemasInformacion/sistemaInformacion/pdf/2022_ESDIP_Informe.pdf

María José Garrido Antón (Dir)., Marta Caballé Pérez, Laura Sánchez Morón, Paulina Badowicz,
Leire Villalón Arenas, Neus Mascaró Coll, Ariadna Trespaderne Dedeu, Miguel Ángel Soria Verde,
Montserrat Tous Zanguitu, Vielka Linet Peguero Jerez, Lidia Alonso Corona, Raúl Quevedo-Blasco,
José María Palomares Rodríguez, Rosa Viñas Racionero, Iván Parras Vaquero, Hassiba Ziati Ziati y Nassiba Ziati Ziati

Morgan, E. R., Rivara, F. P., T, M., Grossman, D. C., Jones, K., y Rowhani-Rahbar, A. (2022). Incarceration and subsequent risk of suicide: A statewide cohort study. *Suicide and Life-Threatening Behavior*, *52*, 467-477. https://doi.org/10.1111/sltb.12834

Organización Mundial de la Salud. (2021). *Suicide. World Health Organization.* https://www.who.int/news-room/fact-sheets/detail/suicide

Organización Mundial de la Salud. (2022). *Status report on prison health in the WHO European Region 2022.* https://www.who.int/europe/publications/i/item/9789289058674

Organización Mundial de la Salud. (2023). *Preventing suicide: a resource for media professionals. Update 2023.* https://www.who.int/publications/i/item/9789240076846

Pratt, D. y Foster, E. (2020). Feeling hopeful: can hope and social support protect prisoners from suicide ideation? *Journal of Forensic Psychiatry and Psychology*, *31*(2), 311-330. https://doi.org/10.1080/14789949.2020.17324457

Qin, P., Syeda, S., Canetto, S. S., Arya, V., Liu, B., Menon, V., Lew, B., Platt, S., Yip, P. y Gunnell, D. (2022). Midlife suicide: A systematic review and meta-analysis of socioeconomic, psychiatric and physical health risk factors. *Journal of Psychiatric Research*, *154*, 233-241. https://doi.org/10.1016/j.jpsychires.2022.07.037

Quevedo-Blasco, R. y Palomares-Rodríguez, J. M. (2023). Evolución histórica del perfil profesional de las víctimas de suicidio en España (1943-2005). *Revista Internacional y Comparada de Relaciones Laborales y Derecho del Empleo, 11*(3), 298-312. https://ejcls.adapt.it/index.php/rlde_adapt/issue/view/95

Quevedo-Blasco, R., Pérez, M. J., Guillén-Riquelme, A. y Hess, T. (2023). Civil Liability for Clinical Misdiagnosis of Suicidal Intention: Procedure and Guidelines to Minimize Fatal Diagnostic Error. *European Journal of Psychology Applied to Legal Context, 15*(2), 73-81. https://doi.org/10.5093/ejpalc2023a8

Ranapurwala, S. I., Shanahan, M. E., Alexandridis, A. A., Proescholdbell, S. K., Naumann, R. B., Edwards, D. J., y Marshall, S. W. (2018). Opioid Overdose Mortality Among Former North Carolina Inmates: 2000-2015. *American Journal of Public Health*, *108*(9), 1207-1213. https://doi.org/10.2105/AJPH.2018.304514

Rivlin, A., Hawton, K., Marzano, L. y Fazel, S. (2013). Psychosocial characteristics and social networks of suicidal prisoners: towards a model of suicidal behaviour in detention. *Plos One*, *8*(7), e68944. https://doi:10.1371/journal.pone.0068944

Romero-Lara, P. R., Guillén-Riquelme, A. y Quevedo-Blasco, R. (2020). Perfil psicosocial, factores de riesgo y reinserción en reclusas adultas: una revisión sistemática. *Revista Latinoamericana de Psicología*, *52*, 193-217. https://doi.org/10.14349/rlp.2020.v52.20

Sanz-Fuentes, A. y Ruiz-Lorenzo, V. (2023). Pensamiento e intento suicida en mujeres y su relación con la violencia de género. *Revista Española de Investigaciones Sociológicas*, *181*, 81-100. https://doi.org/10.5477/cis/reis.181.81

Shafti, M., Taylor, P. J., Forrester, A. y Pratt, D. (2021). The co-occurrence of self-harm and aggression: a cognitive-emotional model of dual-harm. *Frontiers in Psychology*, *12*, 586135. https://doi:10.3389/fpsyg.2021.586135

Spittal, M., Forsyth, S., Borschmann, R., Young, J. y Kinner, S. (2019). Modifiable risk factors for external cause mortality after release from prison: A nested case–control study. *Epidemiology and Psychiatric Sciences*, *28*(2), 224-233. https://doi:10.1017/S2045796017000506

Stack, S. (2020). Media guidelines and suicide: A critical review. *Social Science & Medicine*, *262*, 112690. https://doi.org/10.1016/j.socscimed.2019.112690

Stearns, D. R., Moore, A., Myers, Q. W., Carmichael, H., y Velopulos, C. G. (2023). Sex differences in violent death during incarceration and legal intervention. *Journal of Surgical Research*, *289*, 90-96. https://doi.org/10.1016/j.jss.2023.02.024

Struthers, L., y Mahoney, A. (2023). Understanding experiences of suicidality within women's prisons in England: a systematic review of the qualitative literature. *The Journal of Forensic Practice*. https://doi.org/10.1108/jfp-03-2023-0008

Roca Tutusaus, X., Guàrdia Olmos, J. y Jarne Esparcia, A. (2012). Las conductas autolesivas en el ámbito penitenciario. Una revisión del estado del arte. *Papeles del Psicólogo*, *33*(2), 116-128. https://www.redalyc.org/articulo.oa?id=77823407005

Zadravec Šedivy, N., De Leo, D., Poštuvan, V. y Žvelc, G. (2020). Suicidal behaviour and quality of life in Slovene prisons. *Journal of Forensic Psychiatry & Psychology*, *32*(4), 560-574. https://doi.org/10.1080/14789949.2020.1868550

Zhong, S., Senior, M., Yu, R., Perry, A., Hawton, K., Shaw, J. y Fazel, S. (2021). Risk factors for suicide in prisons: systematic review and meta-analysis. *The Lancet Public Health*, *6*(3), e164-e174. https://doi.org/10.1016/S2468-2667(20)30233-4

3.11. MUJERES INTERNAS REVICTIMIZADAS POR SUCESIVAS PAREJAS. POLIVÍCTIMAS

Monserrat Tous Zanguitu, Laura Sáchez Morón[1]
Vielka Peguero Jerez[2]
Neus Mascaró Coll[3]
[1]Secretaría de Estado de Seguridad
[2]Universidad a Distancia de Madrid
[3]Universidad Autónoma de Madrid

3.11.1. INTRODUCCIÓN

La alarma social que genera la violencia sufrida en contexto de pareja se ve incrementada cuando dichos episodios no se circunscriben a un evento en concreto, sino que se repiten a lo largo del tiempo por la misma o distintas parejas, enfrentándose así a la denominada revictimización. Esta circunstancia añade mayor gravedad al fenómeno no solo por las secuelas y consecuencias que suponen en sí para la víctima, sino porque por sí mismas aumentan el riesgo para sufrir otras situaciones de violencia llevadas a cabo además por distintas parejas (Bellot et al., 2024), dando lugar a lo que se conoce como el fenómeno de la polivictimización. Se estima que entre un 22,9 % y 56 % de mujeres que habrían sufrido relaciones de violencia de género (VdG), contarían además con un historial de relaciones de maltrato por otras parejas sentimentales (Bellot et al., 2024). Según la Instrucción 11/2022 de la Secretaría de Estado de Seguridad estas mujeres quienes sufren el fenómeno de la polivictimización en contexto de pareja se encuadrarían dentro de las tipologías denominadas como casos *resistentes*. Dicha nomenclatura se utiliza para subrayar la dificultad que supone la articulación de mecanismos de protección en estos casos, dado que la violencia cronificada, y ejercida por distintas parejas, inhibe en muchas ocasiones la capacidad de la víctima para la búsqueda de ayuda y otros recursos de protección.

En el colectivo femenino penitenciario, el estudio sobre los diferentes procesos de revictimización cobra especial importancia, pues estas mujeres en muchas ocasiones se erigen como víctimas de sus entornos inmediatos desde edades muy tempranas, destacando además la sobrerrepresentación de casos de VdG respecto a la población

María José Garrido Antón (Dir.), Marta Caballé Pérez, Laura Sánchez Morón, Paulina Badowicz,
Leire Villalón Arenas, Neus Mascaró Coll, Ariadna Trespaderne Dedeu, Miguel Ángel Soria Verde,
Montserrat Tous Zanguitu, Vielka Linet Peguero Jerez, Lidia Alonso Corona, Raúl Quevedo-Blasco,
José María Palomares Rodríguez, Rosa Viñas Racionero, Iván Parras Vaquero, Hassiba Ziati Ziati y Nassiba Ziati Ziati

general (Fontanil et al., 2013). Asociado a este perfil, también se han identificado otros factores que acompañan a estas mujeres y que las sitúan en una posición de mayor vulnerabilidad para hacer frente a las diferentes relaciones de maltrato, algunas de estas variables son la procedencia de entornos familiares desestructurados, la pertenencia a clases sociales desfavorecidas (Cruells et al., 2005), el abuso y consumo de sustancias estupefacientes y/o alcohol (Cruells et al., 2005; Moreno y Calleja, 2018) y la falta de redes de apoyo social (Loinaz y Andrés-Pueyo, 2017). Precisamente algunas de las variables que se asocian al perfil de la mujer interna en establecimientos penitenciarios, son las que se han estudiado para comprender mejor los factores asociados a los procesos de revictimización en contexto de pareja, entre ellas, variables sociodemográficas como la edad, el nivel socioeconómico o educativo, consumo de sustancias o la presencia de sintomatología clínica afectiva (Bellot et al., 2024; Muñoz-Rivas et al., 2024).

Profundizando en las variables asociadas al perfil de la mujer revictimizada por diferentes autores, polivictimizadas, observamos que algunos estudios apuntan a un menor rango de edad de estas respecto a mujeres que habrían sufrido revictimizaciones por un solo autor (Alexander, 2009; Rodríguez-Menés et al., 2014), a priori también presentarían una menor tasa de empleabilidad y un nivel más bajo de ingresos familiares (Rodríguez-Menés et al., 2014). Por otro lado, un reciente metaanálisis sugiere que la única variable que supondría una diferencia significativa entre ambos perfiles de mujeres revictimizadas, por un solo autor y por varios, es el padecimiento de trauma y abuso infantil, y que dicha circunstancia sería más prevalente en el grupo de mujeres polivictimizadas (Bellot et al., 2024) quienes, además y en su mayoría procederían de entornos familiares desestructurados (Alexander, 2009). En el grupo de mujeres polivictimizadas se observaría una presencia más acusada de trastornos afectivos, psicopatologías (Coolidge & Anderson, 2002) y una peor calidad a nivel de salud mental respecto al grupo de mujeres revictimizadas por un solo autor (Bellot et al., 2024). Además, respecto a la presencia de sintomatología clínica afectiva, en el estudio de Coolidge & Anderson (2002) se habrían identificado más similitudes entre mujeres que no habrían sufrido relaciones de maltrato de pareja y revictimizadas por un solo autor (univíctimas), que entre éstas últimas y las revictimizadas por varios autores (polivíctimas), poniendo de relieve la necesidad de estudiar dentro de los procesos de revictimización, el perfil de la mujer polivictimizada en contexto de pareja de forma diferenciada de otros procesos de revictimización.

Sin embargo, y a pesar del riesgo añadido que supone para la mujer víctima de VdG el padecimiento de relaciones de maltrato por parte de sucesivas parejas, no existen suficientes estudios que analicen esta circunstancia de forma específica, por lo que la literatura disponible al respecto es escasa (Alexander, 2009; Bellot et al., 2024). A esta dificultad añadimos la falta de consenso para diferenciar y delimitar el estudio de episodios de revictimización provenientes de un solo autor frente a aquellos casos en los que la mujer es polivictimizada, circunstancia que promueve el análisis de ambos perfiles de forma homogénea e indiferenciada. Cuando además, el perfil de mujer que sufre el fenómeno de la polivictimización es el de la mujer interna en establecimientos penitenciarios, a la falta de estudios y problemática en la conceptualización del fenómeno se añade la invisibilización de este colectivo frente al penitenciario masculino (Moreno y Calleja, 2018) a pesar de que éstas presentan unas particularidades muy concretas que las sitúan en una posición de mayor vulnerabilidad y con una alta prevalencia respecto al padecimiento de diferentes procesos de victimización (Fontanil et al., 2013) motivo por el que resulta necesario estudiar cómo se comportan dichos fenómenos en esta población.

Por tanto, el objetivo del presente capítulo es arrojar luz a la escasa literatura científica en torno a este fenómeno, tomando como referencia a la población femenina penitenciaria. Para ello, se llevará a cabo un análisis pormenorizado de aquellas circunstancias que pueden colocar a la víctima en una posición de vulnerabilidad para el encadenamiento de diversas relaciones de maltrato de pareja, teniendo en cuenta además, que como ya se ha comentado anteriormente, muchas de estas variables acompañan frecuentemente al perfil de la mujer interna en establecimientos penitenciarios como autora de delito. Dicho análisis no solo encuentra su justificación por las peores consecuencias que supone a nivel psicosocial la cronicidad del maltrato en diferentes relaciones de pareja, sino porque también parece asociarse con una mayor gravedad en las victimizaciones sufridas (Bellot et al., 2024; Bogat, 2003; Rodríguez-Menés et al., 2014).

3.11.2. RESULTADOS

Perfil de la mujer interna polivictimizada

De las 123 mujeres entrevistadas, un total de 105 (85,36 %) habían sufrido una única relación de maltrato frente a 18 víctimas (14,63 %) que contaban con un historial de maltrato en contexto de pareja de hasta 3 autores.

Tabla 38. *Perfil sociodemográfico de los dos grupos de víctimas*

Grupo	n	Edad	Nacionalidad española	Etnia	
				Caucásica	Gitana
		(media ± σ)	n (%)	n (%)	n (%)
Univíctimas	105	40.77 ± 8.55	77 (77,3)	45 (54,2)	32 (38,6)
Polivíctimas	18	36.72 ± 9.63	14 (77,8)	6 (54,5)	3 (27,3)

Fuente: elaboración propia.
Nota. σ: desviación típica.

En la Tabla 39 se presentan las distribuciones del nivel socioeconómico según la pertenencia al grupo de univíctimas o polivíctimas. Tras el análisis, no se han encontrado diferencias significativas entre ambos grupos, aunque a nivel descriptivo se aprecia una diferencia porcentual.

María José Garrido Antón (Dir.)., Marta Caballé Pérez, Laura Sánchez Morón, Paulina Badowicz,
Leire Villalón Arenas, Neus Mascaró Coll, Ariadna Trespaderne Dedeu, Miguel Ángel Soria Verde,
Montserrat Tous Zanguitu, Vielka Linet Peguero Jerez, Lidia Alonso Corona, Raúl Quevedo-Blasco,
José María Palomares Rodríguez, Rosa Viñas Racionero, Iván Parras Vaquero, Hassiba Ziati Ziati y Nassiba Ziati Ziati

TABLA 39. *Nivel socioeconómico de los dos grupos de víctimas*

Grupo	n	Nivel socioeconómico			
		Sin ingresos	Bajo (750-1.200 €)	Medio (1.200-2.000 €)	Alto (2.000-3.000 €)
		n (%)	*n* (%)	*n* (%)	*n* (%)
Univíctimas	105	8 (7,6)	23 (21,9)	36 (34,3)	13 (13,3)
Polivíctimas	18	2 (11,1)	5 (27,8)	7 (38,9)	2 (11,1)

Fuente: elaboración propia.

Nota. El resto de las categorías (percibe ayuda, percibe ayuda e ingresos, distintos niveles, muy bajo) no han sido tenidos en cuenta para los análisis.

En cuanto al tipo de estructura familiar de la víctima, a pesar de que en ambos casos las mujeres provenían de entornos desestructurados, este porcentaje era más acusado en el grupo de polivíctimas (ver Figura 18), 72,2 % de polivíctimas (*n*=13) frente al 54,28 % (*n*=57) de las mujeres victimizadas en una sola relación. A pesar de las diferencias a nivel descriptivo, no se ha observado significación estadística en la comparación entre ambos grupos.

FIGURA 18. *Tipo de estructura familiar de procedencia de ambos grupos de víctimas*

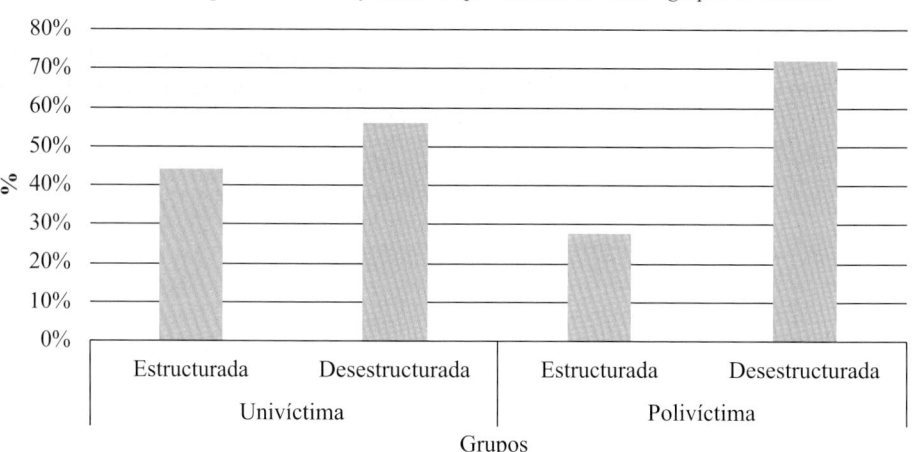

Fuente: elaboración propia.

Los resultados de la prueba Ji-Cuadrado no arrojan resultados estadísticamente significativos (=1.681, p > .05).

TABLA 40. *Diferencias entre el grupo de univíctimas y polivíctimas en cuanto a las variables de riesgo del perfil*

	Univíctimas		Polivíctimas		χ^2	p
	n	(%)	n	(%)		
Historial de maltrato	48	45,7	12	66,6	0.956	0.328
Trastornos psicológicos	53	50,5	15	83,3	6.325	0.012*
Historial de consumo	41	39	8	44,4	0.187	0.666
Dependencia/adherencia emocional al autor	49	50	12	66,7	6.886	0.076
Sesgo de roles de género	52	50	12	66,7	1.893	0.388

*p < .05; **p < .01; ***p < .001

Fuente: elaboración propia.

Considerando los resultados recogidos en la Tabla 40, la única variable en la que se aprecian diferencias estadísticamente significativas es en trastornos psicológicos (χ^2=6.325, p < .05), observándose que el grupo de polivíctimas (*n*=15, 83,3 %) muestra un porcentaje de presencia de trastornos psicológicos significativamente mayor al grupo de univíctimas (*n*=53, 50,5 %).

Resulta importante destacar que, en cuanto al consumo, los porcentajes en ambos grupos se elevaban a favor del consumo de sustancias y/o alcohol durante la relación de maltrato (ver Figura 19), en el de mujeres victimizadas por un solo autor hasta el 53,3 % de casos (*n*=56) y en el de polivictimizadas hasta un 55,5 % (*n*=10).

FIGURA 19. *Consumo durante la relación en los grupos de univíctimas y polivíctimas*

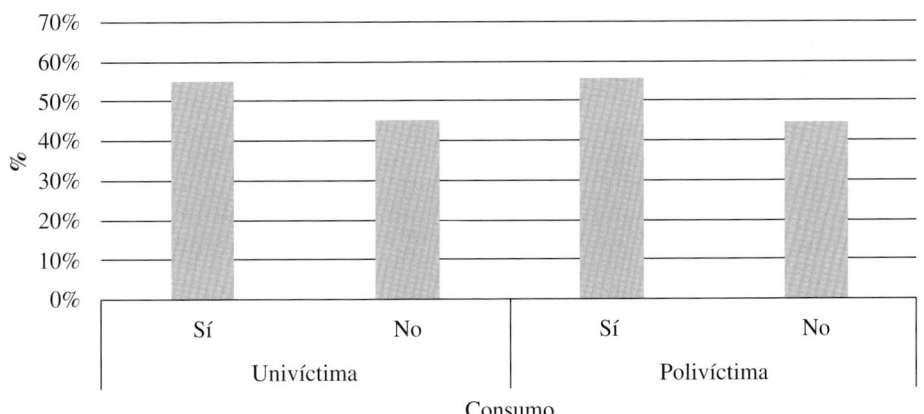

Fuente: elaboración propia.

Por otro lado, ambos grupos en su mayoría manifestaba haber percibido apoyo social por parte de su entorno inmediato durante la relación de maltrato (ver Tabla

María José Garrido Antón (Dir.)., Marta Caballé Pérez, Laura Sánchez Morón, Paulina Badowicz,
Leire Villalón Arenas, Neus Mascaró Coll, Ariadna Trespaderne Dedeu, Miguel Ángel Soria Verde,
Montserrat Tous Zanguitu, Vielka Linet Peguero Jerez, Lidia Alonso Corona, Raúl Quevedo-Blasco,
José María Palomares Rodríguez, Rosa Viñas Racionero, Iván Parras Vaquero, Hassiba Ziati Ziati y Nassiba Ziati Ziati

41), en torno al 62,85 % (*n*=66) en aquellas que habían sufrido una única relación de maltrato. En el caso de las mujeres que habían sido polivictimizadas (*n*=18) este porcentaje se incrementaba de tal forma que en la primera relación de maltrato en torno a un 61,10 % percibía tener una red de apoyo (*n*=11), en la segunda, el porcentaje aumentaba hasta el 72,20 % (*n*=13) y finalmente en aquellas víctimas que eran agredidas por un tercer autor, en 3 casos afirmaban haber contado con apoyo de su entorno durante la relación de maltrato (75 %). No obstante, no se han encontrado diferencias significativas en la prueba Ji-Cuadrado.

TABLA 41. *Apoyo social percibido por los grupos de univíctimas y polivíctimas*

		Univíctimas	Polivíctimas		
			Caso 1	Caso 2	Caso 3
		n (%)	n (%)	n (%)	n (%)
Apoyo social	**Sí**	66 (62,9)	11 (61,1)	13 (72,2)	3 (75)
	No	39 (37,1)	7 (38,9)	5 (27,8)	1 (25)

Fuente: elaboración propia.

La denuncia como mecanismo de protección

Finalmente, también se han tenido en cuenta como parte del análisis, aquellas variables que pueden ejercer influencia de forma directa o indirecta para que las víctimas puedan ser revictimizadas. Encontrando, además, su fundamento en el marco de la Instrucción 11/2022 de la Secretaría de Estado de Seguridad sobre aquellos casos de especial complejidad denominados como *resistentes* y que escapan de los mecanismos de protección, se analizaron, en ambos grupos, los casos de violencia que habían sido denunciados a las autoridades competentes (ver Tabla 42) así como la retirada de denuncia una vez interpuesta (ver Tabla 43).

TABLA 42. *Distribución de la interposición de denuncia en ambos grupos*

		Univíctimas (*n*=105)	Polivíctimas		
			Agresor 1 (*n*=18)	Agresor 2 (*n*=18)	Agresor 3 (*n*=4)
		n (%)	*n* (%)	*n* (%)	*n* (%)
Interposición denuncia	**Sí**	53 (50,5)	6 (33,3)	7 (38,9)	1 (25)
	No	52 (49,5)	12 (66,7)	11 (61,1)	3 (75)

Fuente: elaboración propia.

TABLA 43. *Distribución de la retirada de denuncia en ambos grupos del total de casos denunciados*

		Univíctimas (*n*=61)	Polivíctimas		
			Agresor 1 (*n*=8)	Agresor 2 (*n*=6)	Agresor 3 (*n*=2)
		n (%)	*n* (%)	*n* (%)	*n* (%)
Retirada denuncia	Sí	28 (45,9)	5 (62,5)	6 (100)	2 (100)
	No	33 (54,1)	3 (37,5)	0 (0)	0 (0)

Fuente: elaboración propia.

Nota. Los valores están calculados sobre el total de casos denunciados de cada grupo.

3.11.3. DISCUSIÓN

El objetivo principal del presente estudio fue estudiar el perfil de la mujer polivictimizada, en comparación con la mujer univictimizada, y específicamente en la población penitenciaria. Además, se ha tenido la oportunidad de analizar en profundidad las diferencias en el proceso de denuncia y/o retirada de la misma entre ambos grupos.

La radiografía del perfil recogido en este epígrafe muestra el motivo por el cual resulta necesario dirigir la atención hacia este grupo de mujeres victimizadas desde edades tan tempranas por sus entornos inmediatos y con mayor frecuencia que la población general femenina (Cruells et al., 2005; Fontanil et al., 2013). No solo se presentan como mujeres víctimas de malos tratos sucesivos por un mismo agresor, es decir multivictimizadas, sino que también sufren dicha violencia encadenando diferentes relaciones de maltrato.

Confirmando los estudios de Alexander (2009) y Rodríguez-Menés et al. (2014), se ha observado que el perfil de edad del grupo de polivíctimas es menor que el de la muestra del grupo de univíctimas (ver Tabla 39). Asimismo, el grupo de mujeres polivictimizadas presenta, en mayor medida, un origen familiar desestructurado (Figura 18) y una presencia de maltrato familiar (Tabla 40) más llamativa que la muestra estudiada de mujeres univictimizadas, confirmándose así la fuerte presencia de abuso y trauma infantil en mujeres revictimizadas por parte de varias parejas (Bellot et al., 2024). En relación con la variable de trastornos psicológicos y tras la realización de la prueba Ji-Cuadrado, se observaron diferencias estadísticamente significativas que indicarían que el grupo de polivíctimas presentan un porcentaje más elevado de trastornos psicológicos, concretamente en un 83,3 % de los casos (ver Tabla 40).

Por otro lado, resulta interesante señalar que la variable de consumo de sustancias ha sido consolidada por diferentes estudios en cuanto al factor de riesgo que supone para la revictimización en contexto de pareja (Bellot et al., 2024). Del presente trabajo se puede extraer que un gran porcentaje de mujeres victimizadas poseen historial de abuso de sustancias, más predominante en las mujeres polivictimizadas y que en ambos casos, como posible mecanismo de afrontamiento, los porcentajes aumentan durante la relación de maltrato. Sin embargo y a pesar de las diferencias a nivel descriptivo, no se han obtenido diferencias significativas a nivel estadístico.

María José Garrido Antón (Dir)., Marta Caballé Pérez, Laura Sánchez Morón, Paulina Badowicz,
Leire Villalón Arenas, Neus Mascaró Coll, Ariadna Trespaderne Dedeu, Miguel Ángel Soria Verde,
Montserrat Tous Zanguitu, Vielka Linet Peguero Jerez, Lidia Alonso Corona, Raúl Quevedo-Blasco,
José María Palomares Rodríguez, Rosa Viñas Racionero, Iván Parras Vaquero, Hassiba Ziati Ziati y Nassiba Ziati Ziati

Finalmente, también son llamativos los resultados obtenidos en la variable de adherencia emocional al autor y los roles de género. Los resultados en estas variables se han visto más acusados porcentualmente en el grupo de polivíctimas, aunque no se hayan observado diferencias estadísticamente significativas. Cabe mencionar que ambas variables podrían mediar tanto en la finalización de la relación de maltrato, como en el encadenamiento de sucesivas relaciones de maltrato, así como en la posible puesta en marcha de conductas de búsqueda de ayuda.

Estos casos de revictimización citados por la Instrucción 11/2022 de la Secretaría de Estado de Seguridad, destacan por su tendencia al enquistamiento y debido a ello precisan una mayor atención, pues la detección temprana contribuye, no solo en primera instancia a la protección de la víctima, sino que disminuye la posibilidad de que el maltrato se cronifique, alejándose así de los mecanismos de protección disponibles. Respecto a la interposición de la denuncia, los resultados del presente estudio mostraron un descenso más acusado de denuncias interpuestas (Tabla 42) y retiradas de denuncias (Tabla 43) en el grupo de mujeres polivíctimas.

Por otro lado, y a pesar de que el porcentaje de mujeres polivictimizadas en el entorno de pareja recogidos en esta muestra no supone una cifra altamente llamativa (14,63 %, $n=18$) no estaríamos hablando tampoco de casos anecdóticos al contrario de lo que la literatura científica vislumbraba en los primeros estudios sobre polivictimización (Bogat et. al., 2003; Coolidge and Anderson, 2002; Kemp et al., 1995). Además, y como se ha podido observar en este análisis, los factores de riesgo que colocan a la víctima en una situación de vulnerabilidad frente a la revictimización suelen estar más presentes en los casos de mujeres polivictimizadas.

REFERENCIAS

Alexander, P. C. (2009). Childhood trauma, attachment, and abuse by multiple partners. Psychological Trauma: Theory, Research, Practice, and Policy, 1(1), 78–88. https://doi.org/10.1037/a0015254

Almeda, E. (2003): Mujeres encarceladas. Ariel.Bellot, A., Muñoz-Rivas, M. J., Botella, J., & Montorio, I. (2024). Factors associated with revictimization in intimate partner violence: a systematic review and meta-analysis. Behavioral Sciences, 14

Bellot, A., Muñoz-Rivas, M. J., Botella, J., & Montorio, I. (2024). Factors associated with revictimization in intimate partner violence: a systematic review and meta-analysis. Behavioral Sciences, 14(2), 103.

Bogat, G. A., Levendosky, A. A., Theran, S., Von Eye, A., & Davidson, W. S. (2003). Predicting the Psychosocial Effects of Interpersonal Partner Violence (IPV): How much does a Woman's History of IPV Matter? Journal of Interpersonal Violence, 18(11), 1271-1291. https://doi.org/10.1177/0886260503256657

Caso Martínez, A. M. (2017). Apego adulto y resiliencia en internas en un establecimiento penitenciario de Lima. Tesis Doctoral. http://hdl.handle.net/20.500.12404/9824

Coolidge, F. L., y Anderson, L. W. (2002). Personality profiles of women in multiple abusive relationships. Journal of Family Violence, 17(2), 117–131. https://doi.org/10.1023/A:1015005400141

Cruells, M., Torrens, M., y Igareda, N. (2005). Violencia contra las mujeres. Análisis de la población penitenciaria femenina. SURT.

Ferrer, N. L. (2014). Resiliencia en prisión: transformar el conflicto en oportunidad. *Construcciones de paz y regulación de conflictos: perspectivas y experiencias*, 47.

Fontanil Gómez, Y., Alcedo Rodríguez, M. Á., Fernández, R., y Ezama Coto, E. (2013). Mujeres en prisión: un estudio sobre la prevalencia del maltrato. Revista Española de Sociología.

Instrucción 11/2022 de la Secretaría de Estado de Seguridad, por la que se actualizan los procedimientos de actuación en la gestión del riesgo de los denominados casos resistentes de violencia de género. Ministerio de Interior.

Kemp, A., Green, B. L., Hovanitz, C., y Rawlings, E. I. (1995). Incidence and correlates of posttraumatic stress disorder in battered women: Shelter and community samples. Journal of Interpersonal Violence, 10, 43-55.

Loinaz, I. (2016). Cuando «el» delincuente es «ella»: intervención con mujeres violentas. Anuario de Psicología Jurídica, 26(1), 41-50.

Loinaz, I., y Andrés-Pueyo, A. (2017). Victimización en la pareja como factor de riesgo en mujeres en prisión. Revista Criminalidad, 59(3), 153-162.

López, R. M., y Centenera, M. D. C. C. (2018). Relación de variables psicosociales de mujeres internas en centros penitenciarios y violencia de género. In *Investigación y Género. Reflexiones desde la investigación para avanzar en igualdad: VII Congreso Universitario Internacional Investigación y Género: Sevilla, 28 y 29 de junio de 2018* (pp. 541-554). SIEMUS (Seminario Interdisciplinar de Estudios de las Mujeres)

Moreno López, R., y Calleja Centenera, C. (2018). Relación de variables psicosociales de mujeres internas en centros penitenciarios y violencia de género. In *Investigación y género. Reflexiones desde la investigación para avanzar en igualdad: VII Congreso Universitario Internacional Investigación y Género (2018), p 541-554.* SIEMUS (Seminario Interdisciplinar de Estudios de las Mujeres de la Universidad de Sevilla).

Muñoz-Rivas, M. J., Ronzón-Tirado, R., López-Ossorio, J. J. y Redondo, N. (2024). Beyond the Initial Assault: Characterizing Revictimization in Intimate Partner Violence and Its Implications for Women's Health. Psychosocial Intervention- https://doi.org/10.5093/pi2024a4

Picado Valverde, E. M., Yurrebaso Macho, A., Martín Sánchez, F., y Álvarez Mateos,S. (2018). Análisis de los factores de victimización en mujeres delincuentes. Boletín Criminológico, (24). https://doi.org/10.24310/Boletin-criminologico.2018.v24i0.5309

Rodríguez-Menés, J., Puig, D., & Sobrino, C. (2014). Poly- and Distinct- Victimization in Histories of Violence Against Women. Journal of Family Violence, 29, 849-858.

4.
Conclusiones y propuestas de intervención

Este estudio ha proporcionado una comprensión más profunda de la realidad de las mujeres internas en los centros penitenciarios españoles, centrándose especialmente en las vulnerabilidades que enfrentan y su relación con la violencia de género. Partiendo de la base de la experiencia vivida en los centros penitenciarios, subrayamos que cada CP donde se ha llevado a cabo esta investigación, realiza una labor esencial y determinante para prevenir la futura comisión de nuevos delitos y ayudar a la identificación de la VdG con programas específicos. Con este trabajo se pretende añadir aspectos que consideramos importantes y especialmente, de utilidad.

Lo primero que se quiere señalar es la representatividad de la muestra, 123 mujeres, internas en varios centros penitenciarios españoles, lo que sugiere la posible extrapolación de los resultados hallados a todo el territorio nacional. Mujeres de diferentes nacionalidades y etnias. Se constata que la VdG se da de manera transversal independientemente de la edad, el estrato social o el económico, sin embargo, las características de la población reclusa evidencian que determinadas vulnerabilidades se pueden convertir en factores de riesgo de la victimización y polivictimización más frecuente, en mujeres internas. Todo ello justifica el abordaje integral, multifactorial y multidisciplinario con perspectiva de género y con sensibilidad, puesto que la violencia en el seno de la pareja consiste en delincuencia de corte emocional donde es fundamental enfocarla desde la empatía y la conectividad.

El segundo punto para considerar es el análisis tanto cuantitativo como cualitativo de los datos recogidos en cada centro. Se reitera la necesidad de escuchar las voces en primera persona de las mujeres que sufren esta violencia, ganarse su confianza para poder profundizar en información de dimensiones más específicas y de corte más subjetivo, conocerlas más, para protegerlas mejor y guiar su proceso de reinserción de la forma más ajustada posible sabiendo la idiosincrasia de cada trayectoria vital.

A continuación, se presentan las principales conclusiones recogidas por los puntos principales que han vertebrado esta investigación.

SOBRE LA VULNERABILIDAD

Las mujeres que se encuentran en prisión presentan una alta vulnerabilidad antes de su ingreso, caracterizada por factores como la pobreza, la falta de educación regla-

María José Garrido Antón (Dir.), Marta Caballé Pérez, Laura Sánchez Morón, Paulina Badowicz, Leire Villalón Arenas, Neus Mascaró Coll, Ariadna Trespaderne Dedeu, Miguel Ángel Soria Verde, Montserrat Tous Zanguitu, Vielka Linet Peguero Jerez, Lidia Alonso Corona, Raúl Quevedo-Blasco, José María Palomares Rodríguez, Rosa Viñas Racionero, Iván Parras Vaquero, Hassiba Ziati Ziati y Nassiba Ziati Ziati

da, la exclusión social, la pertenencia a grupos étnicos minoritarios y la victimización previa. Esta vulnerabilidad se ve agravada en el entorno penitenciario, donde las mujeres enfrentan dificultades adicionales como es la separación de sus familiares más próximos (especialmente hijos e hijas), dificultad para acceder a los recursos y, a pesar de todos los esfuerzos penitenciarios, de las ONG y de las instituciones que trabajan de manera encomiable para ofrecer una mejor calidad de vida a las mujeres internas a través de programas, formaciones y talleres, aún es importante seguir invirtiendo esfuerzos en el diseño de planes y programas específicos para aquellas mujeres que han sido y (muchas de ellas siguen siendo) víctimas de VdG, especialmente con aquellas que mantienen sus vulnerabilidades ocultas, es decir, que no se visualizan, dejando indefenso a una parte del colectivo femenino e indemnes al masculino. La subnotificación de la violencia de género es un problema grave y tiene diversas causas, como se han constatado en el estudio, como el miedo, la vergüenza, la dependencia económica y la falta de confianza en las instituciones.

La realidad es que existe un porcentaje muy elevado de mujeres internas víctimas de violencia de género, violencia sexual, historias de abuso sexual y otros delitos contra la libertad sexual, además de otra serie de tipologías delictivas como la trata de seres humanos, la extorsión, las amenazas y/o las coacciones etc. Todo esto constituye graves violaciones de derechos humanos fundamentales, constituyéndose en comportamientos delictivos, problemas sociales de seguridad, salud y protección que siguen poniendo en riesgo la vida de las mujeres. Muchas de ellas, han huido o huyen de sus países de origen buscando escapar de los medios disfuncionales y desestructurados que les ha tocado vivir, y que además en situaciones de crisis y desplazamiento aumentan más el riesgo de sufrir violencia sexual y de género, en países de tránsito y en destino. Otras, forman parte de etnia y de subculturas cuya idiosincrasia actúa como barrera a la hora de comunicar lo que les pasa. Por ejemplo, con las mujeres de etnia gitana se propone resaltar, activar y fortalecer la figura de la mediadora gitana que actúe como intermediaria de las mujeres gitanas víctimas de VdG y las instituciones policiales y judiciales. Siendo consciente que a través de los cursos de mediación intercultural con Población Gitana en Exclusión que se ofertan en varias instituciones, se reconoce la figura de esta persona con capacidad para mediar en varios asuntos de corte social, se trataría de subrayar la importancia que puede tener de cara las victimizaciones debidas a este fenómeno delictivo (VdG).

En general, se ha detectado que un porcentaje elevado de mujeres afectadas por la VdG viven bajo el dominio de sus parejas o familiares y ven constantemente limitada su autonomía. Cualquier intento por recuperar la igualdad en sus relaciones es respondido con amenazas y agresiones. Con estas se consigue atemorizarles y devolver al hombre el dominio sobre la relación. Entre las muchas acciones que las mujeres se ven obligadas a emprender para evitar el daño hacia sí mismas y/o hacia sus hijos/as se encuentra el servilismo extremo en la relación, el trabajo sin descanso o en situaciones de marginalidad. Todas y cada una de ellas, necesitan ser escuchadas entendiendo su propia trayectoria y línea de vida.

En los casos tan extremos como los analizados en este estudio, y gracias a los datos cualitativos obtenidos durante las entrevistas, se constata que un porcentaje sustancial de mujeres había cometido delitos bajo las instrucciones directas e incluso bajo las amenazas de sus parejas o familiares. Esta tendencia no es únicamente fruto de nuestro contexto socio cultural, sino que se ha observado también en países como Estados Unidos. De hecho, el estado de New York ha empezado a reconocer la criminalidad como un efecto directo de la violencia de género y en el 2015 aprobó una ley (*Domestic Violence Survivos Justice Act*, DVSKA, 2020) que busca reducir la condena de aquellas mujeres penadas cuyos actos delictivos hayan estado influenciados por la violencia que sufrieron.

NECESIDAD DE INTERVENCIÓN POR ÁREAS

Sobre la infradenuncia

Los resultados de este estudio aportan un mayor conocimiento sobre los procesos de denuncia y sus características en mujeres encarceladas en España. A continuación, se presentan aquellas conclusiones y recomendaciones aplicables al ámbito penitenciario:

La falta de confianza en el sistema judicial o policial, el miedo a las posibles consecuencias que la denuncia pueda tener para las víctimas y las experiencias negativas en anteriores denuncias son motivos relevantes para no denunciar, obtenidas en esta investigación en paralelo con las razones halladas en la comunidad científica. Para mitigar dichas barreras se propone el acercamiento con más frecuencia a las mujeres reclusas, mediante intervenciones de sus miembros en actividades en prisión. Facilitar que las mujeres puedan percibir a la policía como elemento de ayuda y no solo como elemento de persecución sigue siendo todavía un reto que consideramos que se podría suavizar acercando aún más las FCS a la población penitenciaria. Nos consta el fabuloso trabajo que hacen los agentes de la UFAM (Unidad Familia del Cuerpo Nacional de Policía) a través de su convenio de colaboración firmado en 2017, donde, durante tres jornadas formativas desarrollan contenidos sobre la violencia de género, la denuncia y los DDHH, al objeto de impulsar la igualdad entre mujeres y hombres en el ámbito penitenciario. Consideramos, tras nuestra experiencia y los conocimientos explorados en nuestras charlas, que estos encuentros deberían ser más frecuentes, más intensos y ofrecidos por agentes que representen a todas las policías de España (Guardia Civil, Policías Autonómicas y Policías Locales). Con respecto a los contenidos, se propone incluir las siguientes propuestas:

- Más conocimiento sobre las dinámicas violentas relacionales entre pareja, desmontando creencias erróneas que limitan la visibilidad de la VdG y la identifican con aquella más severa y de naturaleza física, potenciando la importancia del control coercitivo, como expresión crucial de la violencia psicológica.

- Dotar de herramientas que ayuden a identificar situaciones de maltrato silenciadas y eviten así la cifra oculta y, especialmente la inconsciente.

- Detectar la identificación de la VdG en etapas tempranas como elemento central de prevención.

- El objetivo sería, que, tras la formación recibida por los agentes policiales, las mujeres internas fueran capaces de responder los siguientes interrogantes:

| ¿Sirve la denuncia como modo de iniciar un procedimiento penal? |
| ¿Dónde se puede interponer? ¿Policía? ¿Juzgados? |

María José Garrido Antón (Dir)., Marta Caballé Pérez, Laura Sánchez Morón, Paulina Badowicz,
Leire Villalón Arenas, Neus Mascaró Coll, Ariadna Trespaderne Dedeu, Miguel Ángel Soria Verde,
Montserrat Tous Zanguitu, Vielka Linet Peguero Jerez, Lidia Alonso Corona, Raúl Quevedo-Blasco,
José María Palomares Rodríguez, Rosa Viñas Racionero, Iván Parras Vaquero, Hassiba Ziati Ziati y Nassiba Ziati Ziati

Si conocemos un caso de VdG ¿Se puede denunciar? Y ¿Si son menores?
¿Quién defiende a una víctima?
¿Es necesario contratar un abogado/a?
¿Tengo que dar información íntima y personal?
¿Cuántas veces tiene la víctima que ir a la policía o a los juzgados?
¿Qué se suele preguntar a la víctima? ¿Cuántas preguntas?
¿Está la víctima obligada a declarar? ¿Y si no quiere?, y ¿Si no se acuerda?
¿Tiene derecho a ser indemnizada la víctima?
¿Qué sucede con el agresor? ¿Va detenido?
¿Qué tiempo pasa entre la denuncia y el fin del procedimiento?
¿Qué va a pasar con mis hijos/as?

Sobre los programas de VdG en CP

Una vez explorados los conocimientos de las víctimas en las sesiones FIS, así como en las entrevistas individuales. Se propone añadir a los programas de prevención de VdG para las mujeres en CP (Ser mujer.es), así como al programa de acciones para la igualdad entre mujeres y hombres en el ámbito penitenciario los siguientes contenidos y herramientas de prevención:

- Añadir en los programas la importancia de protocolos de identificación de la VdG para mujeres encarceladas (Garthe et al., 2023), y disponer de ellos en los CP. Se trataría de contar con protocolos adaptados al padecimiento de la VdG en situaciones de encarcelamiento.

- Construcción de feminidades alternativas, validación y empoderamiento del desafío de los estereotipos de género. Comprender la incidencia para el propio bienestar, atendiendo que estas mujeres se enfrentan a procesos de doble estigmatización (actividad delictiva en mujeres = desviación del rol). Redefinir la propia identidad siendo capaz de identificar aquellos elementos asumidos como consecuencia de la socialización diferencial.

- Las mujeres reclusas siguen asociando la necesidad de protección o de búsqueda de ayuda formal con la violencia física, evidenciando una perspectiva que otorga centralidad a este tipo de violencia. Esta divergencia pone de relieve la importancia de abordar e intervenir la VdG desde perspectiva holística en los centros penitenciarios, incluyendo el control coercitivo como elemento nuclear, dotando de herramientas para que las mujeres puedan identificar todas las formas de VdG y adquieran consciencia de su amplio potencial lesivo, incluyendo el daño social (Simón, 2020). Así, para identificar de forma temprana todas las formas de violencia sería necesario incluir contenido específico de CC en los programas de intervención con las mujeres reclusas, así como en la formación de los profesionales que los imparten. Esta propuesta podría favorecer unos procesos de recuperación con mayor potencial de empoderamiento, al incidir de forma directa en la consciencia de la complejidad y de las múltiples formas de expresión del CC. Dotar de estas herramientas a las mujeres reclusas favorece la prevención de futuras relaciones violentas e incrementa la capacidad de identificarlas en aquellos casos que están sufriendo VdG durante su encarcelamiento. Adicionalmente, se propone disponer de herramientas de detección adaptadas al contexto penitenciario y a las formas concretas en las que se reproduce el CC en dicho ámbito (Garthe et al., 2023).

- Violencia vicaria. Incluir este tipo de violencia en los contenidos curriculares de las sesiones relacionadas con los tipos de violencia que se imparten en el marco de los programas y talleres que hay diseñados para las mujeres.

- Violencia cibernética (se desarrollará más adelante una propuesta específica para este tipo de agresiones).

- Añadir información sobre aspectos jurídicos y penales relacionados con el proceso judicial en materia de VdG, donde las víctimas fueran capaces de responder a las siguientes preguntas:

¿Qué significa que la VdG sea un delito público?
¿Qué es un procedimiento penal?
¿Qué es un juicio rápido?
Diferencia entre jueces y fiscales
Qué son los juzgados de VdG
¿Tiene la víctima que formar parte del proceso?
¿Qué se puede hacer cuando la víctima no quiere estar en el proceso?
¿Qué es el abogado de la defensa y el abogado de la acusación?
¿Qué es una orden de alejamiento? ¿Y de comunicación?
¿Qué son los quebrantamientos y cómo se puede quebrantar?

Sobre la exclusión social

Los resultados de este estudio ponen de relieve la necesidad de abordar la exclusión social de forma integral. Si bien en los CP ya se vienen implantando diferentes programas con mujeres dirigidos a las necesidades aquí detectadas, los datos obtenidos muestran la necesidad de un planteamiento de intervención que responda al carácter estructural, multidimensional, interseccional y acumulativo del fenómeno (Crenshaw, 1989; Laparra & Pérez, 2008; Moriña, 2007). Un reciente estudio sobre la situación de las mujeres encarceladas (Meléndez et al., 2023) remarca que en los CP el trabajo y la formación ocupacional es escasa, poco adecuada a la demanda real del mercado y con bajas remuneraciones; la oferta de programas y actividades se implementa de forma parcelada, dándose situaciones de sobre atención; y las mujeres presas presentan restricción en el acceso a las ofertas de programas de tratamiento o capacitación, así como a los servicios básicos. En definitiva, concluyen que, a pesar de la existencia de programas que, a priori, podrían dar respuesta a las afectaciones en los

María José Garrido Antón (Dir)., Marta Caballé Pérez, Laura Sánchez Morón, Paulina Badowicz,
Leire Villalón Arenas, Neus Mascaró Coll, Ariadna Trespaderne Dedeu, Miguel Ángel Soria Verde,
Montserrat Tous Zanguitu, Vielka Linet Peguero Jerez, Lidia Alonso Corona, Raúl Quevedo-Blasco,
José María Palomares Rodríguez, Rosa Viñas Racionero, Iván Parras Vaquero, Hassiba Ziati Ziati y Nassiba Ziati Ziati

ejes de exclusión, su aplicación no acaba de dar una respuesta efectiva a la población penitenciaria femenina (Meléndez et al., 2023).

Por estos motivos, la principal propuesta derivada de los resultados obtenidos es el planteamiento de un programa marco de intervención integral que aborde los ejes y dimensiones de la exclusión social. No se trata de la creación de un nuevo programa de intervención cerrado, elaborado para su inmediata implementación y para añadir a la oferta ya existente. Sino más bien unas recomendaciones para crear un proyecto a nivel macro capaz de aunar las acciones de intervención en los diferentes ejes de la exclusión social, revisando e incorporando los programas o acciones ya existentes y vigentes en los CP.

El principal objetivo se proyectaría a la reducción de la incidencia de las variables de exclusión social (micro), a partir de un abordaje multidimensional e interconectado (macro).

Para ello, se plantearían acciones orientadas a la capacitación de las mujeres internas, poniendo a su disposición aquellas las herramientas necesarias para subvertir las condiciones de exclusión. La orientación del proyecto sería tanto durante el encarcelamiento como en la posterior reincorporación en la sociedad. Si bien este planteamiento podría ser aplicable a la totalidad de mujeres internas, se valora que podría tener especial relevancia para el empoderamiento en aquellas previamente victimizadas (Cruells et al., 2005; Damonti, 2020).

Atendiendo a los resultados de esta investigación se considera imprescindible que dicho proyecto marco se elabore e implemente sobre una conceptualización de la exclusión social como fenómeno estructural, multidimensional, interseccional, acumulativo y dinámico (Crenshaw, 1989; Laparra & Pérez, 2008; Moriña, 2007), por lo que será fundamental la formación de todos los agentes implicados (tanto en el nivel macro como micro) en perspectiva de género y en las diferentes formas de interseccionalidad. Como principales recomendaciones se plantean las siguientes premisas que deberán guiar la planificación y estar presentes en la ejecución de cualquier intervención directa con las mujeres:

- En tanto que fenómeno estructural, la exclusión no existe únicamente en la población penitenciaria ni es exclusiva de grupos «marginados», tal y como concluyen Laparra y Pérez (2008) al hallar que más de la mitad de los hogares españoles están expuestos a algún grado de exclusión. Atender esta premisa preserva de implantar acciones basadas en planteamientos que transmitan una perspectiva individualista y basada en la meritocracia de la exclusión, y que de forma directa o indirecta criminalice y estigmatice a las mujeres, las categorice en una especie de infraclase marginal o les atribuya la culpa de unas condiciones de origen social.

- El proyecto marco deberá organizarse en base a una visión integral de la exclusión social, englobando todos los ejes y dimensiones expuestas. Si las diferentes intervenciones se plantearan e implementaran de forma separada, se estaría obviando el carácter interrelacional, acumulativo e interseccional del fenómeno.

- Elaboración de una estructura modular. Aunque integral, se propone que el proyecto disponga de un carácter modular que responda a los diferentes ejes y dimensiones, y que estos puedan ser cursados de forma independiente, con el fin de atender a la heterogeneidad de la población penitenciaria femenina. Si bien la mayoría de las mujeres han mostrado afectación en el eje económico o político, no se puede obviar la existencia de mujeres con estudios superiores o con una trayectoria laboral cualificada, no necesitando, en consecuencia, cursar los módulos de intervención correspondientes.

- La exclusión social debería atenderse como dinámica y, por lo tanto, susceptible de cambio. No obstante, se propone que la intervención no esté centrada en aquellas condiciones dinámicas, sino también en las estáticas y constantes (p. ej. antecedentes penales o historial de victimización). En este sentido, se abordarán todos los ejes y dimensiones presentes, aumentando la consciencia sobre como inciden las variables que no presentan potencial de cambio, desde una perspectiva social y cultural, y fomentando los procesos de recuperación.

- Disponer a las mujeres en el centro del planteamiento, potenciando su capacidad de agencia y autonomía. Se considera imprescindible que las mujeres reclusas participen de forma activa en la elaboración de dicho proyecto, facilitando la creación de mecanismos de participación que permitan escuchar sus voces. Además, la disposición modular del proyecto facilita que las mujeres puedan elegir en qué ejes o dimensiones quieren actuar, elaborando así su propio plan de trabajo. A modo de ejemplo, si una mujer con consumo activo de tóxicos o mantiene una relación de VdG no eligen de forma voluntaria participar en las acciones correspondientes a dichos módulos, el rol profesional se centrará en acompañar y facilitar que la mujer disponga de los recursos necesarios para trazar su propio camino y proceso de recuperación.

- Por último, se remarca la necesidad de que las acciones concretas de intervención, de forma directa o indirecta, desafíen los estereotipos de género y exploren las diversas construcciones sociales femeninas, promoviendo una comprensión más amplia de las feminidades y empoderando a las mujeres para redefinir su identidad y su camino vital.

Sobre la ciberviolencia de género

La creación del espacio digital ha transformado la sociedad y la manera en cómo las personas nos relacionamos y comunicamos y ningún colectivo, puede ya crecer al margen de la tecnología y del desarrollo cibernético. Además, el mundo digital avanza de manera muy veloz, mucho más rápido que el derecho, la sociedad y las competencias y habilidades del ciudadano de calle para adaptarse a él. Este gap que sucede entre el desarrollo virtual y los conocimientos digitales de las personas se ve reflejado en brechas cotidianas y domésticas de ciberseguridad, como se ha podido observar en este estudio. El compartir contraseñas, el solicitar a tu pareja que opere con tu dispositivo, el no contar con robustas medidas de seguridad tanto de acceso a redes sociales, aplicaciones, como acceso a los propios dispositivos físicos o usar las mismas contraseñas para todas las redes, provoca déficits en la seguridad personal desde el punto de vista de los ciberataques personales. Delitos como el *sexting*, el ciberacoso, el *grooming*, la sextorsión suceden con mucha frecuencia y las mujeres internas deben estar al corriente de una cultura de ciberseguridad básica de cara a su reinserción y vuelta a

María José Garrido Antón (Dir)., Marta Caballé Pérez, Laura Sánchez Morón, Paulina Badowicz, Leire Villalón Arenas, Neus Mascaró Coll, Ariadna Trespaderne Dedeu, Miguel Ángel Soria Verde, Montserrat Tous Zanguitu, Vielka Linet Peguero Jerez, Lidia Alonso Corona, Raúl Quevedo-Blasco, José María Palomares Rodríguez, Rosa Viñas Racionero, Iván Parras Vaquero, Hassiba Ziati Ziati y Nassiba Ziati Ziati

la vida en libertad. Desafortunadamente la gran mayoría de delitos cibernéticos en el marco de una relación de pareja no se registran, por los motivos comentados en este estudio, es por ello que se hace necesario, obligatorio y fundamental fomentar la educación en ciberseguridad adaptada a mujeres víctimas de violencia y ciberviolencia de género. Consistiría en dirigir la educación a dar a conocer los peligros de la red, las ciberamenazas y las distintas formas de los ciberdelitos, potenciando las capacidades de las mujeres internas. Para ello se ha creado y desarrollado un programa piloto preventivo y capacitador contra la CVDG para mujeres internas (Apéndice E) Así como un tríptico para difundir y repartir por los EEPP (Apéndice F).

Sobre los pensamientos autolíticos y el comportamiento suicida

Se propone el diseño de un programa específico de prevención del suicidio para mujeres internas víctimas de VdG. Se trataría de potenciar la «mentoría por pares» entre binomios creados en función de características de similitud entre dos mujeres al objeto de brindar apoyo emocional (no solo a las recién llegadas) sino a lo largo de todo el proceso de internamiento, fomentando la cohesión, el sentimiento de pertenencia y especialmente la ventilación emocional que permite «expulsar» ideas y pensamientos «tóxicos» que muchas veces se hallan en la base de las ideas irracionales que sustentan los pensamiento autolíticos.

Este programa debería centralizarse en el concepto nuclear de resiliencia. Todas las mujeres han recibido de alguna manera «golpes emocionales» que no justifican su conducta delictiva, pero pueden estar en la base de socializaciones desvirtuadas y actuar como estímulos desencadenadores de comportamientos fuera de la ley. Un espacio creado para la resiliencia permitiría el explicar la capacidad que tienen los cuerpos para volver a su forma después de haber recibido un golpe. En este espacio se potenciarían actividades relacionadas con el *mindfulness,* yoga, la meditación, horticultura y arteterapia. Cabe mencionar que este tipo de intervención ya están siendo implementadas en algunos centros como la cárcel de Villabona (Asturias), cuyos resultados están siendo positivos y que tienen como objetivo de mejorar el proceso de reinserción en la sociedad (Ferrer, 2014). Además, en el estudio de Caso en 2017, llevado a cabo en la ciudad de Lima, ha mostrado que el aumento del nivel de resiliencia en mujeres internas supuso una mejora en los niveles posteriores de seguridad, traumatismo infantil, autosuficiencia y sentimientos negativos hacia los padres (Caso, 2017).

Para fomentar la adquisición de habilidades de comunicación asertiva, se propondría crear actividades como el «Teatro terapéutico», a través de técnicas de *role-playing* se pueden improvisar diferentes escenas e historias donde reflejar sus propias experiencias. Con esta herramienta, se buscaría dar un espacio para que las mujeres expresen sus emociones, además de potenciar el desarrollo de habilidades de comunicación asertiva. Otra propuesta similar es la «terapia narrativa», donde las mujeres tendrían la oportunidad de reconstruir sus experiencias a través de una narrativa.

Finalmente, a través de la técnica del «*mindfulness* autolítico», se formaría a las mujeres en distinguir los pensamientos y emociones autodestructivos. Gracias a esta práctica, las internas serían capaces de detectar estos pensamientos, distanciarse de ellos e interpretarlos de manera objetiva, reprimiendo los impulsos autolíticos.

5.
Referencias bibliográficas generales

Acosta Artiles, F. J, Rodríguez Rodríguez-Caro, C. J, y Cejas Méndez, M. R. (2017). Noticias sobre suicidio en los medios de comunicación. Recomendaciones de la OMS. *Revista Española de Salud Pública, 91*, e1-e7. https://scielo.isciii.es/pdf/resp/v91/1135-5727- resp-91-e201710040.pdf

Agencia de los Derechos Fundamentales de la Unión Europea. (2014). *Violencia de género contra las mujeres: una encuesta a escala de la UE.* Oficina de Publicaciones de la Unión Europea. https://fra.europa.eu/sites/default/files/fra-2014-vaw-survey-at-a- glance-oct14_es.pdf

Akers, C. & Kaukinen, C. (2009). The police reporting behavior of intimate partner violence victims. *Journal of Family Violence, 24*(3) 159-171. https://doi.org/10.1007/s10896- 008-9213-4

Albertín Carbó, P., Cubells, J., Peñaranda, M. C., & Martínez, L. M. (2020). A Feminist Law Meets an Androcentric Criminal Justice System: Gender-Based Violence in Spain. *Feminist Criminology, 15*(1), 70-96. https://doi.org/10.1177/1557085118789774

Alcántara-Jiménez, M., Torres-Parra, I., Guillén-Riquelme, A. y Quevedo-Blasco, R. (2023). Los factores psicosociales en el suicidio de presos en prisiones europeas: una revisión sistemática y meta-análisis. *Anuario de Psicología Jurídica, 33*, 101-114. https://doi.org/10.5093/apj2022a13

Alexander, P. C. (2009). Childhood trauma, attachment, and abuse by multiple partners. Psychological Trauma: Theory, Research, Practice, and Policy, 1(1), 78–88. https://doi.org/10.1037/a0015254

Almeda, E. (2003): Mujeres encarceladas. Ariel.Bellot, A., Muñoz-Rivas, M. J., Botella, J.,& Montorio, I. (2024). Factors associated with revictimization in intimate partner violence: a systematic review and meta-analysis. Behavioral Sciences, 14

Al-Halabí, S. y Fonseca-Pedrero, E. (2021). Suicidal behaviour prevention: The time to act is now. *Clínica y Salud, 32*(2), 89-92. https://doi.org/10.5093/clysa2021a17

Amnistía Internacional. (2021, 23 junio). Amnistía revela alarmante impacto de los abusos contra las mujeres en Internet. https://www.amnesty.org/es/latest/press- release/2017/11/amnesty-reveals-alarming-impact-of-online-abuse-against-women/

Anderson, K. L. (2008). Is partner violence worse in the context of control? *Journal of Mariage and Family*, *70*(5), 1157-1168. https://doi.org/10.1111/j.1741-3737.2008.00557.x

Ansara, D. L., & Hindin, M. J. (2010). Exploring gender differences in the patterns of intimate partner violence in Canada: A latent class approach. *Journal of Epidemiology and Community Health, 64*(10), 849–854. https://doi.org/10.1136/jech.2009.095208

Añaños Bedriñana, F. T., & Jiménez Bautista, F. (2016). Población y contextos sociales vulnerables: la prisión y el género al descubierto. *Papeles de Población, 22*(87), 63- 101. https://www.scielo.org.mx/pdf/pp/v22n87/1405-7425-pp-22-87-00063.pdf

Araujo, J. A. P., Fialho, E., Alves, F. J. O., Cardoso, A. M., Orellana, J. D. Y., Naslund, J. A., Barreto, M. L., Patel, V. y Machado, D. (2023). Suicide Among Indigenous Peoples in Brazil from 2000 to 2020. *The Lancet Regional Health – Americas, 26*, 100591. https://doi.org/10.1016/j.lana.2023.100591

Armijo-Cabrera, M. (2018). Deconstruyendo la noción de inclusión: un análisis de investigaciones, políticas y prácticas en educación. *Revista Electrónica Educare, 22*(3), 151-176. http://dx.doi.org/10.15359/ree.22-3.8

Arya, V., Page, A., Vijayakumar, L., Onie, S., Tapp, C., John, A., Pirkis, J. y Armstrong, G. (2023). Changing profile of suicide methods in India: 2014–2021. *Journal of Affective Disorders*. *340,* 420-426. https://doi.org/10.1016/j.jad.2023.08.010

Asociación de Investigación y Especialización Sobre Temas Iberoamericanos (AIETI) y Red de Mujeres Latinoamericanas y del Caribe (2020). Mujeres migrantes víctimas de Violencia de Género en España. Segundo informe. Documento de análisis cuantitativo. https://aieti.es/wp-content/uploads/2020/12/Documento_2DO-.pdf

Ayuste, A. y Paya, M. (2004). Mujer gitana y educación: un camino hacia los derechos humanos. *Encuentros sobre educación*, 5 (111), 101-124.

Bachmann S. (2018). Epidemiology of suicide and the psychiatric perspective. *International Journal of Environmental Research and Public Health, 15*(7), 1425 https://doi.org/10.3390/ijerph15071425

Barbaro, L. MA., & Raghavan, C. (2018). Patterns in Coercive Controlling Behaviors Among Men Mandated for Batterer Treatment: Denial. Minimization, and Consistency of Tactics Acorss Relationships. *Partner Abuse*, *9*(3), 270-290. http:// doi.org/10.1891/1946-6560.9.3.270

Bedoya, A., Martínez-Carpio, P. A., Humet, V., Leal, M. J., y Lleopart, N. (2009). Incidencia del suicidio en las prisiones de Cataluña: análisis descriptivo y comparado. *Revista Española de Sanidad Penitenciaria, 11*(2), 37-41. https://scielo.isciii.es/scielo.php?script=sci_arttext&pid=S1575-06202009000200002

Bellot, A., Muñoz-Rivas, M. J., Botella, J., & Montorio, I. (2024). Factors associated with revictimization in intimate partner violence: a systematic review and meta-analysis. *Behavioral Sciences*, *14*(2), 103.

Belknap, J., & Holsinger, K. (2006). The gendered nature of risk factors for delinquency. Feminist Criminology, 1(1), 48-71.

Belknap, J., Holsinger, K., & Little, J. (2012). Sexual Minority Status, Abuse, and Self- Harming Behaviors among Incarcerated Girls. *Journal of Child & Adolescent Trauma*, 5(2), 173–185. https://doi- org.ez.lib.jjay.cuny.edu/10.1080/193615 21.2012.671797

Bender, A. K., & Lauritsen, J. L. (2021). Violent Victimization Among Lesbian, Gay, and Bisexual Populations in the United States: Findings From the National Crime Victimization Survey, 2017–2018. *American Journal of Public Health*, *111*(2), 318–326. https://doi-org.ez.lib.jjay.cuny.edu/10.2105/AJPH.2020.306017

Bibiana, C., & Cortés, R. (2023). Los Ciberdelitos y la Ciberseguridad: Una Cuestión de Género. https://revistas.fcu.com.uy/index.php/informaticayderecho/article/vie w/3998?articlesBySameAuthorPage=2

Binswanger, I. A., Stern, M. F., Deyo, R. A., Heagerty, P. J., Cheadle, A., Elmore, J. G., y Koepsell, T. D. (2007). Release from prison--a high risk of death for former inmates. *New England Journal of Medicine*, *356*(2), 157-165. https://doi. org/10.1056/NEJMsa064115

Blay, E. (2014). «Voy o no voy»: el recurso a la policía en el caso de la violencia de género. Perspectivas de las víctimas. *Estudios Penales y Criminológicos, 33,* 369-400. https://revistas.usc.gal/index.php/epc/article/view/1502

Bogat, G. A., Levendosky, A. A., Theran, S., Von Eye, A., & Davidson, W. S. (2003). Predicting the Psychosocial Effects of Interpersonal Partner Violence (IPV): Howmuch does a Woman's History of IPV Matter? Journal of Interpersonal Violence,18(11), 1271-1291. https://doi.org/10.1177/0886260503256657

Bosch Fiol, E., & Ferrer Pérez, V. A. (2003). Fragilidad y debilidad como elementos fundamentales del estereotipo tradicional femenino. *Feminismo/s, n. 2 (dic. 2003); pp. 139-151.*

Bove, A., & Tryon, R. (2018). The power of storytelling: the experiences of incarcerated women sharing their stories. International journal of offender therapy and comparative criminology, 62(15), 4814-4833.

Bowles, M. A., DeHart, D., & Webb, J. R. (2012). Family influences on female offender's substance use: The role of adverse childhood events among incarcerated women. *Journal of Family Violence*, *27*(7), 681-686. https://doi.org/10.1007/ s10896-012- 9450-4

Browne, A., Miller, B., & Meguin, E. (1999). Prevalence and severity of lifetime physical and sexual victimization among incarcerated women. *International Journal of Law and Psychiatry*, *22*(3-4), 301-322. https://doi.org/10.1016/s0160-2527(99)00011-4

Broco Villahoz, L., Rosique Sanz, M. T., Fernández Carpio, C, Carrajo García, C. A, Domínguez Alhambra, R. y Polo Usaola, C. (2023). El papel de los factores precipitantes, los estresores y la violencia en la conducta e ideación suicida: diferencias en función del motivo de consulta y el sexo. *Revista Clínica Contemporánea, 14*, e3, 1-15. https://doi.org/10.5093/cc2023a3

Browne, C., Chemjong, P., Korobanova, D., Jang, S., Yee, N., Marr, C., Rae, N., Ma, T., Spencer, S.J. y Dean, K. (2023). Self-harm risk screening on prison entry: assessing the predictive validity of self-harm history and recent ideation in men and women. *International Journal of Prisoner Health*, *19*(3), 414-426. https://doi.10.1108/IJPH-12-2021-0115

Burleson, W.E., 2005. *Bi America: myths, truths and struggles of an invisible community*. New York: Harrington Park Press.

Cala, M. J. & García, M. (2014). Las experiencias de las mujeres que sufren violencia en la pareja y su tránsito por el sistema judicial: ¿Qué esperan y qué encuentran? *Anales de la Cátedra Francisco Suárez, 48*, 81-105. https://revistaseug.ugr.es/index.php/acfs/article/view/2781

Cala, V. C., & Del Carmen Martínez Gil, M. (2022). Ciberviolencia en la pareja adolescente: análisis transcultural y de género en centros de secundaria. Bordón, 74(2), 11- 30. https://doi.org/10.13042/bordon.2022.91342

Calvo, E. M. (2015). Mujeres usuarias de drogas en prisión. *Praxis Sociológica*, *19*, 141-159.

Cano-Montalbán, I. y Quevedo-Blasco, R. (2018). Sociodemographic Variables Most Associated with Suicidal Behaviour and Suicide Methods in Europe and America. A Systematic Review. *European Journal of Psychology Applied to Legal Context*, *10*, 15-25. https://doi.org/10.5093/ejpalc2018a2

Canyelles, C. (2021). *Masclisme i cultura jurídica. Una etnografia del procés judicial de la violència de gènere*. Lleonard Muntaner Editor.

Carmona, M.A., (2023). Violencia de género y nuevas tecnologías. II Congreso Internacional «Derechos Humanos, Violencia Digital e Inteligencia Artificial: amenazas, retos y desafíos». Burgos.

Carrasco, T. (2008). Buenas prácticas en la intervención con mujeres gitanas víctimas de violencia de género. *Fundación Secretariado Gitano*.

Carrasco, J. C. (2004). Violencia física, psicológica y sexual en el ámbito de la pareja: papel del contexto. Clínica y salud, 15(1), 33-54.

Caso Martínez, A. M. (2017). Apego adulto y resiliencia en internas en un establecimiento penitenciario de Lima.

Castillo Patton, A. E. (2022). Contención del suicidio en España: evaluación del diseño de las políticas y Planes de Salud Mental de las Comunidades Autónomas. *Gestión y Análisis de Políticas Públicas*, *28*, 6-26. https://doi.org/10.24965/gapp.i28.10956

Centro de Investigaciones Sociológicas. (2023). *Encuesta sobre las relaciones afectivas postpandemia (III). Fichero de datos*. Extraído de https://www.cis.es/cis/opencm/ES/1_encuestas/estudios/ver.jsp?estudio=14702

Centro de Investigaciones Sociológicas (2007). Estudio 2745: Discriminaciones y su percepción. *Fuera de colección CIS 49*. https://www.cis.es/cis/opencm/ES/1_encuestas/estudios/ver.jsp?estudio=8940

Cepeda A, Nowotny KM, Frankeberger J, Ramirez E, Rodriguez VE, Perdue T, et al. (2020) Examination of multilevel domains of minority stress: Implications for drug use and mental and physical health among Latina women who have sex with women and men. *PLoS ONE 15*(3), 1-15. https://doi.org/10.1371/journal.pone.0230437

Cialdini, R. (1984). Influence. The Psychology of Persuasion. New York, NY: William Morrow e Company.

Coercive control in intimate partner violence: Relationship with women's experience of violence, use of violence, and danger. Psychology Of Violence, 8(5), 596-604. https://doi.org/10.1037/vio0000158

Conroy, N. E., & Crowley, C. G. (2022). Extending Johnson's typology: Additional manifestations of dating violence and coercive control. *Journal of Interpersonal Violence*, *37*(15–16), 1-27. https://doi.org/10.1177/08862605211005149

Consejo de Europa sobre prevención y lucha contra la violencia contra la mujer y la violencia doméstica. Convenio del Consejo de Europa sobre prevención y lucha contra la violencia contra las mujeres y la violencia doméstica (2011) https://rm.coe.int/1680462543?origen=app

Consejo General del Poder Judicial. (2023). *Estadística Penitenciaria-2022*. https://www.poderjudicial.es/cgpj/es/Temas/Estadistica-Judicial/Estadistica-por- temas/Datos-penales--civiles-y-laborales/Cumplimiento-de-penas/Estadistica-de-la- Poblacion-Reclusa/

Consejo General del Poder Judicial. (2021). Informe Anual sobre Violencia de Género.p.10

Consejo General del Poder Judicial (2020). Informe sobre los 1000 primeros casos de víctimas mortales por violencia de género en el ámbito de la pareja o ex-pareja. https://www.poderjudicial.es/cgpj/es/Temas/Violencia-domestica-y-de- genero/Actividad-del-Observatorio/Informes-de-violencia-domestica-y-de- genero/Informe-sobre-los-1000-primeros-casos-de-victimas-mortales-por-violencia- de-genero-en-el-ambito-de-la-pareja-o-ex-pareja--Mayo-2020-

Consejo General del Poder Judicial (2022). Estadística Judicial. Estadística por temas. Datos penales, civiles y laborales. Violencia doméstica y Violencia de género. Datos sobre Violencia sobre la mujer en la estadística del CGPJ. https://www.poderjudicial.es/cgpj/es/Temas/Violencia-domestica-y-de- genero/Actividad-del-Observatorio/Datos-estadisticos/?filtroAnio=2022

Coolidge, F. L., y Anderson, L. W. (2002). Personality profiles of women in multiple abusiverelationships. Journal of Family Violence, 17(2), 117–131.https://doi.org/10.1023/A:1015005400141

Crenshaw, K. (2013). Demarginalizing the intersection of race and sex: A black feminist critique of antidiscrimination doctrine, feminist theory and antiracist politics.

María José Garrido Antón (Dir)., Marta Caballé Pérez, Laura Sánchez Morón, Paulina Badowicz,
Leire Villalón Arenas, Neus Mascaró Coll, Ariadna Trespaderne Dedeu, Miguel Ángel Soria Verde,
Montserrat Tous Zanguitu, Vielka Linet Peguero Jerez, Lidia Alonso Corona, Raúl Quevedo-Blasco,
José María Palomares Rodríguez, Rosa Viñas Racionero, Iván Parras Vaquero, Hassiba Ziati Ziati y Nassiba Ziati Ziati

En N. Levit y R. R.M. Verchick (Eds.), *Feminist legal theories* (pp. 23-51). Routledge.

Crossman, K. A., & Hardesty, J. L. (2018). Placing coercive control at the centre: What are the processes of coercive control and what makes control coercive? *Psychology of Violence, 8*(2), 196–206. https://doi.org/10.1037/vio0000094

Cruells, M., Torrens, M., & Igareda, N. (2005). *Violencia contra las mujeres: Análisis de la población penitenciaria femenina*. Surt. https://www.inmujeres.gob.es/publicacioneselectronicas/documentacion/Documentos/ DE0804.pdf

Cruells, M. & Igareda, N. (2005). *Mujeres, integración y prisión*. Aurea.

Cruells, M., Igareda, N., Torrens, M., & Cruells, E. (2004). *Mujeres, integración y prisión: Un análisis de los procesos de integración sociolaboral de las mujeres presas en Europa*. Aurea. https://www.surt.org/mip/docs/informe%20nacional%20castellano%20wp8.pdf

Cubells, J., Calsamiglia, A., & Albertín, P. (2010). El ejercicio profesional en el abordaje de la violencia de género en el ámbito jurídico-penal: un análisis psicosocial. Anales de Psicología/Annals of Psychology, *26*(2), 369-377.

Cyr, S., Jaramillo, E. T., Garrison, L., Malcoe, L. H., Shamblen, S. R. & Willging, C.E. (2021) Intimate Partner Violence and Structural Violence in the Lives of Incarcerated

Damonti, P. S. (2019). Exclusión social como factor de riesgo de violencia de género en la pareja. *Papers, 104*(3), 485-523. https://doi.org/10.5565/rev/papers.2570

Damonti, P., & Amigot, P. A. (2020). Las situaciones de exclusión social como factor de vulnerabilidad a la violencia de género en la pareja: Desigualdades estructurales y relaciones de poder de género. *Revista de Metodología de las Ciencias Sociales,* (48), 205-230. https://doi.org/10.5944/empiria.48.2020.28076

Defensor del Pueblo. (2022). *Informe Anual* (Vol. I). Gobierno de España. https://www.defensordelpueblo.es/wp-content/uploads/2023/03/Defensor-del-Pueblo-Informe-anual-2022.pdf

De Miguel C. E. (2014). El encierro carcelario. Impacto en las emociones y los cuerpos de las mujeres presas. *Cuadernos de Trabajo Social, 27*(2), 395-404. https://doi.org/10.5209/rev_CUTS.2014.v27.n2.43821

Delegación del Gobierno contra la Violencia de Género (2015). Sobre la inhibición a denunciar de las víctimas de violencia de género. Ministerio de Sanidad, Asuntos Sociales e Igualdad. Gobierno de España. https://violenciagenero.igualdad.gob.es/violenciaEnCifras/estudios/investigaciones/20 15/estudio/inhibicion.htm

Delegación del Gobierno contra la Violencia de Género. (2020). *Macroencuesta de violencia contra la mujer*. Ministerio de Sanidad, Servicios Sociales e Igualdad. Gobierno de España. https://violenciagenero.igualdad.gob.es/violenciaEnCifras/macroencuesta2015/pdf/Ma croencuesta2019_Estudio_completo.pdf

Dichter, M. E., Thomas, K. A., Christoph, P. C., Ogden, S. N., & Rhodes., K. V. (2018). Coercive control in intimate partner violence: Relationship with women's experience of violence, use of violence, and danger. *Psychology of Violence*, *8*(5), 596-604. https://doi.org/10.1037/vio0000158

Domestic Violence Survivors Justice Act: Potential Mitigation, Not Guaranteed Fix. (2020) NYU Journal of Legislation & Public Policy.

Donnellan, M. B., Oswald, F. L., Baird, B. M., & Lucas, R. E. (2006). The Mini-IPIP Scales: Tiny-yet-effective measures of the Big Five Factors of Personality. *Psychological Assessment, 18*(2), 192–203. https://doi.org/10.1037/1040-3590.18.2.192

Donoso, V., & Venceslao, V. (2012). La situación de las mujeres migradas víctimas de violencia de género: Propuestas de intervención.

Downes, J., Kelly, L., & Westmarland, N. (2019). «It's a work in progress»: Men's accounts of gender and change in their use of coercive control. *Journal of Gender-Based Violence*, *3*(3), 267-282. https://doi.org/10.1332/239868019X15627570242850

Duterte, E. E., Bonomi, A. E., Kernic, M. A., Schiff, M. A., Thompson, R. S., & Rivara, F. P. (2008). Correlates of medical and legal help seeking among women reporting intimate partner violence. *Journal of Women's Health, 17*, 85-95. https://pubmed.ncbi.nlm.nih.gov/18240985/

Dutton, M. A., Goodman, L. A., & Schmidt, R. J. (2005). *Development and validation of a coercive control measure for intimate partner violence*. National Institute of Justice.

Dyar, C., & London, B. (2018). Longitudinal Examination of a Bisexual-Specific Minority Stress Process Among Bisexual Cisgender Women. *Psychology of Women Quarterly*, *42*(3), 342–360. https://doi- org.ez.lib.jjay.cuny.edu/10.1177/0361684318768233

Echeburúa, E., De Corral, P., & Amor, P. J. (2002). Evaluación del daño psicológico en las víctimas de delitos violentos. *Psicothema*, 139-146. https://www.psicothema.com/pdf/3484.pdf

Eliason, M. J., Taylor, J. Y., & Arndt, S. (2005). *Assessing Intimate Partner Violence in Incarcerated Women*. Journal Of Forensic Nursing, 1(3), 106-110. https://doi.org/10.1097/01263942-200509000-00005

Eliason, M. J. (1997). The prevalence and nature of biphobia in heterosexual undergraduate students. *Archives of Sexual Behavior, 26*(3), 317–326. https://doi.org/10.1023/A:1024527032040

Esquina S, R., Molina A, E., Moreno R, C., & Verdiell B, L. (2022). *Dones que compleixen condemna per delictes violents a les presons de Catalunya: Una anàlisi delinqüencial amb perspectiva de gènere*. Centre d'Estudis Jurídics i Formació Especialitzada.

Expósito, F., Herrera, M. C., Moya, M., & Glick, P. (2010). Don't rock the boat: Women's benevolent sexism predicts fears of marital violence. *Psychology of women quarterly*, *34*(1), 36-42.

Eysenck, H. J. (1954). The science of personality: Nomothetic. https://psycnet.apa.org/record/1955-05305-001

Fair, H., & Walmsley, R. (2022). World female imprisonment list. Institute for Crime & Justice Policy Reserarch. https://www.prisonstudies.org/sites/default/files/resources/downloads/world_female_imprisonment_list_5th_edition.pdf

Fanjul, G. y Gálvez-Iniesta, I. (2020). Extranjeros, sin papeles e imprescindibles: Una fotografía de la inmigración irregular en España. Fundación por causa. https://porcausa.org/wp- content/uploads/2020/07/RetratodelairregularidadporCausa.pdf

Favril, L. (2021). Epidemiology, Risk Factors, and Prevention of Suicidal Thoughts and Behaviour in Prisons: A Literature Review. *Psychologica Belgica, 61*, 341–355. https://doi.org/10.5334/pb.1072

Favril, L., Shaw, J. y Fazel, S. (2022). Prevalence and risk factors for suicide attempts in prison. *Clinical Psychology Review, 97*, 102190. https://doi.org/10.1016/j.cpr.2022.102190

Fazel, S., Hayes, A. J., Bartellas, K., Clerici, M., y Trestman, R. (2016). Mental health of prisoners: prevalence, adverse outcomes, and interventions. *The Lancet Psychiatry, 3*(9), 871-881. https://doi:10.1016/S2215-0366(16)30142-0

Fazel S., Ramesh T. y Hawton K. (2017). Suicide in prisons: an international study of prevalence and contributory factors. *Lancet Psychiatry, 4*, 946–952. https://doi:10.1016/S2215-0366(17)30430-3

Feinstein, B. A., & Dyar, C. (2017). Bisexuality, minority stress, and health. *Current Sexual Health Reports, 9*(1), 42–49. https://doi.org/10.1007/s11930-017-0096-3

Felson, R. B., Mesner, S. F., Hoskin, A. W. & Deane, G. (2002). Reasons for reporting and not reporting domestic violence to the police. *Criminology, 40* (3) 617-648. https://doi.org/10.1111/j.1745-9125.2002.tb00968.x

Fernández, I., Rodríguez, N. y Franco, N. (2021). Recomendaciones de intervención con mujeres gitanas víctimas de violencia de género desde los recursos públicos de la región de Murcia. *Fundación Secretariado Gitano*. https://www.gitanos.org/upload/68/50/GUIA_RECOMENDACIONES_WEB.pdf

Ferrer, N. L. (2014). Resiliencia en prisión: transformar el conflicto en oportunidad. *Construcciones de paz y regulación de conflictos: perspectivas y experiencias*, 47.

Fontanil Gómez, Y., Alcedo Rodríguez, M. Á., Fernández, R., y Ezama Coto, E. (2013). Mujeres en prisión: un estudio sobre la prevalencia del maltrato. Revista Española de Sociología.

Fontanil, Y., Alcedo, M. Á., Fernández, R., & Ezama, E. (2013). Mujeres en prisión: un estudio sobre la prevalencia del maltrato. *Revista Española de Sociología, 20*, 21 – 38. https://dialnet.unirioja.es/servlet/articulo?codigo=4839987

Frías, S. M. (2013). Strategies and Help-Seeking Behavior Among Mexican Women Experiencing Partner Violence. *Violence Against Women, 19*(1), 24–49. https://doi

Frye, V., Manganello, J., Campbell, J. C., Waton-Moss, B., & Wilt, S. (2006). The distribution of and factors associated with intimate terrorism and situational couple violence among a population-based sample of urban women in the United States. *Journal of Interpersonal Violence*, *21*(10), 1286-1313. https://doi.org/10.1177/0886260506291658

Fundación Española para la Prevención del Suicidio. (2023). *Suicidios. España 2022. Datos provisionales. Observatorio del suicidio en España.* https://www.fsme.es/observatorio-del-suicidio-2022/

García-Collantes, A., y Garrido, MJ. (2021). Violencia y Ciberviolencia de Género. https://editorial.tirant.com/es/libro/violencia-y-ciberviolencia-de-genero-angel-garcia- collants-9788413785745

García - Guerrero, J., Marco, A. (2012). Sobreocupación en los Centros Penitenciarios y su impacto en la salud. *Revista Española Sanidad Penitenciaria*, *14*, 106-113. https://doi.org/10.4321/s1575-06202012000300006

García-Haro, J., González, M. G., Fonseca-Pedrero, E. y Al-Halabí, S. (2023). Conceptualización de la conducta suicida. En S. Al-Halabí y E. Fonseca-Pedrero (Coords.), *Manual de Psicología de la Conducta Suicida* (pp. 31-68). Piramide.

Garthe, R. C., Fedock, G., Rieger, A., Hsieh, W. J., McLay, M. M., & Malcome, M. (2023). Women's experiences of intimate partner violence while incarcerated: the measurement structure, reliability, and validity of a novel instrument. *Violence Against Women*. Avance online. https://doi.org/10778012231155176.

Garelick, A. S., Filip-Crawford, G., Varley, A. H., Nagoshi, C. T., Nagoshi, J. L., & Evans, R. (2017). Beyond the binary: Exploring the role of ambiguity in biphobia and transphobia. Journal of Bisexuality, 17(2), 172–189. https://doi.org/10.1080/15299716.2017.1319890

González-Álvarez, J.L., López-Ossorio, J.J., Pozuelo-Rubio, F., Sánchez-Isidoro, J., Santos-Hermoso, J. y Soler-Prieto, C. (2019). Avance de resultados del estudio nacional de revisión de feminicidios en España: perfil del feminicida en prisión. Capítulo del libro de ponencias de las X Jornadas de ATIP en Almagro, 2018. Editor: Asociación de Técnicos de Instituciones Penitenciarias. Recuperado de: https://atip.es/wp-content/uploads/2019/06/LIBRO-X-JORNADAS.pdf

González, J. L., & Garrido, M. J. (2015). Satisfacción de las víctimas de violencia de género con la actuación policial en España. Validación del Sistema VioGen. *Anuario de Psicología Jurídica, 25*(1), 29–38. https://doi.org/10.1016/j.apj.2015.02.003

Goodson, A., & Hayes, B. E. (2018). Help-Seeking Behaviors of Intimate Partner Violence Victims: A Cross-National Analysis in Developing Nations. *Journal of Interpersonal Violence, 36*(9-10), 4705-4727. https://doi.org/10.1177/0886260518794508

Görgülü, T. y Tutarel-Kişlak, Ş. (2014). Submissive Behaviour, Depression, and Suicide Probability in Male Arrestees and Convicts. *Archives of Neuropsychiatry*, *51*, 40-45. https://doi.org/10.4274/npa.y6563

Gover, A. R., Pérez, D. M., y Jennings, W. S. (2008). Gender differences in factors contributing to institutional misconduct. *The Prison Journal*, *88*(3), 378-403. https://doi.org/10.1177/0032885508322453

María José Garrido Antón (Dir)., Marta Caballé Pérez, Laura Sánchez Morón, Paulina Badowicz,
Leire Villalón Arenas, Neus Mascaró Coll, Ariadna Trespaderne Dedeu, Miguel Ángel Soria Verde,
Montserrat Tous Zanguitu, Vielka Linet Peguero Jerez, Lidia Alonso Corona, Raúl Quevedo-Blasco,
José María Palomares Rodríguez, Rosa Viñas Racionero, Iván Parras Vaquero, Hassiba Ziati Ziati y Nassiba Ziati Ziati

Grace (2022). 'Get to know me, not the inmate': Women's Management of the Stigma of Criminal Records. *The British Journal of Criminology*, *62*(1), 73–89. https://doi.org/10.1093/bjc/azab029

Gracia, E. (2015). Violencia doméstica contra la mujer: El entorno social como parte del problema y de su solución. En F. Fariña, R. Arce y G. Buela-Casal (Eds.), *Violencia de genero. Tratado psicológico y legal*. Biblioteca Nueva.

Graham-Kevan, N., & Archer, J. (2003). Intimate terrorism and common couple violence. A test of Johnson's predictions in four British samples. *Journal of Interpersonal Violence*, *18*(11), 1247-1270. https://doi.org/10.1177/0886260503256656

Grove, M., & Johnson, N. L. (2022, February 24). The Relationship Between Social Group Prejudice and Vulnerability to Sexual Violence in Bisexual Women. *Psychology of Sexual Orientation and Gender Diversity*. Advance online publication. http://dx.doi.org/10.1037/sgd0000561

Güell, B. y Parella, S. (2023). Introducción: migraciones y violencias desde una perspectiva de género. Revista CIDOB d'Afers Internacionals, (133), 7-16. doi: 10.24241/rcai.2023.133.1.7

Gutiérrez, E. (2018). «Quebrantamiento de la prohibición de comunicación a través de las redes sociales» de 4 de mayo de 2018, www.elderecho.com.

Haglund, A., Tidemalm, D., Jokinen, J., Långström, N., Lichtenstein, P., Fazel, S., y Runeson, B. (2014). Suicide after release from prison: a population-based cohort study from Sweden. *The Journal of Clinical Psychiatry*, *75*(10), 20451. https://doi.org/10.4088/JCP.13m08967

Hamberger, L. K., Larsen, S. E., & Lehrner, A. (2017). Coercive control in intimate partner violence. *Aggression and Violent Behavior*, *37*, 1-11. https://doi.org/10.1016/j.avb.2017.08.003

Hardesty, J. L., Crossman, K. A., Haselschwerdt, M. L., Raffaelli, M., Ogolsky, B. G., & Johnson, M. P. (2015). Toward a Standard Approach to Operationalizing Coercive Control and Classifying Violence Types. Journal Of Marriage And The Family/Journal Of Marriage And Family, 77(4), 833-843. https://doi.org/10.1111/jomf.12201

Hatzenbuehler, M. L., Phelan, J. C., & Link, B. G. (2013). Stigma as a fundamental cause of population health inequalities. *American journal of public health*, *103*(5), 813–821. https://doi.org/10.2105/AJPH.2012.301069

Henry, B. F. (2022). Disparities in use of disciplinary solitary confinement by mental health diagnosis, race, sexual orientation and sex: Results from a national survey in the United States of America. *Criminal Behaviour & Mental Health*, *32*(2), 114–123. https://doi-org.ez.lib.jjay.cuny.edu/10.1002/cbm.2240

Henry, N., & Powell, A. (2016). Technology-Facilitated Sexual Violence: A Literature Review of Empirical Research. Trauma, Violence & Abuse, 19(2), 195-208. https://doi.org/10.1177/1524838016650189

Hernández, R., Fernández, C., y Baptista, M. P. (2014). Metodología de la investigación. *McGraw-Hill*.

Herrera Enríquez, M. C., & Expósito Jiménez, F. (2010). Una Vida entre Rejas: Aspectos Psicosociales de la Encarcelación y Diferencias de Género. Intervencion psicosocial, 19(3), 235–241. https://doi.org/10.5093/in2010v19n3a4

Herrera Ramírez, R., Ures Villar, M. B. y Martínez Jambrina, J. J. (2015). El tratamiento del suicidio en la prensa española: ¿efecto Werther o efecto Papageno? *Revista de la Asociación Española de Neuropsiquiatría, 35*(125), 123-134. https://doi.org/10.4321/s0211-57352015000100009

Hirot, F., Ali, A., Azouvi, P., Balogh, S., Lemarchand, P., Petat, F., Godart, N. y Lesieur, P. (2023). Suicide attempts with a violent method: Experience of a transdisciplinary psychiatric ward combining psychiatric and somatic care. *L'encephale, 49*(2), 158- 164. https://doi.org/10.1016/j.encep.2021.11.002

Instituto Nacional de Estadística. (2023). *Defunciones según la Causa de Muerte. Año 2022. Datos provisionales*. https://www.ine.es/prensa/edcm_2022.pdf

Instrucción 9/2022 de la Secretaría General de Instituciones Penitenciarias. *Perspectiva de género en la prevención de suicidios en el ámbito penitenciario.* https://www.iustel.com/v2/revistas/detalle_revista.asp?id_noticia=425955

Instrucción 11/2022 de la Secretaría de Estado de Seguridad, por la que se actualizan los procedimientos de actuación en la gestión del riesgo de los denominados casos resistentes de violencia de género. Ministerio de Interior.

Instrucción 5/2014 de la Secretaría General de Instituciones Penitenciarias. *Programa marco de prevención de suicidios.* https://www.csif.es/uploads/articulo/archivosAdjuntos/65c748bf634a9.pdf

Jakobsen, S. G., Nielsen, T., Larsen, C. P., Andersen, P. T., Lauritsen, J., Stenager, E., y Christiansen, E. (2023). Definitions and incidence rates of self-harm and suicide attempts in Europe: A scoping review. *Journal of Psychiatric Research. 164,* 28- 36. https://doi.org/10.1016/j.jpsychires.2023.05.066

Janca, E., Keen, C., Willoughby, M., Borschmann, R., Sutherland, G., Kwon, S., y Kinner, S. A. (2023). Sex differences in suicide, suicidal ideation, and self-harm after release from incarceration: a systematic review and meta-analysis. *Social Psychiatry and Psychiatric Epidemiology, 58*(3), 355-371. https://doi.org/10.1007/s00127-022- 02390-z

Johnson, H., Eriksson, L., Mazerolle, P., & Wortley, R. (2019). Intimate Femicide: The Role of Coercive Control. *Feminist Criminology, 14*(1), 3–23. https://doi.org/10.1177/1557085117701574

Johnson, M. P. (2008). *A typology of domestic violence: Intimate terrorism, violent resistance, and situational couple violence.* Northeastern University Press.

Johnson, M. P. (2011). Gender and types of intimate partner violence: A response to an anti-feminist literature review. Aggression and Violent Behavior,16, 289296. doi:10.1016/j.avb.2011.04.006.,16,289,296.doi:10.1016/j.avb.2011.04.006.

Johnson, M. P., & Leone, J. M. (2005). The Differential Effects of Intimate Terrorism and Situational Couple Violence: Findings From the National Violence

María José Garrido Antón (Dir)., Marta Caballé Pérez, Laura Sánchez Morón, Paulina Badowicz,
Leire Villalón Arenas, Neus Mascaró Coll, Ariadna Trespaderne Dedeu, Miguel Ángel Soria Verde,
Montserrat Tous Zanguitu, Vielka Linet Peguero Jerez, Lidia Alonso Corona, Raúl Quevedo-Blasco,
José María Palomares Rodríguez, Rosa Viñas Racionero, Iván Parras Vaquero, Hassiba Ziati Ziati y Nassiba Ziati Ziati

Against Women Survey. *Journal of Family Issues, 26*(3), 322–349. https://doi.org/10.1177/0192513X04270345

Jones, M. S., Peck, B. M., Sharp, S. F., & McLeod, D. A. (2019). Childhood Adversity and Intimate Partner Violence in Adulthood: The Mediating Influence of PTSD in a Sample of Women Prisoners. Journal Of Interpersonal Violence, 36(15-16), NP8590-NP8614. https://doi.org/10.1177/0886260519844277

Juanatey Dorado, C. (2018). Delincuencia y población penitenciaria femeninas: situación actual de las mujeres en prisión en España.

Juarros-Basterretxea, J., Fernandez-Alvarez, N., Torres-Vallejos, J., & Herrero, J. (2024). Perceived reportability of intimate partner violence against women to the police and help-seeking: A national survey. *Psychosocial Intervention, 33*(1), 55-64. https://doi.org/10.5093/pi2024a3

Katz-Wise, S. L., Mereish, E. H., & Woulfe, J. (2017). Associations of Bisexual-Specific Minority Stress and Health Among Cisgender and Transgender Adults with Bisexual Orientation. *Journal of Sex Research*, *54*(7), 899–910. https://doi-org.ez.lib.jjay.cuny.edu/10.1080/00224499.2016.1236181

Kelly, J. B., & Johnson, M. P. (2008). Differentiation among types of intimate partner violence: Research update and implications for interventions. *Family Court Review, 46*(3), 476–499. https://doi.org/10.1111/j.1744-1617.2008.00215.x

Kelman, J., Gribble, R., Harvey, J., Palmer, L. y MacManus, D. (2022), How does a history of trauma affect the experience of imprisonment for individuals in women's prisons: a qualitative exploration. *Women & Criminal Justice*, 1-21. https://doi.org/10.1080/08974454.2022.2071376

Kemp, A., Green, B. L., Hovanitz, C., y Rawlings, E. I. (1995). Incidence and correlates ofposttraumatic stress disorder in battered women: Shelter and community samples. Journal of Interpersonal Violence, 10, 43-55

Kim, E., Kim, H. J. y Lee, D. H. (2023). The characteristics and effects of suicide attempters' suicidality levels in gender differences. *Heliyon, 9*(6), e16662. https://doi.org/ 10.1016/j.heliyon.2023.e16662

Klein, F., 1993. *The bisexual option. 2nd ed.* Binghamton, NY: Haworth Press.

Laparra, M., & Pérez, B. (2008). La exclusión social en España: un espacio diverso y disperso en intensa transformación. En V. Renes-Ayala (Coord.), *VI Informe sobre exclusión y desarrollo social en España* (pp. 173-205). Fundación FOESSA

Leone, J.M. & Beeble, M.L. (2022) Incarcerated Women's Strategic Responses to Intimate Terrorism. *Journal of Family Violence Advanced Online Publication.* https://doi.org/10.1007/s10896-022-00400-x

Leone J. M., Johnson M. P., & Cohan C. L. (2007). Victim help seeking: Differences between intimate terrorism and situational couple violence. *Family Relations*, *56*, 427-439. https://doi.org/10.1111/j.1741-3729.2007.00471.x

Leone, J. M., Lape, M. E., & Xu, Y. (2014). Women's Decisions to Not Seek Formal Help for Partner Violence: A Comparison of Intimate Terrorism and Situational

Couple Violence. *Journal of Interpersonal Violence, 29*(10), 1850–1876. https://doi.org/10.1177/088626051351170

Ley Orgánica 1/2004, de 28 de diciembre, de Medidas de Protección Integral contra la Violencia de género. Boletín Oficial del Estado, 313, 29 de diciembre de 2004. https://www.boe.es/eli/es/lo/2004/12/28/1/con

Loinaz, I. (2016). Cuando «el» delincuente es «ella»: intervención con mujeres violentas. Anuario de Psicología Jurídica, 26(1), 41-50.

Loinaz, I., y Andrés-Pueyo, A. (2017). Victimización en la pareja como factor de riesgo en mujeres en prisión. Revista Criminalidad, 59(3), 153-162.

López-Cepero, J., Lana, A., Rodríguez-Franco, L., Paíno, S. G. y Rodríguez-Díaz, J. (2015). Percepción y etiquetado de la experiencia violenta en las relaciones de noviazgo juvenil. Gaceta Sanitaria, 29(1), 21-26. https://doi.org/10.1016/j.gaceta.2014.07.006

López, O. C. (2017). La violencia económica y/o patrimonial contra las mujeres en el ámbito familiar. *Persona y familia, 1*(6), 39-58.

López, R. M., y Centenera, M. D. C. C. (2018). Relación de variables psicosociales demujeres internas en centros penitenciarios y violencia de género. En Investigación y Género. Reflexiones desde la investigación para avanzar en igualdad: VII Congreso Universitario Internacional Investigación y Género: Sevilla, 28 y 29 de Junio de 2018 (pp. 541-554). SIEMUS (Seminario Interdisciplinar de Estudios de las Mujeres)

Macioce, F. (2022). *The Politics of Vulnerable Groups: Implications for Philosophy, Law, and Political Theory*. Springer International Publishing.

Mackenzie, C., Rogers, W., & Dodds, S. (2014). Introduction: What is vulnerability and why does it matter for moral theory. En C. Mackenzie, W. Rogers & S. Dodds (Eds.), *Vulnerability: new essays in ethics and feminist philosophy* (pp. 1-29). Oxford University Press.

Martínez, M. (2017). La redada general de gitanos de 1749: La solución definitiva « al problema» gitano. *Andalucía en la Historia*, (55), 12-15.

Martínez, M. (2020). La violencia de género hacia las mujeres inmigrantes en España. Gender violence against immigrant women in Spain. Derecho y Cambio social. N. 61 https://www.derechoycambiosocial.com/revista061/La_violencia_de_genero.pdf

Martínez, M. (2021). Propuestas de regulación frente a una nueva brecha digital por razón de género: ciberviolencia contra la mujer a la luz del marco europeo de protección de datos. Revista de Estudios Jurídicos y Criminológicos, (4), 211-233. https://orcid.org/0000-0002-6111-5798

Martín, M. T. (2002). Mujeres gitanas y el sistema penal. *Revista de estudios de género: La ventana, 2*(5), 149-174. http://redalyc.uaemex.mx/src/inicio/ArtPdfRed.jsp?iCve=88411126009

Martin, M. E., & Hesselbrock, M. N. (2001). Women Prisoners' Mental Health: Vulnerabilities, Risks and Resilience. *Journal of Offender Rehabilitation, 34*(1), 25-44. https://doi.org/10.1300/J076v34n01_03

Martinez-Roman, M. A. (1997). Pobreza y exclusión social como formas de violencia estructural: la lucha contra la pobreza y la exclusión social es la lucha por la paz. Alternativas. Cuadernos de Trabajo Social, N. 5 (octubre 1997); pp. 17-36.

McLeod, D. A., Sharp, S. F., Gatlin, L., & Jones, M. S. (2019). No Idle Threat: Coercive Control and Enacted Violence in the Pre-Prison Relationships of Incarcerated Women. *Violence and Victims, 34*(3), 452–473. https://doi.org/10.1891/0886-6708.VV-D-17- 00023

Meléndez, A., Cubells, J., Navarro, C. & Hernández, N. (2023). *Situació de les dones empresonades a Catalunya. Una mirada amb perspectiva de gènere.* Centre d'Estudis Jurídics i Formació Especialitzada.

Meyer, I. H., Flores, A. R., Stemple, L., Romero, A. P., Wilson, B. D.M., and Herman, J. L. (2017). Incarceration Rates and Traits of Sexual Minorities in the United States: National Inmate Survey, 2011–2012. *American Journal of Public Health 107*, 267- 273. https://doi.org/10.2105/AJPH.2016.303576

MESECVI (2022). Ciberviolencia y Ciberacoso contra las mujeres y niñas en el marco de la Convención Belém Do Pará. https://www.spotlightinitiative.org/sites/default/files/publication/Informe- Ciberviolencia-MESECVI_1Abr.pdf

Ministerio del Interior. (2022). *Anuario Estadístico del Ministerio del Interior.*

Ministerio de Sanidad, Política Social e Igualdad. (2020). *Guía de Prácticas Clínica de Prevención y Tratamiento de la Conducta Suicida.* Agencia de Evaluación de Tecnologías Sanitarias de Galicia, Conselleria de Sanidad. https://portal.guiasalud.es/wp- content/uploads/2020/09/gpc_481_conducta_suicida_avaliat_resum_modif_2020_2.p df

Ministerio de Sanidad, Política Social e Igualdad. (2022). *Encuesta sobre salud y consumo de drogas en población interna e instituciones penitenciarias. Informe resumen.* https://pnsd.sanidad.gob.es/profesionales/sistemasInformacion/sistemaInformacion/pd f/2022_ESDIP_Informe.pdf

Molina, A., Galán Casado, D., García Vita, M. D. M., & Añaños Bedriñana, F. T. (2020). Percepciones sobre la educación formal en prisión. Un estudio de caso de internos y maestros/as en un centro penitenciario de la comunidad de Madrid.

Moreno López, R., y Calleja Centenera, C. (2018). Relación de variables psicosociales de mujeres internas en centros penitenciarios y violencia de género. In Investigación y género. Reflexiones desde la investigación para avanzar en igualdad: VII Congreso Universitario Internacional Investigación y Género (2018), p 541-554. SIEMUS (Seminario Interdisciplinar de Estudios de las Mujeres de la Universidad de Sevilla).

Moriña, D. A. (2007). *La exclusión social: análisis y propuestas para su prevención.* Fundación Alternativas.

Morgan, E. R., Rivara, F. P., T, M., Grossman, D. C., Jones, K., y Rowhani-Rahbar, A. (2022). Incarceration and subsequent risk of suicide: A statewide cohort study. *Suicide and Life-Threatening Behavior*, *52*, 467-477. https://doi.org/10.1111/sltb.12834

Muñoz, J.M. y Echeburúa, E. (2016). Diferentes modalidades de violencia en la relación de pareja: implicaciones para la evaluación psicológica forense en el contexto legal español. *Anuario de Psicología Jurídica,26,2*-12.

Muñoz-Rivas, M. J., Ronzón-Tirado, R., López-Ossorio, J. J. y Redondo, N. (2024). Beyond the Initial Assault: Characterizing Revictimization in Intimate Partner Violence and Its Implications for Women's Health. Psychosocial Intervention https://doi.org/10.5093/pi2024a4

Myhill, A., & Hohl, K. (2019). The «Golden Thread»: Coercive Control and Risk Assessment for Domestic Violence. *Journal of Interpersonal Violence*, *34*(21–22), 4477–4497. https://doi.org/10.1177/0886260516675464

Naciones Unidas (1986) *Estrategias de Nairobi orientadas hacia el futuro para el adelanto de la mujer*, Nueva York, Departamento de Información Pública.

Oficina de las Naciones Unidas contra la Droga y el Delito (UNODC). (2021). Abuso y Abandono. Recuperado de https://www.unodc.org/documents/human- trafficking/ESP_E._Abused_and_Neg_ES_1_final_2.pdf.

Okun, L. (1986). *Woman abuse: Facts replacing myths.* State University of New York Press.

Olmos, C. Y. (2007). Mujeres en prisión. Intervención basada en sus características, necesidades y demandas. Revista Española de Investigación Criminológica, 5, 1-23. https://doi.org/10.46381/reic.v5i0.29

ONU Mujeres, 2024 Hechos y cifras: Poner fin a la violencia contra las mujeres | ONU Mujeres (unwomen.org)

Organización Internacional para las Migraciones (OIM). (2022). Informe sobre las migraciones en el mundo 2022. Recuperado de https://publications.iom.int/books/informe-sobre-las-migraciones-en-el-mundo-2022.

Organización Mundial de la Salud. (2021). *Suicide. World Health Organization.* https://www.who.int/news-room/fact-sheets/detail/suicide

Organización Mundial de la Salud. (2022). *Status report on prison health in the WHO European Region 2022* https://www.who.int/europe/publications/i/item/9789289058674

Organización Mundial de la Salud. (2023). *Preventing suicide: a resource for media professionals. Update 2023.* https://www.who.int/publications/i/item/9789240076846

Palomares, A. (2022). Género, violencia estructural y encarcelamiento: historias de mujeres presas en la cárcel de Cuenca. *Revista De Ciencias Sociales, 10*(1), 131-141. https://doi.org/10.17502/mrcs.v10i1.529

Patafio, B., Miller, P., Walker, A., Coomber, K., Curtis, A., Karantzas, G., Mayshak, R., Taylor, N., & Hyder, S. (2021). Coercive controlling behaviors and reporting

María José Garrido Antón (Dir)., Marta Caballé Pérez, Laura Sánchez Morón, Paulina Badowicz,
Leire Villalón Arenas, Neus Mascaró Coll, Ariadna Trespaderne Dedeu, Miguel Ángel Soria Verde,
Montserrat Tous Zanguitu, Vielka Linet Peguero Jerez, Lidia Alonso Corona, Raúl Quevedo-Blasco,
José María Palomares Rodríguez, Rosa Viñas Racionero, Iván Parras Vaquero, Hassiba Ziati Ziati y Nassiba Ziati Ziati

physical intimate partner violence in Australian women: An exploration. *Violence Against Women*, *28*(2), 375-394. https://doi.org/10.1177/107780122098593

Peña, P. (2020). Mujeres gitanas y feminismo: un movimiento sin diseccionar. Ehquidad. International Welfare Policies and Social Work Journal, 13, 59-78. doi: 10.15257/ehquidad.2020.0003

Pérez, M. M. C., & Calvera, J. F. M. (2013). Descripción y caracterización del Ciclo de Violencia que surge en la relación de pareja. *Tesis Psicológica*, *8*(1), 80-88

Petersen, R., Moracco, K. E., Goldstein, K. M., & Andersen, K. (2005) Moving Beyond Disclosure: Women's Perspectives on Barriers and Motivators to Seeking Assistance for Intimate Partner Violence, *Women & Health, 40*(3), 63-76. http://dx.doi.org/10.1300/J013v40n03_05

Picado Valverde, E. M., Yurrebaso Macho, A., Martín Sánchez, F., y Álvarez Mateos,S. (2018). Análisis de los factores de victimización en mujeres delincuentes. Boletín Criminológico, (24). https://doi.org/10.24310/Boletin-criminologico.2018.v24i0.5309

Poder Judicial España. (2022). *Datos Penales, Civiles y Laborales. Estadística Penitenciaria – 2022*. Extraído de https://www.poderjudicial.es/cgpj/es/Temas/Estadistica- Judicial/Estadistica-por-temas/Datos-penales--civiles-y-laborales/Cumplimiento-de- penas/Estadistica-de-la-Poblacion-Reclusa/

Pratt, D. y Foster, E. (2020). Feeling hopeful: can hope and social support protect prisoners from suicide ideation? *Journal of Forensic Psychiatry and Psychology, 31*(2), 311- 330. https://doi.org/10.1080/14789949.2020.17324457

Przedworski, J. M., McAlpine, D. D., Karaca-Mandic, P., & VanKim, N. A. (2014). Health and Health Risks Among Sexual Minority Women: An Examination of 3 Subgroups. *American Journal of Public Health*, *104*(6), 1045–1047. https://doi-org.ez.lib.jjay.cuny.edu/10.2105/AJPH.2013.301733

Qin, P., Syeda, S., Canetto, S. S., Arya, V., Liu, B., Menon, V., Lew, B., Platt, S., Yip, P. y Gunnell, D. (2022). Midlife suicide: A systematic review and meta-analysis of socioeconomic, psychiatric and physical health risk factors. *Journal of Psychiatric Research*, *154*, 233-241. https://doi.org/10.1016/j.jpsychires.2022.07.037

Quevedo-Blasco, R. y Palomares-Rodríguez, J. M. (2023). Evolución histórica del perfil profesional de las víctimas de suicidio en España (1943-2005). *Revista Internacional y Comparada de Relaciones Laborales y Derecho del Empleo, 11*(3), 298-312. https://ejcls.adapt.it/index.php/rlde_adapt/issue/view/95

Quevedo-Blasco, R., Pérez, M. J., Guillén-Riquelme, A. y Hess, T. (2023). Civil Liability for Clinical Misdiagnosis of Suicidal Intention: Procedure and Guidelines to Minimize Fatal Diagnostic Error. *European Journal of Psychology Applied to Legal Context, 15*(2), 73-81. https://doi.org/10.5093/ejpalc2023a8

Radatz, D. L., & Wright, E. M. (2017). Does Polyvictimization Affect Incarcerated and Non- Incarcerated Adult Women Differently? An Exploration Into Internalizing Problems. *Journal of Interpersonal Violence, 32*(9), 1379-1400. https://doi.org/10.1177/0886260515588921

Ranapurwala, S. I., Shanahan, M. E., Alexandridis, A. A., Proescholdbell, S. K., Naumann, R. B., Edwards, D. J., y Marshall, S. W. (2018). Opioid Overdose Mortality Among Former North Carolina Inmates: 2000-2015. *American Journal of Public Health*, *108*(9), 1207-1213. https://doi.org/10.2105/AJPH.2018.304514

Rey-Anacona, C. A. (2009). Maltrato de tipo físico, psicológico, emocional, sexual y económico en el noviazgo: un estudio exploratorio. *Acta colombiana de psicología*, *12*(2), 27-36.

Rivlin, A., Hawton, K., Marzano, L. y Fazel, S. (2013). Psychosocial characteristics and social networks of suicidal prisoners: towards a model of suicidal behaviour in detention. *Plos One*, *8*(7), e68944. https://doi:10.1371/journal.pone.0068944

Robinson, J. P., & Espelage, D. L. (2011). Inequities in Educational and Psychological Outcomes Between LGBTQ and Straight Students in Middle and High School. *Educational Researcher*, *40*(7), 315- 330. https://doi.org/10.3102/0013189X11422112

Roca Tutusaus, X., Guàrdia Olmos, J. y Jarne Esparcia, A. (2012). Las conductas autolesivas en el ámbito penitenciario. Una revisión del estado del arte. *Papeles del Psicólogo*, *33*(2), 116-128. https://www.redalyc.org/articulo.oa?id=77823407005

Rodríguez-Menés, J., Puig, D., & Sobrino, C. (2014). Poly- and Distinct- Victimization in Histories of Violence Against Women. Journal of Family Violence, 29, 849-858.

Romero-Lara, P. R., Guillén-Riquelme, A. y Quevedo-Blasco, R. (2020). Perfil psicosocial, factores de riesgo y reinserción en reclusas adultas: una revisión sistemática. *Revista Latinoamericana de Psicología*, *52*, 193-217. https://doi.org/10.14349/rlp.2020.v52.20

Salinas, S. y Liberona, N. (2020). Violencia de género en el tráfico de migrantes. Efectos psicosociales y agencia de las mujeres migrantes clandestinas. Revista Internacional de Estudios Migratorios, 10(2), 51-77

Salle, M., Molpeceres, L. Ongil, M. De Cabo, G., Perondi, C. y Cantell, C. (2009) Análisis de la situación laboral de las mujeres inmigrantes. Modalidades de inserción, sectores de ocupación e iniciativas empresariales. Instituto de la Mujer (Ministerio de Igualdad.https://www.inmujeres.gob.es/areasTematicas/estudios/serieEstudios/docs/an alisisLaboralIinmigrantes.pdf

Sanz-Barbero, B., Briones-Vozmediano, E., Otero-García, L., Fernández-García, C., & Vives- Cases, C. (2020). Spanish Intimate Partner Violence Survivors Help-Seeking Strategies Across the Life Spain. *Journal of Interpersonal Violence,* *37*(11-12), 8651- 8669. https://doi.org/10.1177/0886260520976213

Sanz-Fuentes, A. y Ruiz-Lorenzo, V. (2023). Pensamiento e intento suicida en mujeres y su relación con la violencia de género. *Revista Española de Investigaciones Sociológicas*, *181*, 81-100. https://doi.org/10.5477/cis/reis.181.81

Schuyler, S., Chickerella, R., Mullin, N., Schmid, B., & Horne, S. (2021). Is It Worth It? A Grounded Theory Analysis of Navigating the Decision to Come Out as Bisexual. *Journal of Bisexuality*, *21*(4), 425–445. https://doi- org.ez.lib.jjay.cuny.edu/10.1080/15299716.2021.2004482

Sepúlveda García de la Torre, A. (2006). La violencia de género como causa de maltrato infantil. *Cuadernos de medicina forense*, (43-44), 149-164

Secretaría General de Instituciones penitenciarias. 2022. Instrucción sobre la perspectiva de género en la prevención de suicidios en el ámbito penitenciario. Madrid, España: Secretaría general de instituciones penitenciarias.

Shafti, M., Taylor, P. J., Forrester, A. y Pratt, D. (2021). The co-occurrence of self-harm and aggression: a cognitive-emotional model of dual-harm. *Frontiers in Psychology*, *12*, 586135. https://doi:10.3389/fpsyg.2021.586135

Sierra, J. C., Bermúdez, M. P., Buela-Casal, G., Salinas, J. M. & Monge, F. S. (2014). Variables asociadas a la experiencia de abuso en la pareja y su denuncia en una muestra de mujeres. *Universitas Psychologica, 13*(1), 37-46. https://doi.org/10.11144/Javeriana.UPSY13-1.vaea

Simón, M. (2020). El daño social: Secuelas y lesiones sociales, la evualuación de trabajo social forense en víctimas de violencia de género. *Servicios Sociales y Política Social, 124*, 11-27. https://www.serviciossocialesypoliticasocial.com/-79

Slakoff, D.C. (2022). The mediated portrayal of intimate partner violence in true crime podcasts: Strangulation, isolation, threats of violence, and coercive control. *Violence Against Women*, *28*(6-7), 1659-1683. https://doi.org/10.1177/10778012211019055

Spittal, M., Forsyth, S., Borschmann, R., Young, J. y Kinner, S. (2019). Modifiable risk factors for external cause mortality after release from prison: A nested case–control study. *Epidemiology and Psychiatric Sciences*, *28*(2), 224-233. https://doi:10.1017/S2045796017000506

Stark, E. (2007). *Coercive control: How men entrap women in personal life*. Oxford University Press.

Stearns, D. R., Moore, A., Myers, Q. W., Carmichael, H., y Velopulos, C. G. (2023). Sex differences in violent death during incarceration and legal intervention. *Journal of Surgical Research*, *289*, 90-96. https://doi.org/10.1016/j.jss.2023.02.024

Struthers, L., y Mahoney, A. (2023). Understanding experiences of suicidality within women's prisons in England: a systematic review of the qualitative literature. *The Journal of Forensic Practice*. https://doi.org/10.1108/jfp-03-2023-0008

Subirats, J., Riba, C., Giménez, L., Obradors, A., Giménez, M., Queralt, D., Bottos, P., & Rapoport, A. (2004). *Pobreza y exclusión social. Un análisis de la realidad española y europea*. Fundación La Caixa. https://fundacionlacaixa.org/documents/10280/240906/vol16_es.pdf

Tamarit, J. M, Aizpitarte, A., Hernández, P., & Arantegui, L. (2020). La impotencia de la justicia penal ante la violencia de género: Visiones de los profesionales y de las víctimas. *Revista Electrónica de Criminología, 3*(5), 1-16. https://dialnet.unirioja.es/servlet/articulo?codigo=7815582

The Broadband Commission for Digital Development (2015). Cyber Violence Against Woman and Girls: A World-wide Wake Up Call. https://www.unwomen.org/es/news/stories/2015/9/cyber-violence-report-press-release

Torres Díaz, M. C. (2018). Violencia de género: la manifestación violenta de la desigualdad

Trujillo, M. & Gómez, B. (2019). *La segregación electoral interurbana en España. Relación entre participación y renta.* Fundación FOESSA. https://www.foessa.es/main- files/uploads/sites/16/2019/05/3.4.pdf

Tutistar-Rosero, D., Zurita, B., Pinazo, J., et al. (2021). Violencia de Género en Mujeres Inmigrantes residentes en España: un acercamiento a la realidad y las barreras de acceso a sus derechos. Recuperado de https://asociacionportimujer.org/wp-content/uploads/2022/03/Informe-final-PICUM-Violencia-de-Genero-2021.pdf.

Ullman, S. E. (2023). Correlates of Social Reactions to Victims' Disclosures of Sexual Assault and Intimate Partner Violence: A Systematic Review. *Trauma, Violence & Abuse, 24*(1), 29–43. https://doi-org.ez.lib.jjay.cuny.edu/10.1177/15248380211016013

UNESCO. (2023). Technology-Facilitated Gender-Based violence in an era of generative AI. https://unesdoc.unesco.org/ark:/48223/pf0000387483

United Nations Office on Drugs and Crime. (2022). *A Training handbook for criminal justice practitioners on cyberviolence against women and girls (CVAWG).* https://www.unodc.org/documents/southernafrica//Publications/CriminalJusticeIntegrity/GBV/UNODC_v4_121022_normal_pdf.pdf

United Nations Population Fund. (2023). *What is technology facilitated gender based violence?* https://www.unfpa.org/resources/brochure-what-technology-facilitated-gender-based-violence#:~:text=Technology%2Dfacilitated%20gender%2Dbased%20violence%2C%20or%20TFGBV%2C%20is,the%20basis%20of%20their%20gender

University of California Los Angeles. (November 2015). *Intimate Partner Violence and Sexual Abuse Among LGBT People. A review of existing research.* Williams Institute School of Law, University of California Los Angeles. Extraído de https://williamsinstitute.law.ucla.edu/publications/ipv-sex-abuse-lgbt-people/

Viñas-Racionero, R., Raghavan, C., Soria-Verde, M. Á., Scalora, M. J., Santos-Hermoso, J., González-Álvarez, J. L., & Garrido-Antón, M. J. (2023). Enhancing the assessment of coercive control in Spanish femicide cases: a nationally representative qualitative analysis. Journal of Family Violence, 1-12.

Vives-Cases, C., Álvarez-Dardet, C., Gil-González, D., Torrubiano-Domínguez, J., Rohlfs, I., & Escribà-Agüir, V. (2009). Perfil sociodemográfico de las mujeres afectadas por la violencia del compañero íntimo en España. *Gaceta Sanitaria, 23*(5), 410-414. https://doi.org/10.1016/j.gaceta.2009.02.007

Walker, L. E. (1989). Psychology and violence against women. *American Psychologist, 44*(4), 695–702. https://doi.org/10.1037/0003-066X.44.4.695

Watson, L. B., Craney, R. S., Greenwalt, S. K., Beaumont, M., Whitney, C., & Flores, M. J. (2021). «I Was a Game or a Fetish Object»: Diverse Bisexual Women's Sexual Assault Experiences and Effects on Bisexual Identity. *Journal of Bisexua-*

María José Garrido Antón (Dir)., Marta Caballé Pérez, Laura Sánchez Morón, Paulina Badowicz,
Leire Villalón Arenas, Neus Mascaró Coll, Ariadna Trespaderne Dedeu, Miguel Ángel Soria Verde,
Montserrat Tous Zanguitu, Vielka Linet Peguero Jerez, Lidia Alonso Corona, Raúl Quevedo-Blasco,
José María Palomares Rodríguez, Rosa Viñas Racionero, Iván Parras Vaquero, Hassiba Ziati Ziati y Nassiba Ziati Ziati

lity, *21*(2), 225–261. https://doi-org.ez.lib.jjay.cuny.edu/10.1080/15299716.2021.1932008

Women: A Mixed-Method Study in Rural New Mexico. *International Journal of Environmental Research and Public Health, 18,* 61-85. https://doi.org/10.3390/ijerph18126185

Yagüe, C. (2007). *Madres en prisión: Historia de las cárceles de mujeres a través de su vertiente maternal.* Comares.

Yun, J., Fukushima-Tedor, M., Mallett, C. A., Quinn, M. I., & Quinn, L. M. (2022). Examining Trauma and Crime by Gender and Sexual Orientation among Youth: Findings from the Add Health National Longitudinal Study. *Crime & Delinquency*, *68*(5), 814–839. https://doi- org.ez.lib.jjay.cuny.edu/10.1177/0011128721999342

Zadravec Šedivy, N., De Leo, D., Poštuvan, V. y Žvelc, G. (2020). Suicidal behaviour and quality of life in Slovene prisons. *Journal of Forensic Psychiatry & Psychology*, *32*(4), 560-574. https://doi.org/10.1080/14789949.2020.1868550

Zhong, S., Senior, M., Yu, R., Perry, A., Hawton, K., Shaw, J. y Fazel, S. (2021). Risk factors for suicide in prisons: a systematic review and meta-analysis. *The Lancet Public Health*, *6*(3), e164-e174. https://doi.org/10.1016/S2468-2667(20)30233-4

6.
Anexos

Apéndice A. Diccionario de variables

REGISTRO CASO

1. **ID caso**

2. **Equipo de investigación**

3. **Demarcación**

   – EEPP Madrid I Alcalá

   – EEPP Ávila

   – EEPP Madrid VII Estremera

   – EEPP Alicante: Fontcalent y Centro Penitenciario Alicante II (Villena)

   – EEPP Granada

   – EEPP Córdoba

   – EEPP Barcelona

VARIABLES DE LA VÍCTIMA

Perfil sociodemográfico

4. **Nombre**

5. **Apellido**

6. **DNI/NIE**

7. **Fecha de nacimiento**

8. **Edad**

9. **Nacionalidad víctima (especificar):**

   9.1. Nacional, extranjera o doble nacionalidad

   9.2. País de nacimiento

   En caso de que sea extranjera rellenar:

   9.3. Situación legal en España: regular/irregular

   9.4. Tiempo de estancia en España (abierta, posterior recodificación)

   9.5. Ubicación del domicilio de la víctima (ciudad, barrio…)

   9.6. Etnia de la víctima

María José Garrido Antón (Dir)., Marta Caballé Pérez, Laura Sánchez Morón, Paulina Badowicz,
Leire Villalón Arenas, Neus Mascaró Coll, Ariadna Trespaderne Dedeu, Miguel Ángel Soria Verde,
Montserrat Tous Zanguitu, Vielka Linet Peguero Jerez, Lidia Alonso Corona, Raúl Quevedo-Blasco,
José María Palomares Rodríguez, Rosa Viñas Racionero, Iván Parras Vaquero, Hassiba Ziati Ziati y Nassiba Ziati Ziati

10. **Tipo de estructura familiar** (¿Cómo era tu relación con tu familia? ¿Cómo era la relación entre ellos?)

   – Estructurada
   – Desestructurada
   – No se sabe

   En caso de que sea desestructurada:

   10.1. Especificar los conflictos o perturbaciones (variable abierta) (¿Qué conflictos teníais? ¿Cuándo surgía algún conflicto, cómo hacíais para solucionarlo?)

   10.2. Historial familiar de alcoholismo. Dicotómica: sí / no. (Me interesa muchísimo todo esto que nos estás contando, entonces quería saber si tu familia consumía alcohol o algún tipo de drogas)

   10.3. Historia de maltrato familiar. Dicotómica: sí / no. (¿Viviste algún episodio de maltrato familiar? ¿O han llegado a abusar sexualmente de ti?)

   10.4. Historia de abuso sexual familiar. Dicotómica: sí / no. (¿Han llegado a abusar sexualmente de ti?)

11. **Nivel socioeconómico:** (¿Y respecto a tus ingresos? ¿Qué ingresos tenías? ¿Disponías de otro tipo de dinero, como herencias familiares o algo parecido?)

   – Sin ingresos
   – Muy bajo: menos de 750 euros al mes
   – Bajo: 750-1.200 euros al mes
   – Medio: 1.200-2.000 euros al mes
   – Alto: 2.000-3.000 euros o más al mes
   – Percibe ayuda
   – Percibe ayuda e ingresos
   – Distintos niveles de ingresos a lo largo de la relación
   – No se sabe

   11.1. Sin ingresos, pero dispone de herencias económicamente relevantes. Dicotómica: sí/no

   11.2. Con ingresos y dispone de herencias económicamente relevantes. Dicotómica: sí/no

   11.3. Otro tipo de recursos económicos (premios de lotería, bingo, juegos de azar…)

12. **Nivel de estudios:** (¿Qué nivel de estudios tienes?)

   – Analfabeta
   – Lee y escribe
   – Primaria
   – Educación General Básica (EGB)
   – Secundaria
   – Bachillerato Unificado Polivalente (BUP)
   – Formación profesional
   – Bachillerato
   – Curso de Orientación Universitaria (COU)

- Diplomada
- Licenciada
- Grado
- Máster
- Doctorada
- No se sabe

13. **Situación laboral durante la relación:** (¿Y durante la situación de maltrato de la que estamos hablando, tenías trabajo?)

- Ocupada
- Parada. Especificar el tiempo que lleva parada
- Estudiante
- Rentista
- Pensionista
- Otra situación laboral. Especificar en variable abierta
- Variaciones de la situación laboral a lo largo de la relación
- No se sabe

13.1. En caso de estar ocupada, especificar profesión:

13.2. En caso de estar parada especificar tiempo:

14. **Unidad de convivencia.** (¿Y con quién vivías?)

14.1. Vive sola. Dicotómica: sí/no

14.2. Si vive con el autor. Dicotómica: sí/no

14.2.1. Si vive con el autor y otras personas. Dicotómica: sí/no

14.2.2. Especificar con quién

14.3. Si no vive con el autor pero sí acompañada. Dicotómica: sí/no

14.3.1. En caso de convivir con otras personas, especificar con qué otra/s persona/s vive:

15. **Hijos/as:**

15.1. N.º de hijos/as totales:

15.2. N.º de hijos/as con el autor:

15.3. N.º de hijos/as con otra persona:

16. **Existencia de apoyo social/familiar durante la relación**

- Objetivo
- Percibido
- Objetivo y percibido
- Ninguno

16.1. En caso afirmativo, breve descripción de los apoyos, especificando si es por parte de familiares, amigos, o de otro tipo

16.2. Sentimientos de soledad. Dicotómica: sí/no

María José Garrido Antón (Dir)., Marta Caballé Pérez, Laura Sánchez Morón, Paulina Badowicz,
Leire Villalón Arenas, Neus Mascaró Coll, Ariadna Trespaderne Dedeu, Miguel Ángel Soria Verde,
Montserrat Tous Zanguitu, Vielka Linet Peguero Jerez, Lidia Alonso Corona, Raúl Quevedo-Blasco,
José María Palomares Rodríguez, Rosa Viñas Racionero, Iván Parras Vaquero, Hassiba Ziati Ziati y Nassiba Ziati Ziati

17. Discapacidad reconocida de la víctima. Dicotómica: sí/no

17.1. Tipo de discapacidad:

- Física
- Mental
- Sensorial
- Varios tipos de discapacidad
- Ninguna
- No se sabe

17.2. Grado de discapacidad:

- Grado 1: discapacidad nula -> 0 %
- Grado 2: discapacidad leve -> 1-24 %
- Grado 3: discapacidad moderada -> 25-49 %
- Grado 4: discapacidad grave -> 50-70 %
- Grado 5: discapacidad muy grave o permanente -> igual o mayor al 75 %

17.3. Dependencia de la víctima por discapacidad. Dicotómica: sí/no

17.4. En caso de que se considere necesario realizar alguna especificación sobre la discapacidad, rellenar aquí

(SOLO EN CASO DE NO DISPONER DE ACCESO AL EXPEDIENTE DE MANERA PREVIA O POSTERIOR)

Bueno pues ahora quiero conocer un poco más sobre ti ya que estás aquí con nosotros por haber sido víctima de VG, entonces antes de que me cuentes en sí lo que viviste me gustaría saber por qué estás aquí, qué te ocurrió. De todas formas te queríamos pedir permiso para poder consultar tu expediente, pero queremos que nos lo cuentes tú de primera mano. ¿Cuándo empezó todo? ¿Y sabes qué antecedentes tienes? (si se muestra con rabia, decirle que debe haber sido muy duro porque debe haber sentido mucha rabia o dolor / si está triste, decirle que debe haber sido muy duro y que lo está haciendo muy bien). ¿Y es la primera vez que estás en prisión? ¿Y cómo lo estás llevando? No me imagino lo duro que puede llegar a ser.

18. Existencia de antecedentes policiales y penales por delito de la víctima. Se tendrán en cuenta también las detenciones, pero no las infracciones administrativas

- Ninguno
- Policiales
- Penales
- Ambos

18.1. Categoría delictiva: Recoger las categorías delictivas con respecto al Código Penal. En caso de tener antecedentes de distinto tipo recogerlos todos separados por puntos

18.2. Delitos contra el autor. Dicotómica: sí/no

18.2.1. En caso afirmativo, especificar categoría delictiva

18.3. Delitos contra parejas anteriores. Dicotómica: sí/no

18.3.1. En caso afirmativo, especificar categoría delictiva

18.4. Estancia en prisión. Dicotómica: sí/no

18.4.1. N.º veces estancia en prisión

18.4.2. Tiempo total de estancia en prisión

18.5. Edad inicio de la carrera delictiva: (¿cuándo empezó todo?)

— En ningún momento
— Infancia: de 3 a 11 años, niñez intermedia de 6 a 11 años
— Adolescencia: de 12 a 19 años
— Primeros años de la edad adulta: de 20 a 30 años
— Edad adulta: de 30 a 60 años, y en adelante

18.6. Versatilidad criminal: Dicotómica: sí/no

19. Consumo

19. Consumo	**ANTES**	**DURANTE VG**	**DESPUÉS**
	Sí / No	**Sí / No**	**Sí / No**
19.1. Tipo de consumo	Alcohol Drogas Ambos No consume No se sabe	Alcohol Drogas Ambos No consume No se sabe	Alcohol Drogas Ambos No consume No se sabe
19.2. Sustancia concreta			
19.3. Frecuencia de consumo	Nunca Inicial/esporádico Ocasional Habitual No se sabe	Nunca Inicial/esporádico Ocasional Habitual No se sabe	Nunca Inicial/esporádico Ocasional Habitual No se sabe
19.4. Tratamiento consumo	Sí / No	Sí / No	Sí / No

*Leyenda frecuencia consumo:
– Nunca
– Inicial (el consumo se ha dado durante un corto periodo cercano al momento en el que se tiene el primer contacto con la droga y/o haber consumido la droga en alguna ocasión)
– Ocasional (lo consume alguna vez durante la semana/mes, sin llegar a ser un consumo diario/dependiente)
– Habitual (consumo diario y/o consumo propio de conducta dependiente)
– No se sabe

20. Factores de riesgo psicosociales. Para facilitar la recogida y análisis de los factores, se procede a recogerlos de manera dicotómica. Dicotómica: sí/no

20.1. Problemas importantes con su pareja. Dicotómica: sí/no

María José Garrido Antón (Dir)., Marta Caballé Pérez, Laura Sánchez Morón, Paulina Badowicz,
Leire Villalón Arenas, Neus Mascaró Coll, Ariadna Trespaderne Dedeu, Miguel Ángel Soria Verde,
Montserrat Tous Zanguitu, Vielka Linet Peguero Jerez, Lidia Alonso Corona, Raúl Quevedo-Blasco,
José María Palomares Rodríguez, Rosa Viñas Racionero, Iván Parras Vaquero, Hassiba Ziati Ziati y Nassiba Ziati Ziati

20.2. Rechazo de ayudas. Dicotómica: sí/no

20.3. Abandonar pertenencias preciadas y/o cerrar asuntos. Dicotómica: sí/no

20.4. Estrés mantenido. Dicotómica: sí/no

20.5. Identifica motivos para vivir (optimismo). (¿Hay algo que te motiva? ¿Qué te motiva?) Dicotómica: sí/no

20.6. Pertenencia a minorías étnicas. Dicotómica: sí/no

20.7. Convivencia en una subcultura delincuencial durante la relación. Dicotómica: sí/no

20.8. Dependencia del autor. Rellenar sólo en caso de que se dé la dependencia o no se conozca su existencia. Dicotómica: sí/no

    20.8.1. Tipo de dependencia:

        – Económica
        – Social
        – Emocional
        – Varias
        – Ninguna
        – No se sabe

20.9. Embarazo. Dicotómica: sí/no

20.10. Anteriores reconciliaciones y/o retirada de denuncias. Dicotómica: sí/no

21. Conductas autolesivas (en general). Dicotómica: sí/no

21.1. Tipo de conducta autolesiva. Pregunta abierta

21.2. Frecuencia de la conducta autolesiva. En el caso de que haya varios tipos, especificar la frecuencia para cada tipo de conducta

21.3. Especificar momento

22. Existencia de ideación suicida (en general). Dicotómica: sí/no

22.1. Especificar momento

22.2. Intentos suicidio. Dicotómica: si/no

    22.2.1. En caso de respuesta afirmativa, n.º de intentos:

    22.2.2. Método utilizado para el suicidio

    22.2.3. Acceso a armas u otros medios potencialmente letales. Dicotómica: sí/no

22.3. En caso de respuesta negativa, especificar circunstancias/hechos que previnieron el suicidio

22.4. Historia familiar de suicidio. Dicotómica: sí/no

    22.4.1. Especificar quién

22.5. Creencias espirituales o religiosas con respecto al suicidio

VARIABLES DE LA DINÁMICA RELACIONAL

23. Víctima de más de un autor. Dicotómica: sí/no

    23.1. Cuando ocurrieron los hechos (centrándonos en un autor)

24. Factores desencadenantes del episodio de maltrato (especificar qué es lo que desencadena la agresión - indagar si puede ser nueva relación por parte de alguno de ellos)

25. Tipo de relación con el agresor

    – Novio
    – Exnovio
    – Pareja
    – Expareja
    – Cónyuge/pareja de hecho
    – Separado/divorciado
    – Relación abierta
    – Relación sentimental intermitente (amigo con derechos)
    – Si es otro tipo de relación, especificar (especial atención a extranjeras)
    – No se sabe

    25.1. Relación intermitente. Especificar independientemente del tipo de relación. Dicotómica, sí/no

    25.2. Identidad de género (en general):

        – Cisgénero
        – Transgénero
        – No binario

        25.2.1. Orientación sexual (en el momento de los hechos):
            – Heterosexual
            – Bisexual
            – Homosexual
            – Otra (especificar):
            – No se sabe

        25.2.2. Variación de la orientación sexual (en el momento de los hechos):
            – Ninguna
            – Antes de los hechos
            – Después de los hechos
            – No se sabe

        25.2.3. Especificar momento y motivo que le llevó al cambio

26. Tiempo de la relación

27. En caso de convivencia con el autor, especificar tiempo

    27.1. En caso de convivencia con el autor, convivencia **intermitente**. Dicotómica: sí/no

María José Garrido Antón (Dir)., Marta Caballé Pérez, Laura Sánchez Morón, Paulina Badowicz, Leire Villalón Arenas, Neus Mascaró Coll, Ariadna Trespaderne Dedeu, Miguel Ángel Soria Verde, Montserrat Tous Zanguitu, Vielka Linet Peguero Jerez, Lidia Alonso Corona, Raúl Quevedo-Blasco, José María Palomares Rodríguez, Rosa Viñas Racionero, Iván Parras Vaquero, Hassiba Ziati Ziati y Nassiba Ziati Ziati

28. Modalidad de la relación

– Presencial
– Cibernética: se entenderá que el componente cibernético en la modalidad de la relación es relevante si: a) estuvieron físicamente separados durante una temporada, pero seguían manteniendo contacto por teléfono o redes sociales. b) No se valorará el componente cibernético en aquellos casos en los que se mantiene de forma habitual y paralela el contacto presencial y cibernético

29. Grado de satisfacción en la relación

– Alto
– Medio
– Bajo
– Nulo
– No se sabe

30. Grado de satisfacción sexual con la pareja

– Alto
– Medio
– Bajo
– Nulo
– No se sabe

31. Motivos de conflicto en la relación

32. Celos

– Sí
– No
– No se sabe

Características de la dinámica violenta

33. Tipo de violencia en la relación. (LEER I POR I PARA DETERMINAR SU EXISTENCIA)

– **Física**: Consiste en causar o intentar causar daño a una pareja golpeándola, propinándole patadas, quemándola, agarrándola, pellizcándola, empujándola, dándole bofetadas, tirándole del cabello, mordiéndole, denegándole atención médica u obligándola a consumir alcohol o drogas, así como empleando cualquier otro tipo de fuerza física contra ella. Puede incluir daños a la propiedad.
– **Psicológica**: Consiste en provocar miedo a través de la intimidación; en amenazar con causar daño físico a una persona, su pareja o sus hijas o hijos/as, o con destruir sus mascotas y bienes; en someter a una persona a maltrato psicológico o en forzarla a aislarse de sus amistades, de su familia, de la escuela o del trabajo.
– **Sexual**: Cualquier acto de naturaleza sexual cometido contra la voluntad de otra persona, ya sea que esta no haya otorgado su consentimiento o que no lo pueda otorgar por ser menor de edad, sufrir una discapacidad mental o encontrarse gravemente intoxicada o inconsciente por efecto del alcohol o

las drogas. (tocamientos, obligación a mantener relaciones sexuales con otras personas, obligación a prostituirse, etc.).

– **Emocional**: Consiste, por ejemplo, en minar la autoestima de una persona a través de críticas constantes, en infravalorar sus capacidades, insultarla o someterla a otros tipos de abuso o en no permitir a la pareja ver a su familia ni a sus amistades.

– **Social**: Es el tipo de violencia formado por actos de impacto social que atenta a la integridad física, psíquica o relacional de una persona o de un colectivo, siendo dichos actos llevados a cabo por un sujeto o por la propia comunidad. Un tipo de violencia social es el aislamiento.

– **Económica**: Consiste en lograr o intentar conseguir la dependencia financiera de otra persona, manteniendo para ello un control total sobre sus recursos financieros, impidiéndole acceder a ellos y prohibiéndole trabajar o asistir a la escuela.

– **Vicaria**: Es aquella que tiene como objetivo dañar a la mujer a través de sus seres queridos y especialmente de sus hijas e hijos/as. El ánimo de causar daño a su pareja o expareja a toda costa supera cualquier afecto que pueda sentir por ellas/os. El asesinato de las hijas o hijos/as es la parte más visible de esta forma de violencia extrema que destruye a la mujer para siempre; Pero es habitual la manipulación de hijas o hijos/as para que se pongan en contra de la madre o incluso la agredan. Esas hijas e hijos/as sufren un daño irreparable y son también víctimas de violencia de género. El objetivo es el control y el dominio sobre la mujer, en un alarde máximo de posesión en una relación de poder que se sustenta en la desigualdad.

– **Cibernética**: se refiere a un comportamiento que supone repetidas, no deseadas e intrusivas amenazas, acosos o difamaciones a través de comunicaciones en espacios virtuales que causan miedo y amenazan la seguridad de las víctimas. Además, estas formas de agresión conllevan el agravio de apartar estas acciones de la vida privada trasladándolas al ámbito público. Estas conductas violentas son cometidas a través de la red y que tiene como destinatario la pareja o expareja del victimario.

33.1. Direccionalidad

- Unidireccionalidad masculina
- Bidireccionalidad
  - De ataque
  - De defensa
  - Ambas
- No se sabe

34. Estrategias de afrontamiento

- Qué hacía ella en la discusión (codificar el episodio)
- Cómo gestionaba la pareja los conflictos (para inferir la normalización de la violencia)
- Emociones presentes en el momento del conflicto

35. Otras circunstancias. Dicotómica: sí/no

35.1. Violencia estando la víctima embarazada

35.2. Violencia defensiva de la víctima

35.3. Violencia contra terceros:

35.4. Hijos/as en común

35.5. Hijos/as de la víctima

35.6. Familiares

35.7. Amigos/as

35.8. Animales de compañía

36. **Traslado de deseos de dejar la relación.** Dicotómica: sí/no

    36.1. Especificar por parte de quién:

37. **Cese de la relación.** Dicotómica: sí/no

    37.1. Especificar por parte de quién:

    37.2. Si hubo ruptura en la relación, tiempo transcurrido hasta el hecho:

38. **Separación legal o divorcio.** Dicotómica: sí/no

39. **Tras la ruptura, conductas de acoso y acecho.** Dicotómica: sí/no

    39.1. Especificar por parte de quién:

40. **Nueva relación de pareja de la víctima (en términos generales).** Dicotómica: sí/no

41. **Nueva relación de pareja del autor (en términos generales).** Dicotómica: sí/no

VARIABLES DEL AUTOR

(Preguntar apartado entero para cada autor)

Perfil sociodemográfico

42. **Nombre:**

43. **Apellidos:**

44. **Edad:** Aunque se dispone de la fecha de nacimiento, esta variable ayudará en aquellos casos en los que no sea posible conseguirla

45. **Nacionalidad autor (especificar):**

    45.1. Nacional, extranjero o doble nacionalidad

    45.2. País de nacimiento:

    45.3. Si es extranjero, situación legal en España: regular/irregular

45.4. Si es extranjero, tiempo de estancia en España

45.5. Ubicación del domicilio del autor (ciudad, barrio…)

45.6. Etnia del autor

46. Nivel socioeconómico:

- Sin ingresos
- Muy bajo: menos de 750 euros al mes
- Bajo: 750-1.200 euros al mes
- Medio: 1.200-2.000 euros al mes
- Alto: 2.000-3.000 euros o más al mes
- Percibe ayuda
- Percibe ayuda e ingresos
- Distintos niveles de ingresos a lo largo de la relación
- No se sabe

46.1. Sin ingresos, pero dispone de herencias económicamente relevantes. Dicotómica: sí/no

47. Nivel de estudios:

- Analfabeto
- Lee y escribe
- Primaria
- Educación General Básica (EGB)
- Secundaria
- Bachillerato Unificado Polivalente (BUP)
- Formación profesional
- Bachillerato
- Curso de Orientación Universitaria (COU)
- Diplomado
- Licenciado
- Grado
- Máster
- Doctorado
- No se sabe

48. Situación laboral durante la relación:

- Ocupado
- Parado
- Estudiante
- Rentista
- Pensionista
- Otra situación laboral. Especificar en variable abierta
- Variaciones de la situación laboral a lo largo de la relación
- No se sabe

48.1. En caso de estar ocupado, especificar profesión:

48.2. En caso de estar parado, especificar tiempo:

María José Garrido Antón (Dir.), Marta Caballé Pérez, Laura Sánchez Morón, Paulina Badowicz,
Leire Villalón Arenas, Neus Mascaró Coll, Ariadna Trespaderne Dedeu, Miguel Ángel Soria Verde,
Montserrat Tous Zanguitu, Vielka Linet Peguero Jerez, Lidia Alonso Corona, Raúl Quevedo-Blasco,
José María Palomares Rodríguez, Rosa Viñas Racionero, Iván Parras Vaquero, Hassiba Ziati Ziati y Nassiba Ziati Ziati

49. Unidad de convivencia

49.1. Vive solo. Dicotómica: sí/no

49.2. Si vive con la víctima. Dicotómica: sí/no

49.3. Si no vive con la víctima pero sí acompañado. Dicotómica: sí/no

49.3.1. Especificar con qué otra/s persona/s vive

50. Hijos/as. Dicotómica: si/no

50.1. N° total de hijos/as:

50.2. N° de hijos/as con la víctima:

50.3. N° de hijos/as con otra persona:

51. Existencia de apoyo social/familiar durante la relación. Dicotómica: sí/no

51.1. En caso afirmativo, especificar:

52. Problemas/estresores del autor. Para facilitar la recogida y análisis de los estresores, se procede a recogerlos de manera dicotómica. Dicotómica: sí/no. (LEER 1 POR 1 PARA DETERMINAR SU EXISTENCIA)

52.1. Pérdida de un ser querido. Dicotómica: sí/no

52.2. Proceso de separación con la víctima. Dicotómica: sí/no

52.3. Problemas derivados de una relación de pareja anterior. Dicotómica: sí/no

52.4. Nueva relación de pareja de la víctima. Dicotómica: sí/no

52.5. Nueva relación de pareja del autor. Dicotómica: sí/no

52.6. Pérdida reciente de empleo. Dicotómica: sí/no

52.7. Problemas en el trabajo. Dicotómica: sí/no

52.8. Problemas económicos. Dicotómica: sí/no

52.9. Diagnóstico de una enfermedad física/psicológica grave. Dicotómica: sí/no

52.10. Estresor del cuidador. Dicotómica: sí/no

52.11. Problemas relacionados con la delincuencia. Dicotómica: sí/no

52.12. Problemas relacionados con drogas. Dicotómica: sí/no

52.13. Otros estresores, especificar:

53. Discapacidad reconocida del autor. Dicotómica: sí/no

53.1. Tipo de discapacidad:

    – Física
    – Mental
    – Sensorial
    – Varios tipos de discapacidad

– Ninguna
– No se sabe

53.2. Grado de discapacidad:

– Grado 1: discapacidad nula -> 0 %
– Grado 2: discapacidad leve -> 1-24 %
– Grado 3: discapacidad moderada -> 25-49 %
– Grado 4: discapacidad grave -> 50-70 %
– Grado 5: discapacidad muy grave o permanente -> igual o mayor al 75 %

53.3. Dependencia del autor por discapacidad. Dicotómica: sí/no

53.4. En caso de que se considere necesario realizar alguna especificación sobre la discapacidad, rellenar aquí

54. Existencia de antecedentes policiales y penales por delito del autor. Se tendrán en cuenta también las detenciones, pero no las infracciones administrativas. Dicotómica: sí/no

54.1. Categoría delictiva. Recoger las categorías delictivas con respecto al Código Penal. En caso de tener antecedentes de distinto tipo recogerlos todos separados por puntos

54.2. Delitos contra la víctima. Dicotómica: sí/no

54.2.1. En caso afirmativo, especificar categoría delictiva:

54.3. Delitos contra parejas anteriores. Dicotómica: sí/no

54.3.1. En caso afirmativo, especificar categoría delictiva:

54.4. Estancia en prisión. Dicotómica: sí/no

54.4.1. Estancia en prisión por delitos de Violencia de Género. Dicotómica: sí/no

54.4.2. Estancia en prisión por otros delitos. Dicotómica: sí/no

54.4.3. N.º veces de estancia en prisión

54.4.4. Tiempo total de estancia en prisión

54.5. Edad de inicio de la carrera delictiva

– Infancia: correspondiéndose con la etapa de la niñez establecida por Rice (de 3 a 11 años), en especial con la niñez intermedia (de 6 a 11 años)
– Adolescencia: de 12 a 19 años
– Primeros años de la edad adulta: correspondiéndose con la etapa de juventud establecida por Rice (de 20 a 30 años)
– Edad adulta: correspondiéndose con las etapas de edad madura y vejez establecidas por Rice (de 30 a 60 años, y en adelante)

55. Consumo autor. Dicotómica: sí/no

55.1. En caso afirmativo, tipo de consumo:

– Consume alcohol

María José Garrido Antón (Dir)., Marta Caballé Pérez, Laura Sánchez Morón, Paulina Badowicz,
Leire Villalón Arenas, Neus Mascaró Coll, Ariadna Trespaderne Dedeu, Miguel Ángel Soria Verde,
Montserrat Tous Zanguitu, Vielka Linet Peguero Jerez, Lidia Alonso Corona, Raúl Quevedo-Blasco,
José María Palomares Rodríguez, Rosa Viñas Racionero, Iván Parras Vaquero, Hassiba Ziati Ziati y Nassiba Ziati Ziati

- Consume drogas
- Consume ambos
- No consume
- No se sabe

55.2. Frecuencia de consumo:

- Nunca
- Inicial (el consumo se ha dado durante un corto periodo cercano al momento en el que se tiene el primer contacto con la droga y/o haber consumido la droga en alguna ocasión)
- Ocasional (lo consume alguna vez durante la semana/mes, sin llegar a ser un consumo diario/dependiente)
- Habitual (consumo diario y/o consumo propio de conducta dependiente)
- No se sabe

55.3. Tratamiento en el momento de los hechos. Dicotómica: sí/no

VARIABLES DE LA DENUNCIA

(Preguntar para cada autor)

56. Denuncias previas contra el autor. Dicotómica: sí/ no

En caso negativo, explicar el motivo: (LEER I POR I PARA DETERMINAR SU EXISTENCIA)

56.1. Temor a represalias al interponer denuncia

56.2. Falta de confianza en el sistema policial

56.3. Falta de confianza en el sistema judicial

56.4. Indefensión aprendida

56.5. Vergüenza

56.6. Miedo

56.7. Culpabilidad (si siente culpable de haber provocado la VdG)

56.8. Dificultades para identificar la violencia padecida y/o para identificarse a sí mismas como mujeres maltratadas y, por tanto, para valorar de modo real el peligro potencial

56.9. Creencias erróneas sobre las posibles soluciones al maltrato

56.10. La tolerancia y clima de aceptación social hacia la violencia contra las mujeres

56.11. Adherencia emocional al maltratador. (mantenimiento de la relación afectiva, esperanzas de cambio)

56.12. Desconocimiento sobre procesos judiciales, sus mecanismos y efectos

56.13. Nueva relación de pareja de la víctima. Dicotómica: sí/no

56.14. No denuncia por motivos culturales

56.15. Otros motivos:
En caso afirmativo:

56.16. Qué le llevó a realizar la denuncia

56.16. Satisfacción con la denuncia. Dicotómica: sí/no

56.17. Grado de satisfacción con la denuncia:

– Alto
– Medio
– Bajo
– Nulo

56.18. Retirada de la denuncia. Dicotómica: sí/ no

56.19. En caso afirmativo, en qué momento retira la denuncia:

– Fase policial
– Fase judicial

56.20. Razón de la retirada de la denuncia. Respuesta abierta

56.21. En caso negativo, existencia de medidas de protección durante la relación. Dicotómica: sí/no

56.22. Concesión de una orden de protección. Dicotómica: sí/no

56.23. Especificar el estado de la orden en el momento de la relación

56.24. Vulneración de la orden de protección. Dicotómica: sí/no

56.25. Quién de los dos vulneró la orden de protección:

– Víctima
– Victimario

Propuesta de cambio

57. Qué tendría que haber ocurrido para que hubiese realizado la denuncia. Pregunta abierta

57.1. Propuesta de cambio para facilitar la denuncia. Apartado abierto para que se realicen propuestas de cambio, mejora e inclusión de procedimientos para facilitar la denuncia

Percepción de riesgo (Preguntar para cada autor)

58. Percepción de riesgo de la víctima de violencia de género (en el momento del maltrato). Dicotómica: sí/no

58.1. Tipo de riesgo percibido:

– Ninguno
– Físico
– Psicológico

María José Garrido Antón (Dir)., Marta Caballé Pérez, Laura Sánchez Morón, Paulina Badowicz,
Leire Villalón Arenas, Neus Mascaró Coll, Ariadna Trespaderne Dedeu, Miguel Ángel Soria Verde,
Montserrat Tous Zanguitu, Vielka Linet Peguero Jerez, Lidia Alonso Corona, Raúl Quevedo-Blasco,
José María Palomares Rodríguez, Rosa Viñas Racionero, Iván Parras Vaquero, Hassiba Ziati Ziati y Nassiba Ziati Ziati

– Cibernético
– Varias

58.2. Grado de riesgo percibido por la víctima:
– No apreciado
– Bajo
– Medio
– Alto
– Extremo

58.3. Justificación. Pregunta abierta

58.4. Grado de permanencia en el tiempo del riesgo percibido:

– Nulo
– Puntual
– Permanente

58.5. Percepción en momento de los hechos de aumento de violencia (¿Percibiste en el momento del maltrato que la violencia que sufrías iba a aumentar?). Dicotómica: sí/no

59. En qué momento se identifica como víctima de Violencia de Género:

– La víctima se identifica **ahora** como víctima de Violencia de Género
– La víctima se identificó **en el momento** en el que sufrió la Violencia de Género
– La víctima **no se identifica** como víctima de Violencia de Género

Percepción de ciberseguridad (Preguntar para cada autor lo que se refiera al autor)

60. Uso de teléfonos inteligentes. Dicotómica: sí/no

60.1. Dispositivo con contraseña de acceso/bloqueo. Dicotómica: sí/no

60.2. Quién tiene acceso al contenido de su teléfono móvil:

60.3. En caso de que su pareja/expareja acceda al contenido de su teléfono móvil, preguntar razones:

60.4. Uso de aplicaciones o *webs* (legítimas o ilegítimas) por parte del autor para la geolocalización o el seguimiento de la víctima. Dicotómica: sí/no

61. Uso de redes sociales. Dicotómica: sí/no

61.1. En caso afirmativo, si dispone de cuentas en redes sociales. Dicotómica: sí/no

61.2. Es la única persona que tiene acceso a la cuenta. Dicotómica: sí/no

61.3. En caso de respuesta negativa, quién más puede acceder a sus cuentas:

– Pareja
– Expareja
– Hijos/as
– Padre
– Madre
– Hermanos/as

61.4. En caso de que su pareja/expareja tenga acceso a sus cuentas en redes sociales, preguntar razones:

61.5. Estado de la cuenta en redes sociales: pública o privada

61.6. Tipo de red/es social/es que utiliza:

- *Whatsapp*
- *Youtube*
- *Facebook*
- *Instagram*
- *Twitter*
- *LinkedIn*
- *TikTok*
- *Snapchat*

61.7. Frecuencia de uso de redes sociales

- Bajo
- Medio
- Alto
- Nulo

62. En caso de que tenga móvil, cuentas en redes sociales y contraseña en su dispositivo y cuentas, preguntar si cambia sus contraseñas con frecuencia. Dicotómica: sí/no

62.1. Tanto en caso afirmativo como negativo, explicar razones:

63. En caso de que tenga móvil, cuentas en redes sociales y contraseña en su dispositivo y cuentas, preguntar si es una contraseña segura. Dicotómica: sí/no

Por contraseña segura se entenderá:

- Frase de mínimo 10 caracteres
- Alternar mayúsculas y minúsculas
- Sustituir letras por números y/o añadir números
- Añadir caracteres especiales
- Personalizar la clave para cada servicio

63.1. Tanto en caso afirmativo como negativo, explicar razones:

64. Ha sido víctima de ciberviolencia de género:

- Sí, por parte del autor
- Sí, por parte de otras personas (especificar quién)
- Sí, por ambas
- No

64.1. Tipo de delito de ciberviolencia: (LEER 1 POR 1 PARA DETERMINAR SU EXISTENCIA)

- ***Sextorsion:*** Chantaje, coacción o amenaza que sufre cualquier persona frente al anuncio de hacer públicos determinado material con connotación sexual que afecte a su intimidad.

María José Garrido Antón (Dir)., Marta Caballé Pérez, Laura Sánchez Morón, Paulina Badowicz,
Leire Villalón Arenas, Neus Mascaró Coll, Ariadna Trespaderne Dedeu, Miguel Ángel Soria Verde,
Montserrat Tous Zanguitu, Vielka Linet Peguero Jerez, Lidia Alonso Corona, Raúl Quevedo-Blasco,
José María Palomares Rodríguez, Rosa Viñas Racionero, Iván Parras Vaquero, Hassiba Ziati Ziati y Nassiba Ziati Ziati

- **Stalking**: Acoso reiterado en el que se menoscaba la libertad e intimidad.
- **Sexting**: Envío a otras personas de fotografías y videos de contenido sexual.
- **Revenge Porn**: Pornovenganza. Difusión de imágenes, video y/o audio de carácter íntimo, en la se pretende humillar a la víctima.
- **Impersonation**: Usurpación de personalidad.
- **Doxing**: Publicación de información privada.
- **Outing**: Hacer pública la orientación sexual, identidad de género, religión u otra información de contenido sensible sin autorización.
- **Flaming**: incitación y/o generación de discusiones *online* con lenguaje grosero, ofensivo y hostil.
- **Fraping**: Acceso a una red social o foro, suplantando la identidad del titular, para publicar contenido inapropiado en su nombre.
- **Exclusión**: Expulsar, aislar o ignorar a alguien en una determinada conversación, red social o foro.
- **Denigration**: Envío, anuncio o publicación de rumores crueles, chismes y declaraciones falsas sobre alguien para dañar intencionadamente su reputación o sus amistades.

65. **En el momento de los hechos, percepción de riesgo de la víctima de ciberviolencia de género. Dicotómica: sí/no**

   65.1. Grado de riesgo percibido por la víctima:

   - Extremo
   - Alto
   - Medio
   - Bajo
   - Nulo
   - No se sabe

   65.2. Justificación

Perfil de personalidad y estilo de vida de la víctima

Personalidad de la víctima. La descripción de la personalidad del sujeto se llevará a cabo en función del modelo PEN de Eysenck. Este divide la personalidad en tres grandes rasgos, los cuales, a su vez, se caracterizarán por distintos factores (Eysenck, 1992; de Juan y García, 2004). Es importante resaltar que se confeccionará el perfil de la víctima teniendo como objeto de referencia su historia vital, NO su estado actual. Las variables se rellenarán en función de tres categorías: Medio Bajo, Bajo, Medio Alto y Alto.

66. **Neuroticismo.** Se define, a grandes rasgos, como tendencia a la emocionalidad, inestabilidad, ansiedad, depresión, tensión, baja autoestima, irritabilidad e inseguridad.

67. **Extroversión.** Se define, a grandes rasgos, como tendencia a la socialización, actividad, dominancia, asertividad, vitalidad y búsqueda de sensaciones.

68. Psicoticismo. Se define, a grandes rasgos, como una tendencia a la frialdad, impulsividad, personalidad antisocial, la agresividad, egocentrismo, baja empatía, y creatividad.

69. Antecedentes psicopatológicos. Dicotómica: sí/no.

    69.1. Diagnóstico clínico:

    69.2. Tratamiento en el momento de los hechos, únicamente si se está bajo tratamiento de manera oficial y prescrita por un profesional cualificado.

    69.3. Adherencia al tratamiento, únicamente si se está bajo tratamiento de manera oficial y prescrita por un profesional cualificado.

    69.4. En caso de que alguna persona aporte información sobre posibles trastornos no diagnosticados de la víctima, especificar aquí.

Apéndice B. Consentimiento informado

INFORMACIÓN ESTUDIO DESARROLLADO Y PROTECCIÓN DE DATOS PERSONALES

INVESTIGACIÓN DE LOS FACTORES QUE EJERCEN INLFUENCIA EN LA CIFRA OCULTA EN MATERIA DE VDG

COMPARECE	Lugar:		Fecha:
Hora:	Carnet Profesional/TIP:		Unidad:

Datos de la persona interesada	Apellido 1°:	Apellido 2°:	Nombre:
D.N.I./Pasaporte/ Otros documentos (en su caso)	Nacionalidad:		Fecha Nacimiento:
Lugar nacimiento:	Hijo/a de: y de:		
Domicilio:			N.°: Piso: Letra:
Localidad y Provincia:			Teléfono:

He leído la hoja informativa sobre el estudio que me ha sido entregada y en relación con lo cual:		
– He tenido oportunidad de efectuar preguntas sobre el estudio.	Sí:	No:
– He recibido respuestas satisfactorias.	Sí:	No:
– He recibido suficiente información en relación con el estudio.	Sí:	No:
– He hablado con el investigador/es que figuran en la comparecencia.	Sí:	No:
– Entiendo que la participación en el estudio es voluntaria.	Sí:	No:
– Entiendo que puedo abandonar el estudio: • Cuando lo desee. • Sin que tenga que exponer motivación alguna. • Sin que ello afecte a mi situación fáctica o legal.	Sí:	No:

También he sido informado de conformidad con el anverso de forma clara, precisa y suficiente de los extremos que afectan al tratamiento de los datos personales que

María José Garrido Antón (Dir)., Marta Caballé Pérez, Laura Sánchez Morón, Paulina Badowicz,
Leire Villalón Arenas, Neus Mascaró Coll, Ariadna Trespaderne Dedeu, Miguel Ángel Soria Verde,
Montserrat Tous Zanguitu, Vielka Linet Peguero Jerez, Lidia Alonso Corona, Raúl Quevedo-Blasco,
José María Palomares Rodríguez, Rosa Viñas Racionero, Iván Parras Vaquero, Hassiba Ziati Ziati y Nassiba Ziati Ziati

se contienen en este consentimiento y en la ficha o expediente que se abra para la investigación:

Y, por ello, firmo este consentimiento informado de forma voluntaria para MANIFES-TAR MI DESEO DE PARTICIPAR EN ESTE ESTUDIO DE INVESTIGACIÓN SOBRE «XXXXXXXXXXXXXXXXXXXXXXXXXXXXXXXXXXXXXXXX», hasta que decida lo contrario, a los únicos efectos de investigación científica y de elaboración de un estudio sobre perfiles psicosociales.

Al firmar este consentimiento no renuncio a ninguno de mis derechos.

Recibiré una copia de esta información y consentimiento para guardarlo y poder consultarlo en el futuro.

Firma de la persona interesada.

.... de .... de 20....

(REVERSO)

Los datos personales que aporta y los derivados del estudio serán tratados de conformidad con la normativa vigente en materia de tratamiento de datos de carácter personal y en particular conforme establece la normativa que traspone en el ordenamiento jurídico español la Directiva (UE) 2016/680 del Parlamento Europeo y del Consejo, de 27 de abril de 2016, relativa a la protección de las personas físicas en lo que respecta al tratamiento de datos personales por parte de las autoridades competentes para fines de prevención, investigación, detección o enjuiciamiento de infracciones penales o de ejecución de sanciones penales, y la Ley Orgánica 3/2018, de 5 de diciembre, de Protección de Datos Personales y garantía de los derechos digitales.

Estos datos se incorporarán a la actividad de tratamiento denominado «*SES-Tratamiento acciones de investigación científica*». El tratamiento es necesario en el ejercicio de poderes públicos y la obligación legal conferidos al responsable y se legitima por el consentimiento de la persona interesada. La finalidad del tratamiento es participar en estudios científicos sobre criminalidad orientados a la prevención y detección de los delitos y en general contribuir en la mejora de la política de seguridad pública. La recogida de los datos se realizará por procesos que garantizarán la anonimización subsiguiente de los datos de investigación con respecto a la persona física. No se cederán datos a terceros, salvo obligación legal de realizarlo y no realizarán transferencias internacionales.

Los datos se conservarán durante el tiempo necesario para cumplir con la finalidad para la que se recabaron y para determinar las posibles responsabilidades que se pudieran derivar de dicha finalidad y del tratamiento de los datos. Será de aplicación lo dispuesto en la normativa de archivos y documentación.

Las medidas de seguridad implantadas se corresponden con las previstas en el Anexo II (Medidas de seguridad) del Real Decreto 3311/2022, de 3 de mayo, por el que se regula el Esquema Nacional de Seguridad en el ámbito de la Administración Electrónica y que se encuentran descritas en los documentos que conforman la Política de protección de datos y seguridad de la información del Ministerio del Interior.

DERECHOS QUE LE ASISTEN

1º **Podrá ejercer el derecho de acceso, rectificación, supresión, limitación u oposición de sus datos incorporados a dicho fichero, ante el responsable** del tratamiento «Persona titular de la Dirección General de Coordinación y Estudios», calle Amador de los Rios, nº 2 CP. 28010 Madrid (Madrid) mediante solicitud formal a través de los medios y formas que se disponen en el artículo 16 de la Ley 39/2015, de 1 de octubre, del Procedimiento Administrativo Común de las Administraciones Públicas. (Registros oficiales presenciales y electrónicos, sede electrónica, oficinas de Correos, en la forma que reglamentariamente se establezca, representaciones diplomáticas u oficinas consulares de España en el extranjero, oficinas de asistencia en materia de registros y en cualquier otro que establezcan las disposiciones vigentes) Sede electrónica

Las vías para ejercer sus derechos se indican de manera amplia y específica en el siguiente enlace: https://www.interior.gob.es/opencms/es/servicios-al-ciudadano/participacion-ciudadana/proteccion-de-datos-personales/tutela-de-los-derechos/

2º Del mismo modo, se le informa que en el caso de no ver sus derechos satisfechos tiene derecho a reclamar ante la Agencia Española de Protección de Datos (www.aepd.es)

3º Previa a la reclamación ante la Agencia Española de Protección de Datos, si considera que el **responsable** del tratamiento no ha satisfecho correctamente sus derechos, **en este caso** puede solicitar una valoración ante el Delegado de Protección de datos indicado de acuerdo al tratamiento objeto del derecho. La persona designada como Delegado de protección de datos de la Secretaría de Estado de Seguridad tiene la misma sede que el responsable y puede contactar con él a través de la dirección correo electrónico ses.dpd@interior.es y tfno.:91.537.19.24/25 . Sede electrónica

Apéndice C. Cuestionario de Personalidad Mini-IPIP

Mini International Personality Item Pool Scale
(Mini-IPIP, Donnellan, Oswald, Baird, & Lucas, 2006)

Instrucciones. A continuación, le mostramos algunas frases que describen el comportamiento de las personas. Por favor utilice la siguiente escala para indicar la precisión con la que describe cada instrucción, descríbalo como es generalmente, no como quisiera ser en el futuro. Descríbase honestamente, de la forma en que usted se ve en relación con otras personas que conoce del mismo sexo y más o menos de la misma edad. Tenga en cuenta que puede describirse honestamente, dado que sus respuestas se recopilarán de forma confidencial. Por favor lea atentamente cada una de las afirmaciones y responda utilizando la siguiente escala: 1 = completamente en desacuerdo, 2 = moderadamente en desacuerdo, 3 = ni de acuerdo ni en desacuerdo, 4 = moderadamente de acuerdo, 5 = completamente de acuerdo.

1. Soy el alma de la fiesta	1	2	3	4	5
2. Soy sensible a las emociones de otros	1	2	3	4	5
3. Realizo mis tareas inmediatamente	1	2	3	4	5
4. Tengo frecuentemente cambios de ánimo	1	2	3	4	5
5. Tengo mucha imaginación	1	2	3	4	5
6. No hablo mucho	1	2	3	4	5
7. No me interesan los problemas de otras personas	1	2	3	4	5
8. A menudo olvido poner las cosas en su lugar	1	2	3	4	5
9. Estoy relajado la mayor parte del tiempo	1	2	3	4	5
10. No estoy interesado en las ideas abstractas	1	2	3	4	5
11. En las fiestas hablo con muchas personas	1	2	3	4	5
12. Siento las emociones de los otros	1	2	3	4	5
13. Me gusta el orden	1	2	3	4	5
14. Me molesto fácilmente	1	2	3	4	5
15. Tengo dificultad para entender las ideas abstractas	1	2	3	4	5
16. Prefiero pasar desapercibido	1	2	3	4	5
17. En realidad, no estoy interesado en los demás	1	2	3	4	5
18. Soy desordenado	1	2	3	4	5
19. Rara vez me siento triste	1	2	3	4	5
20. No tengo buena imaginación	1	2	3	4	5

María José Garrido Antón (Dir)., Marta Caballé Pérez, Laura Sánchez Morón, Paulina Badowicz, Leire Villalón Arenas, Neus Mascaró Coll, Ariadna Trespaderne Dedeu, Miguel Ángel Soria Verde, Montserrat Tous Zanguitu, Vielka Linet Peguero Jerez, Lidia Alonso Corona, Raúl Quevedo-Blasco, José María Palomares Rodríguez, Rosa Viñas Racionero, Iván Parras Vaquero, Hassiba Ziati Ziati y Nassiba Ziati Ziati

https://ipip.ori.org/Spanishmini-IPIPposneg.htm

#	Factor	Facet	R	Wording (**Spanish**, *Spanish Positive*, Original)
1	**Extraversión (E)**	Cheerfulness		**Soy el alma de la fiesta**
				Am the life of the party
6		Friendliness	R	**No hablo mucho**
				Hablo mucho
			R	Don't talk a lot
11		Friendliness		**En las fiestas hablo con muchas personas**
				Talk to a lot of different people at parties
16		Friendliness	R	**Prefiero pasar desapercibido**
				Me gusta ser el centro de atención
			R	Keep in the background
2	**Agradabilidad (A)**	Sympathy		**Soy sensible hacia las emociones de otros**
				Sympathize with others' feelings
7		Sympathy	R	**No me interesan los problemas de otras personas**
				Me intereso por los problemas de otras personas
			R	Am not interested in other people's problems
12		Sympathy		**Siento las emociones de los otros**
				Feel others' emotions
17		Sympathy	R	**En realidad no estoy interesado en los demás**
				En realidad me intereso por los demás
			R	Am not really interested in others
3	**Responsabilidad (C)**	Dutifulness		**Realizo mis tareas inmediatamente**
				Get chores done right away
8		Orderliness	R	**A menudo olvido poner las cosas en su lugar**
				Suelo poner las cosas en su lugar
			R	Often forget to put things back in their proper place
13		Orderliness		**Me gusta el orden**
				Like order
18		Orderliness	R	**Soy desordenado**
				Soy ordenado
			R	Make a mess of things
4	**Neuroticismo (N)**	Anger		**Tengo frecuentes cambios de ánimo**
				Tengo pocos cambios de ánimo
				Have frequent mood swings
9		Anxiety	R	**Estoy relajado la mayor parte del tiempo**
			R	Am relaxed most of the time
14		Anger		**Me molesto fácilmente**
				Difícilmente me molesto
				Get upset easily
19		Depression	R	**Rara vez me siento triste**
			R	Seldom feel blue

#	Factor	Facet	R	Wording (**Spanish**, *Spanish Positive*, Original)
5	**Apertura a la experiencia (O)**	Imagination		**Tengo mucha imaginación**
				Have a vivid imagination
10		Intellect	R	**No estoy interesado en las ideas abstractas**
				Me interesan las ideas abstractas
			R	Am not interested in abstract ideas
15		Intellect	R	**Tengo dificultad para entender ideas abstractas**
				Entiendo con facilidad las ideas abstractas
			R	Have difficulty understanding abstract ideas
20		Imagination	R	**No tengo buena imaginación**
				Tengo buena imaginación
			R	Do not have a good imagination

R: reverso.

Apéndice D. Formación FIS en Centros Penitenciarios

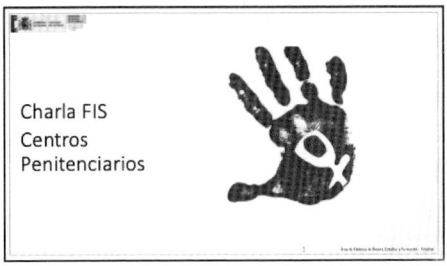

1

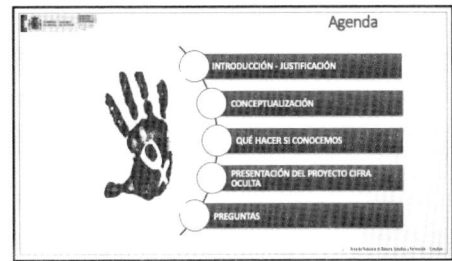

2

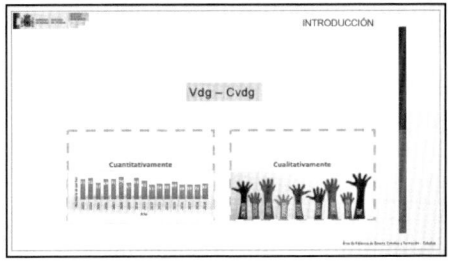

3

4

5

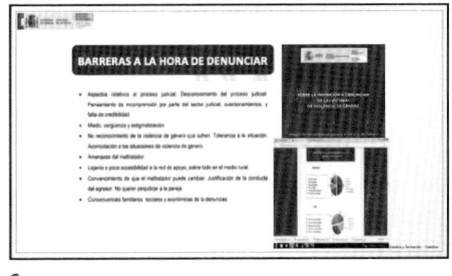

6

María José Garrido Antón (Dir)., Marta Caballé Pérez, Laura Sánchez Morón, Paulina Badowicz,
Leire Villalón Arenas, Neus Mascaró Coll, Ariadna Trespaderne Dedeu, Miguel Ángel Soria Verde,
Montserrat Tous Zanguitu, Vielka Linet Peguero Jerez, Lidia Alonso Corona, Raúl Quevedo-Blasco,
José María Palomares Rodríguez, Rosa Viñas Racionero, Iván Parras Vaquero, Hassiba Ziati Ziati y Nassiba Ziati Ziati

7

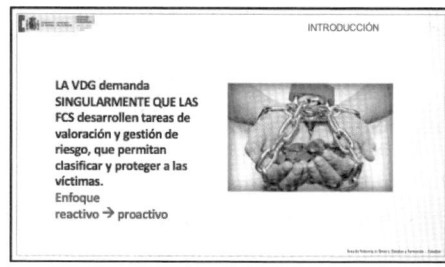

8

9

10

11

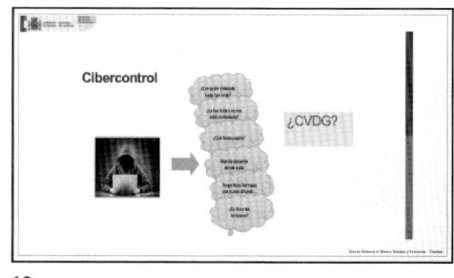

12

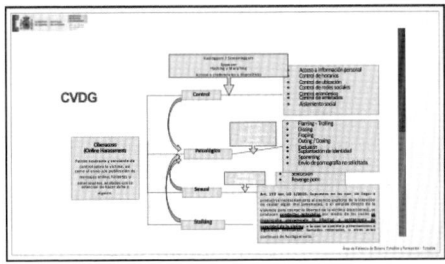

13

14

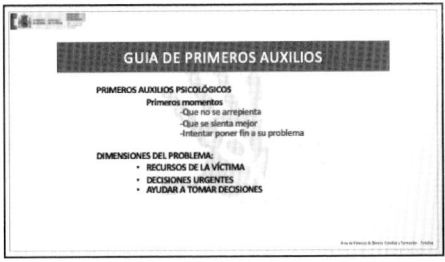

15

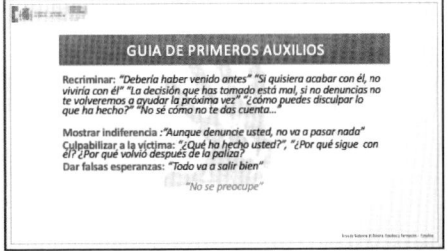

16

17

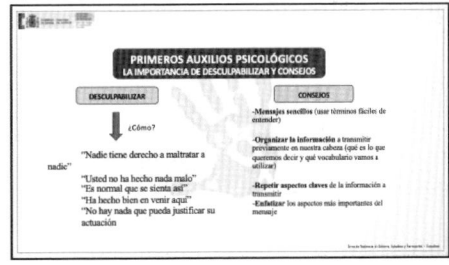

18

María José Garrido Antón (Dir)., Marta Caballé Pérez, Laura Sánchez Morón, Paulina Badowicz, Leire Villalón Arenas, Neus Mascaró Coll, Ariadna Trespaderne Dedeu, Miguel Ángel Soria Verde, Montserrat Tous Zanguitu, Vielka Linet Peguero Jerez, Lidia Alonso Corona, Raúl Quevedo-Blasco, José María Palomares Rodríguez, Rosa Viñas Racionero, Iván Parras Vaquero, Hassiba Ziati Ziati y Nassiba Ziati Ziati

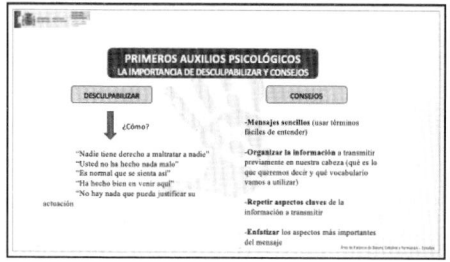

19

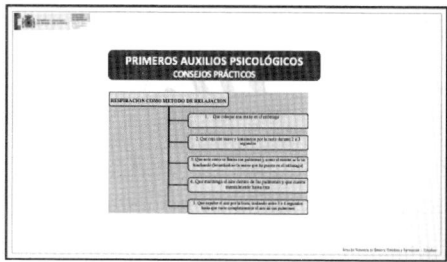

20

21

22

23

24

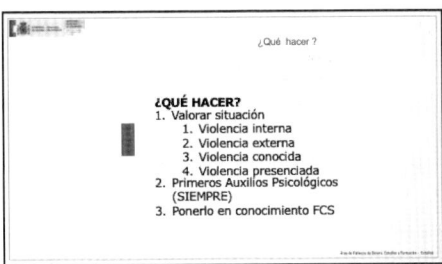

25

26

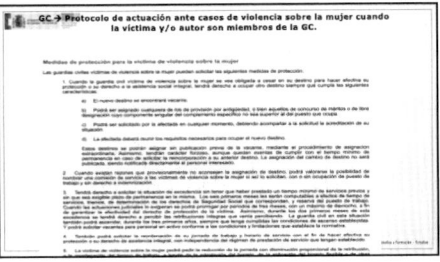

27

28

29

Apéndice E. Programa preventivo y capacitador contra la CVDG para mujeres internas

Programa preventivo y capacitador contra la CVDG para mujeres

2024

Objetivos

General:
- Formar, informar y sensibilizar sobre los comportamientos delictivos asociados a la CVDG

Específicos
- Identificar comportamientos digitales de riesgo
- Implementar una Cultura de Ciberseguridad Básica
- Fomentar la confianza digital
- Desarrollar estrategias de actuación

- Sesión de 2 horas de duración aproximadas
- Material
  - Conexión a Internet
  - Material fotocopiable
  - Videos y proyector
- Ponente: dirige la conferencia, propone ejemplos, facilita y conciencia.

- Sesiones
  - Presentación
  - Sesión 1: Definición y conceptualización de la CVDG
  - Sesion 2: Sensibilización
  - Sesión 3: Capacitación

Metodología

- Sesión de 2 horas de duración aproximadas
- Material
  - Conexión a Internet
  - Material fotocopiable
  - Videos y proyector
- Ponente: dirige la conferencia, propone ejemplos, facilita y conciencia.

Programa

- Sesiones
  - Presentación
  - Sesión 1: Definición y conceptualización de la CVDG
  - Sesion 2: Sensibilización
  - Sesión 3: Capacitación

María José Garrido Antón (Dir)., Marta Caballé Pérez, Laura Sánchez Morón, Paulina Badowicz, Leire Villalón Arenas, Neus Mascaró Coll, Ariadna Trespaderne Dedeu, Miguel Ángel Soria Verde, Montserrat Tous Zanguitu, Vielka Linet Peguero Jerez, Lidia Alonso Corona, Raúl Quevedo-Blasco, José María Palomares Rodríguez, Rosa Viñas Racionero, Iván Parras Vaquero, Hassiba Ziati Ziati y Nassiba Ziati Ziati

SESIÓN 1
Formación
Conceptos generales

PRESENTACIÓN

- **Presentación del / de la ponente**
- **Introducción de CVDG**
- **Reproducción del vídeo del especial de Antena 3 noticias sobre la VDG en la Red y el ciberacoso**

Objetivo: presentar al ponente, centrar y conceptualizar el tema.
Tiempo: 15 min.
Recursos: proyector o pizarra digital.

DEFINICIÓN CIBERVIOLENCIA DE GÉNERO

La CVDG son aquellas conductas violentas acarreadas contra la mujer por el hombre, cometidos, por el uso de las nuevas tecnologías.

Incluida en la definición de VDG en la LO 1/2004 comprendida en su definición al englobar "todo acto de violencia".

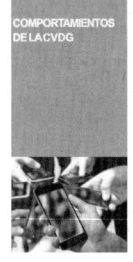

COMPORTAMIENTOS DE LA CVDG

1. CIBERACOSO
Envío e intento de comunicación con el fin de acosar. Actos de persecución repetidos.

2. CIBERCONTROL
Control de los movimientos que la víctima lleva en Internet.

3. SEXTING SIN CONSENTIMIENTO
Colgar imágenes, vídeos u otra forma de contenido de carácter íntimo y privado de la víctima, sin el consentimiento de esta.

4. REVENGE PORN
Es la difusión de material de contenido sexual con el fin de humillar y dañar a la víctima.

5. DOXING
Revelar información personal y colgarla en Internet. Revela donde vive, donde trabaja, datos bancarios... para intimidar y vulnerar a la persona.

COMPORTAMIENTOS DE LA CVDG

6. SEXTORSIÓN
Amenaza de hacer público material de carácter sexual. Un chantaje, en ocasiones para pedir más material pornográfico.

7. FLAMING
Envío de insultos, injurias, incluso amenazas de muerte o de violación por razones de género.

8. FRAPING
Suplantar la identidad de la víctima para usar sus como si fueran suyos. Con el fin de publicar contenido dañino en su nombre.

9. SLUT-SHAMING
Es un acto de denigrar y culpar a la mujer por como se viste, se comporta, se expresa o vive su sexualidad en Internet.

MARCO LEGAL

1. La CVDG como tal no presenta un delito tipificado en la Ley, pero sí sus múltiples acciones que lo conforman.

- **LO 3/2018**, de 5 de diciembre, de Protección de Datos Personales y garantía de los derechos digitales, regula y establece estos primeros derechos virtuales.

- **LO 1/2015** de 30 de marzo, renueva ciertos preceptos que condiernen a la VDG y el acoso cometido mediante el uso de medios digitales.

- **El Convenio de Estambul**, fomenta y promueve el sector de los medios de comunicación y las TICs, siendo así factores activos a la hora de elaborar y aplicar nuevas políticas integradoras y orientaciones para prevenir la violencia contra la mujer.

- **En el Código Penal**, el art. 22.4 regula aquellas acciones que son causa de agravante de la responsabilidad penal, por causas de género, orientación y/o identidad sexual.

CONCEPTUALIZACIÓN

**Ejercicio Recap.
Dinámica de tarjetas, con los términos de las acciones por un lado y las definiciones por otro.
Explicar los términos que más dificultad presenten.**

Objetivo: Informar de manera amena, ofrecer una visión general.
Tiempo: 30 min aprox.
Recursos: material fotocopiable.

SESIÓN 2
Sensibilización

SENSIBILIZACIÓN

Visionado del caso de Amanda Todd (2012).
A lo largo del vídeo se presentan diversas formas de CVDG que se pueden identificar.
Abrir un tiempo para el debate y la reflexión. Tratar diversos temas.

Objetivo: sensibilizar.
Tiempo: 25 min.
Recursos: proyector o pizarra digital.

CAPACITACIÓN

- **Dar a conocer los medios que las mujeres disponen para actuar frente a la CVDG**
- **Desmitificar aspectos relacionados con la culpa y la vergüenza**
- **Desarrollar estrategias ante la agresión**

CAPACITACIÓN

Fomentar la cultura de ciberseguridad

- Técnicas de prevención y estrategias de autocuidado digital: higiene de contraseñas, tapar la webcam, uso de VPN, factores de autenticación.
- Estrategias ante ciberacoso: bloquear al agresor, ignorar, no eliminar ninguna prueba.
- Detección de malwares en los dispositivos (aplicaciones espías, programas de geolocalización...)

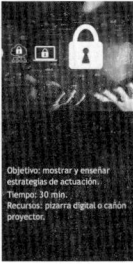

Objetivo: mostrar y enseñar estrategias de actuación.
Tiempo: 30 min.
Recursos: pizarra digital o cañón proyector.

CONCLUSIONES

01 Internet aprovecha los factores de anonimato, inmediatez, rapidez de difusión, falta de intimidad y permanencia de los datos y esto puede ser utilizado por el agresor.

02 La educación digital es la mejor técnica de prevención y la mejor herramienta que se puede ofrecer para hacer frente a estos fenómenos delictivos.

Apéndice F. Tríptico del Programa Preventivo y Capacitador contra la CVDG para mujeres internas

Violencia y ciberviolencia de género

La VDG se encuadra dentro de diferentes tipos penales en el Código Penal: delito de lesiones (153.1), amenazas (171.4), coacciones (172,2), integridad….

Se le suma el agravante de parentesco si el victimario es pareja o expareja. De esta manera la VDG es un delito transversal del Código Penal.

La L.O. /1/ 2004 define la VDG como "cualquier comportamiento……" en esta definición ya se pueden incardinar aquellos comportamientos delictivos "tradicionales" del hombre a la pareja o expareja cometidos a través de *Internet* (amenazas, acoso, coacción….).

Atentados a **Derechos Fundamentales** cometidos por la pareja o expareja:

- Derecho a la intimidad: Lee correos o mensajes
- Derecho al secreto de las comunicaciones: Lee correos o mensajes antes de que la víctima lo haga.
- Suplantación de identidad: El victimario se hace pasar por la víctima en el ciberespacio.

Recuerda, si una persona lee tu correo electrónico una vez que está abierto es violación del secreto de correspondencia, si no está abierto es violación del derecho a la intimidad.

Ciberviolencia de género

El **Convenio de Budapest** diferencia tres grandes tipos de comportamientos delictivos

1. Tic para cometer delitos: delitos tradicionales con el agravante de parentesco.
2. Tic como objeto: Nuevos tipos en el código penal: Sexting, Sextorsion
3. Delitos complejos en el ciberespacio: ciberstalking

Sexting: acrónimo anglosajón de sex (sexo) y texting (mensaje escrito). Consiste en envío de videos y fotografías de contenido sexual realizados, generalmente, por el propio remitente a otras personas utilizando las nuevas tecnologías. El sexting no es un delito ni debe ser calificado como práctica ilícita, puede convertirse en un riesgo para quien envía este tipo de contenido. Se habla de delito en el momento en el que los contenidos íntimos de origen sexual son difundidos, publicados o utilizados sin consentimiento del sujeto que se expone tal y como viene recogido en el artículo 197.7 del Código Penal.

Sextorsión: es el chantaje, coacción o acoso que sufre cualquier persona víctima de las amenazas de una tercera con hacer público determinado material explícito de la misma.

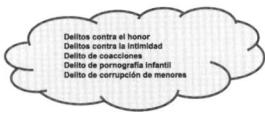
Delitos contra el honor
Delitos contra la intimidad
Delito de coacciones
Delito de pornografía infantil
Delito de corrupción de menores

Cuando ambos comportamientos los comete la pareja o ex pareja → C. P.: Agravante de parentesco.

Ciberstalking

El *ciberstalking* o *ciberacoso,* consistiría en una agresión psicológica, sostenida y repetida en el tiempo, perpetrada por los sujetos del art. 1.1 de la LO 1/ 2004, contra su pareja o expareja, utilizando para ello las nuevas tecnologías por medio de cualquier plataforma o escenario virtual como el correo electrónico, *SMS, whatsapps,* redes sociales, *blogs* o foros.

Conductas frecuentes de alarma

- Recepción de cartas, emails, mensajes y llamadas telefónicas a todas horas.
- En las redes sociales el acechador vigila, comenta o llega incluso a hackear la cuenta de la víctima con el fin de conocer cualquier cambio en su vida diaria.
- La víctima también puede sufrir allanamientos de morada.
- Y, en los casos más graves y extremos, puede recibir amenazas y sufrir algún tipo de delito violencia.